번뇌,

끊어야 하나 보듬어야 하나

번뇌,
끊어야 하나 보듬어야 하나

박찬욱·윤희조 기획, 한자경 편집 ㅣ 이필원·김재권·오용석·박찬국·이유경 집필

운주사

번뇌를 발판 삼아 성장하기를 기원하며

사람은 누구나 편안한 삶, 고통 없는 삶, 행복한 삶을 누리고 싶어 합니다. 그러나 인간은 살아가면서 불안, 괴로움, 불만족 등과 늘 조우하게 됩니다. 어떤 불편함은 모든 인간에게 불가피하기도 하지만, 삶의 지혜가 덜 계발된 범부들은 필요 이상의 고생을 자초하기도 합니다. 우리를 행복하지 못하게 하는 원인과 조건들은 다양할 수 있을 것입니다. 사회 환경적 측면에서 제공되는 요인들도 있겠고 개인적인 차원에서 초래하는 부분들도 있습니다.

생동 변화하는 삶을 향상시키기 위해서는 안과 밖에서 적절한 노력이 지속되어야 합니다. 외부적 요인이 절대적인 경우도 허다하지만, 외부 자극에 대한 우리의 반응과 관계방식 등 내적 대처가 삶의 희로애락의 중요한 변인으로 작용하고 있는 것도 사실입니다. 맞닥뜨리게 되는 상황에 효과적으로 대응하기 위해서는 지혜 함양과 정서 관리가 필요합니다. 마음을 관리하고 역량을 키워나가는 과정에서 우리는 번뇌라는 정신적 장애들을 만나게 됩니다. 불쑥불쑥 나타나서 앞을 가로막기도 하고 발목을 잡기도 합니다.

삶의 성숙과 발전을 위하여 번뇌라는 현상에 대한 이해가 긴요하다고 판단되어 각계 전문가들을 모시고 논의해 보고자 합니다. 어떤 번뇌가 어떻게 발생하는지, 치유하는 방법들은 무엇인지에 대한 바른 앎을 바탕으로 효과적인 처방들을 적용한다면, 삶의 여정이 한층 여유로워질 뿐만 아니라 삶의 에너지를 자타에게 유익하게 쓰게 될 것입니다.

2006년부터 매년 한두 차례 개최해 온 '밝은사람들 학술연찬회'는 논의되는 내용을 학술연찬회 개최 전에 '밝은사람들총서'로 출간하고 있습니다. 2012년부터는 밝은사람들연구소와 서울불교대학원대학교 불교와심리연구원이 협력하고 있으며, 학술연찬회와 총서 내용을 더욱 알차게 꾸리기 위하여 매번 1년 가까운 기간 동안 성실하게 준비하고 있습니다.

주제 발표자로 확정된 이후 여러 준비 과정에 진지한 태도로 참여하시고, 각자 전문분야의 관점과 연구 성과를 일목요연하게 정리하신 이필원 교수님, 김재권 교수님, 오용석 교수님, 박찬국 교수님, 이유경 소장님, 다섯 분의 주제발표 원고를 조율하고 학술연찬회 좌장 역할을 하시는 한자경 교수님께 진심으로 감사드립니다. 그리고 옥고를 단행본으로 출간해 주시는 운주사 김시열 사장님과 직원 여러분의 노고에도 감사드립니다.

특히 2006년 초 밝은사람들연구소 발족 이래 지금까지 불교와 사회의 상생적 발전을 촉진하는 연구소 사업을 물심양면으로 적극 지원해 주고 계신 수불 스님과 안국선원에 깊이 감사드립니다.

일상에서 늘 행복하시길 기원하며

2020년 11월

박찬욱, 윤희조

번뇌와 번뇌 너머

한자경(이화여자대학교 철학과 교수)

1. 번뇌의 두 측면: 수번뇌와 근본번뇌

우리는 우리의 의식이 구체적으로 느끼는 특정한 심리상태와 우리 안에 그런 심리상태를 불러일으키는 원인을 구분할 수 있다. 예를 들어 우울의 경우 우울한 심리상태와 그런 우울한 심리상태를 일으키는 것을 구분할 수 있고, 행복의 경우 행복한 심리상태와 그런 행복한 심리상태를 일으키는 것을 구분할 수 있다. 그중 심리상태는 각자가 직접 느끼고 의식하여 아는 것이므로 그것이 무엇인지에 대해 길게 논의할 필요가 없지만, 그런 심리상태를 일으키는 원인이 무엇인지에 대해서는 서로 의견이 분분할 수 있다. 예를 들어 우울한 심리상태를 일으키는 원인은 특정한 생각 또는 관념이다, 아니다, 전반적으로 왜곡된 인지체계다, 아니다, 트라우마와 같은 과거의 경험이다, 아니다, 두뇌신경망 또는 호르몬의 문제이다, 아니다, 무의식적 본능 또는 복합감정이다, 아니다, 실현되지 못한 보편적 영성靈性 내지 불성佛性이다 등등 다양한 의견이 있을 수 있다. 그리고 그런 심리상태를 일으키는 것을 무엇으로 규정하는가에 따라 그런 심리상태를 대하는 태도 및 그것을 넘어서는 방법에 대해서도 서로 다른 처방을 내놓을 것이다.

우리가 살피고자 하는 번뇌(煩惱, kleśa)는 그중 무엇을 말하는 것일까? 번뇌煩惱를 글자로만 풀이해 보면, '번煩'은 불 화火에 머리 혈頁, 즉 불붙은 머리, 열난 머리이다. 그리고 '뇌惱'는 두뇌 뇌腦 자에서 몸 육肉 대신 마음 심心을 쓴 것이니, 두뇌와 결부된 또는 결박結縛된 마음이다. 문자적으로만 보자면 번뇌는 머리에 열이 나거나 신체에 얽매여 있음을 말한다. 번뇌는 과연 무엇인가? 우리가 구체적으로 느끼는 심리상태를 의미하는가, 아니면 그런 심리상태를 일으키는 원인을 의미하는가?

우리는 일상적으로 '번뇌'를 마음이 괴로움을 느끼는 일종의 심리상태, 즉 괴로운 심리상태로 이해한다. 예를 들어 우울, 근심, 불안, 절망, 공포 등 몹시 괴롭고 힘든 심리상태, 그래서 그것으로부터 탈피하고자 하는 괴로운 심리상태의 총칭으로 이해한다. 불교에서도 성냄(분忿), 원한(한恨), 은폐(부覆), 질투(질嫉), 인색(간慳) 등의 괴로운 심리상태를 번뇌, 그중 수번뇌隨煩惱로 분류하였으니, 번뇌는 괴로운 심리상태를 뜻하는 것으로 보인다. 번뇌는 일단 마음이 복잡하고 무겁고 힘든 상태, 그래서 빠져나오고 싶지만 쉽게 헤어나기 어려운 고통스런 심리상태를 뜻한다. 즉 의식이 구체적으로 느끼는, 현재적으로 현행하는 의식상태를 말한다.

그런데 불교에서 번뇌는 특정한 심리상태를 넘어 인생의 전반적 고통을 야기하는 근본원인으로 논해지기도 한다. 불교는 인생의 전체

과정인 생로병사를 그대로 고통이라고 보며, 그 고통의 원인이 무엇인지를 묻는다. 물론 살다 보면 즐거운 순간도 있고 또 특별히 즐겁지도 괴롭지도 않은 순간도 있지만, 불교는 그런 락樂이나 비고비락의 사捨도 궁극적으로는 모두 고苦로 귀착된다고 보며, 따라서 '일체개고一切 皆苦'를 말한다.[1] 생로병사와 더불어 만나고 헤어짐의 인간사가 모두 고라는 것이다. 그렇다면 이런 인생의 고통, 생사의 고는 어디에서 비롯되는 것인가? 고의 원인은 무엇인가? 불교는 생사의 고를 인간 자신의 번뇌, 탐심과 진심과 치심에서 비롯된다고 논하며, 이러한 일체 고통의 원인인 탐진치를 인간의 '근본번뇌'라고 부른다. 인간이 탐진치의 번뇌(혹)를 갖고 행위(업)를 하므로 그 행위의 결과로 고통의 삶(고)을 살게 된다는 것이다. 이것이 바로 불교가 논하는 '혹업고惑業 苦 3도道'이다.

이렇게 보면 번뇌는 두 측면을 모두 가지고 있다고 할 수 있다. 번뇌는 우울이나 불안이나 절망, 원한감이나 은폐감이나 질투심처럼 현재적으로 진행되며 직접 의식되는 괴로운 심리상태(번뇌1, 수번뇌)이기도 하고, 나아가 그러한 괴로운 심리상태를 포함한 인생 전반의

---

1 느낌에는 괴로운 느낌인 고수苦受, 즐거운 느낌인 락수樂受, 특별히 괴롭지도 즐겁지도 않은 비고비락의 느낌인 사수捨受가 있다. 번뇌를 괴로운 심리상태인 고수로만 간주하면, 번뇌는 우리 삶의 느낌 중의 일부가 된다. 느낌에는 번뇌적 느낌인 고수 이외에 번뇌적이지 않은 느낌인 락수와 사수도 있기 때문이다. 이렇게 번뇌를 괴로운 심리상태인 고수에 국한된 것으로 생각하면, 번뇌의 문제는 어떻게 괴로운 심리상태를 괴롭지 않은 심리상태로 전환할 것인가의 문제가 된다. 반면 락이나 사도 결국 고에 포함된다고 생각하면, 번뇌는 좀 더 넓은 의미로 이해되어야 한다.

고통을 야기하는 원인(번뇌2, 근본번뇌)이기도 하다. 혹업고의 과정으로 이해하자면, 번뇌1인 수번뇌는 고苦에 속하고, 번뇌2인 근본번뇌는 혹惑에 속한다고 할 수 있다.[2]

번뇌/혹(惑, kleśa) → 업(業, karma) → 고(苦, duḥkha)
번뇌2: 근본번뇌   번뇌1: 수번뇌
　　탐진치   우울, 불안, 원한, 질투 등

이러한 혹업고를 인간의 윤회적 삶의 과정을 보여주는 12지 연기 과정에 배대하면 다음과 같이 정리된다.

무명 → 행 → 식 → 명색 → 육입처 → 촉 → 수 → 애 → 취 → 유 → 생 → 노사[3]
〈무명〉 ㅣ   ㅣ...ㅣ〈탐진치〉ㅣ.........ㅣ   ㅣ.........ㅣ
　혹　　업　　　　　　　고　　　　　　　혹　　업　　　고

---

2 탐진치에다 만慢·의疑·견見을 더하여 6근본번뇌 내지 6수면隨眠을 말하기도 하고, 그중 견見을 세분하여 신견身見·변견邊見·사견邪見·견취견見取見·계금취견戒禁取見으로 나누어 10근본번뇌를 말하기도 한다. 대개 탐진치의 치癡를 무명으로 해석하지만, 여기에서는 탐진치 외에 근본무명根本無明을 더하여 논한다. 대승에서는 수행 단계를 구분하여 탐진치를 끊은 아라한은 아공我空을 깨닫고 대승 보살은 법공法空을 깨닫지만 아직 근본무명이 남아 있고, 오직 부처만이 근본무명을 끊는다고 설해진다.

3 12지 연기의 애愛가 탐진치의 탐에 상응하다고 보아 위와 같이 연결하였지만, 혹업고와 12지 연기의 항목들과의 연결은 다른 방식으로도 가능하다. 이하에서 밝혀지듯이 탐진치는 신수身受에서 심수心受 및 애愛로 넘어가게 하는 것임을 감안하면, 애도 업에 포함시켜 다음과 같이 연결할 수 있다.

이렇게 보면 번뇌를 논하기 위해서는 특정한 괴로운 심리상태를 넘어 인생 전반의 고통을 함께 논해야 한다. 그만큼 번뇌의 정체성이 무엇인지, 번뇌가 왜 일어나는지, 그리고 번뇌를 어떻게 다루어야 하는지, 즉 번뇌를 끊어야 하는지 아니면 보듬어야 하는지에 답하기는 쉽지 않다. 불교뿐 아니라 서양철학이나 심리학 등 각 분야에서 번뇌를 어떻게 논하는지는 본 책의 본론에서 각 분야 전문가들의 글을 통해 상세히 밝혀보기로 하고, 본 서문에서는 구체적인 번뇌론을 논의하기 위한 준비작업으로서 편집자가 이해한 불교 번뇌론의 기본구조를 간략히 정리해 본다. 말하자면 괴로운 심리상태로서 의식이 느끼는 수번뇌와 그런 심리상태를 일으키는 원인으로서의 근본번뇌는 서로 구분되지만 실제로는 서로가 서로의 원인이 되는 순환을 이룬다는

```
무명 → 행 → 식 → 명색 → 육입처 → 촉 → 수 → 애 → 취 → 유 → 생 → 노사
 |    |    |....................................| ↑ |........| |.......|
 혹   업                고                  혹   업      고
〈무명〉                          〈탐진치〉
```

또는 업을 구업口業과 신업身業에 국한하고, 의업은 그런 사이업思已業을 일으키는 사思로서 번뇌(혹)라고 보면, 애와 취는 업이 아닌 번뇌(혹)으로 분류되고, 업은 유로 분류될 수 있다. 천태 지의나 유식 안혜 등 많은 사람이 애취를 혹으로 분류하여 12지 연기와 혹업고를 다음과 같이 배대하였다.

```
무명 → 행 → 식 → 명색 → 육입처 → 촉 → 수 → 애 → 취 → 유 → 생 → 노사
〈치〉 |    |....................................| 〈탐진치〉 |   |.......|
 혹   업                고                  혹      업     고
```

것, 번뇌의 순환성은 곧 번뇌의 근거 없음 내지 허망성을 의미하며, 그러한 번뇌의 허망성은 역설적이게도 번뇌 너머의 청정한 본래 마음, 일심 내지 여래장을 지시해 주는 기호라는 것을 살펴보겠다. 결국 번뇌는 번뇌 너머의 일심, 여래장, 불성, 진여眞如가 자신을 암시하는 증상이며, 따라서 번뇌심으로 하여금 자신을 돌아보게 만드는 진여훈습眞如薰習의 한 효과라고 할 수 있다.

2. 번뇌(수번뇌)의 생성

괴로운 심리상태인 번뇌에서 괴로움은 곧 느낌이다. 불교는 느낌을 수동적으로 받아들여진 것이라는 의미에서 수受라고 부른다. 번뇌가 어떤 방식으로 일어나는가를 알기 위해서는 우리가 번뇌로 느끼는 느낌을 좀 더 상세히 이해할 필요가 있다.

불교는 느낌을 몸의 느낌인 신수身受와 마음의 느낌인 심수心受, 둘로 구분한다. 『잡아함경』 「화살경」의 다음 구절은 범부와 수행자의 차이를 통해 신수와 심수가 어떻게 구분되는지를 잘 보여주고 있다.

어리석고 무지한 범부는 고락사苦樂捨의 느낌을 낸다. 지혜롭고 거룩한 제자도 고락사의 느낌을 낸다. 그럼 어떤 차이가 있는가? 어리석고 무지한 범부는 몸의 촉으로 느낌이 생기고 고통이 더해 목숨까지 빼앗기게 되면, 슬퍼하고 원망하며 부르짖고 통곡하여 마음에 광란이 일어난다. 이는 두 가지 느낌을 증장시키는 것이니, 신수身受와 심수心受가 그것이다. 비유하면 두 개의 독화살에 맞는

것과 같다. 밝게 알지 못하기에 락수의 촉으로 인해 락수를 받으면
탐의 부림을 받고, 고수의 촉으로 인해 고수를 받으면 진의 부림을
받고, 사수가 생기면 치의 부림을 받는 것이다. 탐진치에 매어
생로병사 및 슬픔과 번뇌에 매이게 된다. 반면 지혜로운 거룩한
제자는 몸의 촉으로 인해 고수가 생기고 큰 고통이 닥쳐 목숨까지
빼앗기게 되어도 슬퍼하거나 원망하거나 울부짖고 통곡하여 마음
의 광란을 일으키지 않는다. 신수 한 가지만 생기고 심수는 생기지
않는 것이다. 비유하면 하나의 독화살을 맞아도 두 번째의 독화살
은 맞지 않는 것과 같다. 락수가 있어도 탐욕에 물들지 않고, 고수
에 대해서도 성내지 않고, 사수에 대해서도 치의 부림을 당하지
않는다.[4]

신수身受 ────────▶ 심수心受: 괴로운 심리상태(번뇌1)
                    ↑
탐진치: 근본번뇌(번뇌2)

범부는 첫 번째 독화살을 맞아 신수가 일어나면 곧이어 두 번째
독화살을 맞아 슬픔과 원망, 통곡과 광란 등의 심수를 일으키지만,
수행자는 첫 번째 독화살을 맞아 신수가 일어나도 그것에 그치고
두 번째 독화살로 인한 심수를 일으키지 않는다는 것이다. 두 번째
독화살로 인해 일어나는 슬픔과 원망, 통곡과 광란 등의 심수가 곧
수번뇌이다. 위의 글은 이러한 괴로운 심리상태인 수번뇌를 일으키는

---

4 『잡아함경』, 17권, 470경 「전경箭經」(『대정신수대장경』, 2권, 119하~120상).

두 번째 독화살이 바로 탐진치의 근본번뇌라고 설명한다.

신수에서 심수로 나아가게끔 하는 것이 바로 탐진치이며, 이것이 두 번째 독화살이다. 이 두 번째 독화살은 첫 번째 화살과 달리 본인이 스스로에게 쏘는 화살이다. 그렇다면 탐진치는 어디에 있다가 독화살로 작용하는 것인가? 신수는 5근과 5경의 촉에 의해 일어나는 신체적인 느낌이라면, 심수는 제6근인 의意가 6경(5경＋법경)과 촉하여 일어나는 심리적 느낌이다. 의意가 6경을 대상으로 아는 식識이 제6의식이고, 의가 스스로를 자아로 알고 자아로 집착하는 식이 제7말나식이다. 말나식은 '나는 나다'의 아견我見과 아집我執의 자아식이며, 탐진치는 바로 이 말나식의 아집에 담긴 근본번뇌라고 할 수 있다. 말나식의 탐진치(근본번뇌)가 함께 작동함으로써 슬픔과 원망 등의 괴로운 심리 상태(수번뇌)가 일어나는 것이다. 그런데 탐진치는 어떤 방식으로 작동해서 신수를 심수로 이끌어가는 것일까?

『맛지마니까야』「마두핀디카경」의 다음 구절은 느낌(수)으로부터 번뇌 망상이 일어나는 과정을 설명하고 있는데, 우리는 이것을 신수로부터 심수, 즉 심리적 번뇌로 나아가는 이행과정으로 이해할 수 있다.

안과 색을 인연하여 안식이 일어난다. 이 세 개의 화합이 촉이다. 촉을 인연하여 수受가 있다. 자신이 느낀 것을 자신이 지각한다. 자신이 지각한 것을 자신이 사유한다. 자신이 사유한 것을 자신이 망상한다.[5]

---

5 『맛지마니까야 1』, 「마두핀디카경」(MN.I, 111-112)

촉觸	→	수受	→	상想	→	사思	→	망상妄想
phassa		vedanā		saññā		vitakka		papañca
3사화합		감각		지각		생각		번뇌
		〈신수〉						〈심수〉

　여기에서 촉으로 인한 느낌은 지각과 생각 이전의 느낌으로서 전5식 차원의 신수에 해당하고, 이 신수에 제6의식의 지각과 생각이 더해져서 나타나는 망상이 곧 심수의 번뇌에 해당한다. 지각인 상(想, saññā)은 느낌으로 주어지는 구체적 감각 내용인 자상自相을 일반적 개념인 공상共相으로 인식하는 것이고, 생각인 사(思, vitakka)는 그런 개념들로 이루어진 개념 틀을 따라 진행되는 판단과 추리를 뜻한다. 느낌에서 번뇌 망상으로 나아가는 과정에 상과 사가 개입된다는 것은 곧 내게 주어지는 감각을 내가 이미 가지고 있는 개념적 사유 틀을 따라 읽어내고 규정하고 풀이함으로써 비로소 심리적으로 괴로운 상태인 번뇌로 나아가게 된다는 것을 의미한다. 신수에 인지적 해석이 개입됨으로써 비로소 심리적 번뇌 망상이 일어나는 것이다.

　신수에서 심수로 나아가는 과정에 지각과 생각이라는 인지적 요소가 작용한다는 것은 곧 괴로운 심리상태인 심수의 번뇌를 일으키는 것은 단순히 객관 대상이 아니라 나 자신의 인식행위라는 것을 말해준다. 물론 우리는 마음을 번뇌로 몰아가는 것, 마음을 흔들어 괴롭게 하는 것을 번뇌라고 부르기도 한다. 예를 들어 사랑이 마음을 괴롭게 하면 사랑이 번뇌고, 명예가 마음을 무겁게 하면 명예도 번뇌고, 돈이 사람을 힘들게 하면 돈도 번뇌이다. 이런 번뇌들로 인해 우리는 마음이 흔들리고 무거워지고 괴로워진다. 그런데 사랑이나 명예나 돈과 같은 것들은 그 자체가 그대로 번뇌인 것은 아니다. 누구는 사랑이 있어서 괴롭고 누구는 사랑이 없어서 괴롭다. 만약 사랑이 그 자체로 번뇌라면, 사랑을 하는 사람은 누구나 괴로워해야겠지만, 꼭 그렇지는 않다. 명예도 돈도 마찬가지이다. 누구는 명예가 있어서 괴롭고 누구는 명예가 없어서 괴롭다. 또 누구는 돈이 있어서 괴롭고 누구는 돈이 없어서 괴롭다. 사랑이나 명예나 돈 자체가 번뇌인 것이 아니라, 그것에 대한 생각이 사람의 마음을 흔들어 괴롭게 만드는 것이다. 사랑은 이러저러 해야 한다는 생각, 명예는 이 정도는 유지되어야 한다는 생각, 돈은 이만큼은 있어야 한다는 생각, 그런 고정된 생각, 집착적 생각이 마음을 흔들어 번뇌에 빠뜨리는 것이다. 이와 같이 심리적 고통에는 개념적인 지각과 생각이라는 인지적 요소가 개입되어 있다. 빈 종이 100장쯤 사라지는 것은 아무렇지도 않지만, 신사임당이 인쇄된 종이 100장이 사라지면 마음이 괴로워지는 것이 더 간단한 예가 된다.

　이상과 같이 「화살경」은 신수에서 심수로 이행하는 데에 탐진치의 근본번뇌가 작용한다고 말하고, 「마두핀디카경」은 신수에서 심수로 나아가는 데에 지각과 생각의 인지적 요인이 작용한다고 말한다. 자신의 개념틀에 따라 일어나는 지각과 생각이 자신의 마음을 괴로운 심리상태인 번뇌로 몰고 간다. 지각과 생각은 제6의식의 활동인데, 제6의식이 의거하는 의意의 자아식인 제7말나식이 아견과 아집의 식, 탐진치의 근본번뇌의 식이기에 그 말나식에 기반한 제6의식이 결국 번뇌를 일으키는 것이다. 말하자면 괴로운 심리상태의 번뇌는 제6의식의 지각과 생각, 그리고 제7말나식의 탐진치에 의해 일어난다고 할 수 있다.

신수 ―――――→ 심수/망상: 번뇌

↑

상+사(제6의식)

탐진치(제7말나식)

3. 번뇌의 순환

괴로운 심리상태(수번뇌)를 일으키는 지각과 생각, 그리고 거기 함께
작용하는 탐진치(근본번뇌)의 원인은 무엇일까? 다시 말해 번뇌 망상
이 지각과 생각에 의해 일어난다면, 지각과 생각은 무엇에 의해 일어나
는가? 수번뇌가 근본번뇌에 의해 일어난다면, 근본번뇌는 무엇에
의해 일어나는가? 불교는 번뇌 망상을 일으키는 지각과 생각은 그에
앞선 번뇌 망상으로부터 오고, 수번뇌를 일으키는 탐진치는 그에
앞선 수번뇌로부터 온다고 말한다. 즉 번뇌의 원인은 바로 번뇌인
것이다. 번뇌가 번뇌를 낳는 것이지, 번뇌를 일으키는 다른 근거가
따로 없다. 이처럼 번뇌는 이전의 번뇌에서 일어나서 다시 그 다음의
번뇌를 일으키는 방식으로 일종의 순환을 이루고 있다.[6]

---

6 여기에서 순환을 이루는 상호인과성은 과거에서 현재를 거쳐 미래로 나아가는
　시간 흐름을 따라 작용하는 일 방향의 상호인과성, 즉 '이시적異時的 상호인과성'
　이지, 과거가 현재에 그리고 현재가 과거에 영향을 미치는 방식의 '동시적 상호인
　과성'이 아니다. 예를 들어 닭과 알의 관계처럼 나선형 원을 그리며 진행되는
　동일 유형의 반복이란 의미의 순환이다. 이하에서 논할 순환①과 순환②도

앞서 인용한 「마두핀디카경」의 구절 (A)는 지각과 생각이 번뇌 망상을 낳는다는 것을 말해주고 있는데, 그에 이어지는 구절 (B)는 그렇게 생겨난 번뇌 망상이 다시 지각과 생각을 낳는다는 것을 말해준다. 결국 지각과 생각이 번뇌 망상을 낳고, 그 번뇌 망상이 다시 지각과 생각을 낳는다는 순환을 보여준다. 구절 (A)와 구절 (B)는 다음과 같다.

(A) 안과 색을 인연하여 안식이 일어난다. 이 세 개의 화합이 촉이다. 촉을 인연하여 수가 있다. 자신이 느낀 것을 자신이 지각한다. 자신이 지각한 것을 자신이 사유한다. 자신이 사유한 것을 자신이 망상한다. (B) ①자신이 망상한 것에 의존하여 망상·상·수 (papañca·saññā·saṅkhā)가 일어나고, ②이것은 과거·현재·미래에 걸쳐 색과 안식에 대해 그 사람을 구속하고 제한한다.[7]

마찬가지이다. 망상이 다시 상·사나 근경식에 원인으로 작용하고, 취와 유의 업(업력)이 다시 탐진치나 무명에 원인으로 작용한다고 할 때, 그것은 미래의 결과에 대해 원인으로 작용한다는 것이지, 되돌아서 과거나 전생에 영향을 미친다는 뜻은 아니다.

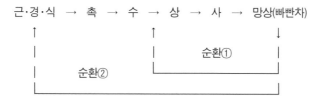

구절 (A)에 이어지는 구절 (B)에서는 두 가지 순환이 보여진다. 순환①은 상·사에 의해 일어난 망상에 의존하여 다시 망상·상·사가 일어난다는 것이다. 즉 지각과 생각으로부터 일어난 망상으로부터 다시 지각과 생각이 일어난다는 것이다. 지각과 생각으로부터 망상이, 그리고 다시 망상으로부터 지각과 생각이 일어나는 순환을 보여주는 것이다. 생각을 하니까 번뇌 망상이 생기고, 그 번뇌 망상으로 인해 다시 또 생각이 일어나는 것이다.

순환②는 그 망상이 3세에 걸쳐 색과 안식을 구속한다는 것이다. 이는 곧 번뇌 망상이 업력으로 작용하여 그 다음 생의 5온을 형성하고 또 그 근을 따라 경과 식이 제한된다는 것을 의미한다. 즉 근경식으로 인해 촉과 수, 상과 사를 거쳐 망상이 일어나는데, 다시 그 망상으로

---

7 『맛지마니까야』「마두핀디카경」(MN.I, 111-112). 여기서 '망상·상·수'(papañca·saññā·saṅkhā)를 어떻게 풀이하고 번역하는가는 사람들마다 다소 차이가 있다. 본 책에서 이필원은 "망상에 의한 인식과 분별"이라고 번역하고, 전재성은 "희론에 의해 오염된 지각과 관념"으로 번역한다. 본 서문에서는 수數가 사思를 구성하는 개념을 뜻하므로 사思와 같은 의미로 읽어도 된다고 보며, 상과 사에서 생겨난 망상(빠빤차)이 다시 상과 사를 일으킨다는 순환의 의미로 해석하였다. 냐냐난다는 『위빠사나 명상의 열쇠 빠빤차』(아눌라 역, 한언, 2006, 27쪽)에서 "쌍카(數)는 '개념', '추산', '명칭', '언어상의 규정' 등으로 해석한다."라고 말한다.

인해 그 다음 생의 근경식이 제한받게 된다는 것으로 일종의 순환을 보여준다. 근경식에 의한 번뇌 망상과 그 번뇌 망상으로 인한 근경식 간의 순환인데, 여기에서 순환은 과거세와 현재세, 또는 현재세와 미래세 간의 순환이므로 순환①보다 더 큰 순환이라고 할 수 있다.

이와 같은 번뇌의 이중적 순환은 혹업고를 설명하는 12지 연기에서도 마찬가지로 드러난다. 「화살경」에서 말하듯이 범부가 신수에서 심수 및 애취로 나아가는 데에 마음 속 탐진치가 작동한다는 것을 감안하면 12지 연기는 다음과 같은 이중적 순환으로 그려질 수 있다.[8]

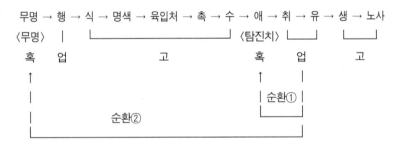

여기에서 순환①은 수행자와 달리 범부만 따라가게 되는 순환이다. 즉 범부는 수(신수)로부터 탐진치에 이끌려 심수(번뇌)로 나아가 업을

_____

8 12지 연기가 과거·현재·미래 3세에 걸친 2중 인과(혹업고)를 보여주고 있기에, 도표화하는 데에 다소 어려움이 있다. 순환①로 현생에서의 순환을 말하려다 보니까 내생의 생·노사를 빼게 되었는데, 저 생·노사는 〈행〉 또는 〈식~유〉의 반복이므로 문제될 것이 없다고 본다. 순환②는 현생이 미래 생에 미치는 영향을 말하고자 한 것이고, 이는 결국 현생의 명색과 6입처가 모두 과거 생의 번뇌와 업의 결과라는 것을 말하고자 한 것이다. 그렇게 전체는 '이시적 상호인과성'으로 이해되어야 한다.

짓는데, 이 업이 다시 탐진치를 작동하게 만든다. 결국 탐진치가 괴로운 심리상태를 만들고, 그 괴로운 심리상태가 다시 탐진치를 강화하는 순환구조를 보여준다.

순환②는 업으로부터 쌓인 업력이 무명 속에서 그 다음 생의 명색을 낳고, 그것이 근을 낳아 결국 촉과 수를 일으키면서 번뇌의 삶을 이끄는 것이다. 번뇌로 업을 짓고, 그 업이 근본무명의 번뇌로 이어져 윤회하게 만드니, 이 순환은 순환①보다 더 큰 범위로 작용하는 순환이다. 과거 무수한 지난 생들의 업은 이 순환을 따라 현재의 고의 번뇌로 연결된다.

이상과 같이 번뇌가 다시 그 다음의 번뇌를 낳은 순환은 순환①과 순환②로 구분된다. 즉 번뇌의 순환은 ①현생에서의 순환이기도 하고, ②과거·현재·미래 3세로 이어지는 영겁의 시간 속에서 일어나는 순환이기도 하다. 그러므로 현재 내게 일어나는 번뇌는 순환①의 방식으로 현생에서의 나의 번뇌적 업에 의해 일어나는 것일 수 있고, 순환②의 방식으로 무수한 전생에서의 번뇌적 업을 따라 일어나는 것일 수도 있다.

이렇게 해서 번뇌는 그 기원에 따라 2종류로 구분된다. 하나는 현생에서의 나의 마음 활동에 의해 일어나는 번뇌이고, 다른 하나는 태어날 때부터 본래 가지고 태어나는 번뇌이다. 불교는 전자를 허망한 분별적 마음 활동으로부터 생겨난 번뇌라는 의미에서 '분별기번뇌分別起煩惱'라고 하고, 후자를 태어나면서 가지고 나오는 번뇌라는 의미에서 '구생기번뇌俱生起煩惱'라고 한다. 나의 허망분별적 마음 활동에 의해 일어난 번뇌는 제6의식 차원의 번뇌이며, 이것은 의식 차원에서의 바른 사고인 정견正見을 통해 극복될 수 있다. 이를 견도見道에서 끊어질 수 있는 번뇌, 즉 견도소단見道所斷의 번뇌라고 한다. 반면 본래 타고난 번뇌는 의식 아래 감추어져 있는 아견과 아집의 제7말나식 차원의 번뇌이며, 이것은 바른 사유인 견도에서 극복되지 않고 유근신有根身에 습習으로 남아 있는 유루종자를 조복調伏하고 단멸斷滅하는 수행을 통해서만 극복될 수 있다. 이를 수도修道에서 끊어지는 번뇌, 즉 수도소단修道所斷의 번뇌라고 한다.

〈번뇌의 종류〉
분별기번뇌: (순환①) 제6의식 차원의 번뇌: 견도소단見道所斷의 번뇌
구생기번뇌: (순환②) 제7말나식 차원의 번뇌: 수도소단修道所斷의 번뇌

현생에서 진행되는 순환①에 따라 업을 지으면 그 업력은 순환①을 넘어 순환②를 형성하고, 우리는 그렇게 다음 생에 태어나 윤회를 계속하게 된다. 범부와 달리 수행자는 업을 짓지 않음으로써 순환①을 멈추고, 나아가 순환②도 멈춤으로써 결국 고통의 생사윤회를 끝내고 번뇌의 순환을 넘어서게 된다.

4. 순환 너머의 마음

범부가 빠져드는 번뇌의 순환구조를 보면 인생은 그 전체가 그대로 번뇌이다. 지난 과거생의 업으로부터 형성된 근과 경과 식의 화합으로 촉과 수가 일어나면 여기에 현재 내 마음의 탐진치를 더하고 지각과

생각을 더해 번뇌 망상을 일으키고 또 새로운 업을 짓고, 그러면 그 업이 다시 나의 탐진치 및 지각과 생각을 강화하고, 나아가 미래생의 근과 경과 식에도 영향을 미친다. 이런 식으로 우리는 혹업고가 반복되는 삶, 번뇌가 생각을 낳고 그 생각이 다시 번뇌를 낳는 순환의 삶을 살고 있다.

그러나 불교가 혹업고를 통해 궁극적으로 말하고자 하는 것은 번뇌의 순환이 아니라 순환으로부터의 탈출이며, 끝없는 윤회가 아니라 윤회로부터의 해탈이다. 즉 우리는 운명적으로 영겁의 시간 동안 순환에 갇혀 생사윤회를 반복해야만 하는 것이 아니라, 오히려 반대로 누구나 수행을 하면 그 순환으로부터의 탈출, 생사윤회로부터의 해탈이 가능하다는 것이다. 말하자면 연기는 유전문流轉門뿐 아니라 환멸문還滅門을 포함하고 있다. 범부는 존재의 실상을 알지 못한 채 아집의 탐진치에 이끌려 혹업고를 반복하며 윤회하는 유전문에 머무르지만, 수행자는 존재의 실상을 여실하게 깨달아 더 이상 번뇌 망상을 만들지 않고 집착적 업을 짓지 않아 순환을 벗어난다. 수행자는 탐진치와 번뇌 망상으로 업을 짓지 않아 업력의 쌓임인 유有가 없고, 따라서 그 다음 생으로의 생과 노사를 멈추게 된다. 생과 노사가 없다는 것은 곧 무명이 없고 행이 없어 윤회하는 식이 없고, 따라서 명색과 6입처가 없고 촉도 없고 수도 없다는 것이다. 이런 방식으로 12지 연기 고리 전체가 멸하는 환멸문이 완성된다.

그렇다면 수행자가 걷는 환멸문의 끝은 무엇인가? 12지 연기 고리의 모든 것이 다 멸하고 나면, 그래서 일체개고의 삶, 우리의 번뇌의 삶이 모두 끝나고 나면, 그럼 무엇이 남겨지는가?『반야심경』에서는 관자재보살이 반야바라밀로써 깨달은 바를 "무색무수상행식, 무안이 비설신의, 무색성향미촉법, 무안계내지무의식계"라고 말한다. 개념적 규정과 분별을 따라 실재하는 것으로 고정된 것들은 개념을 벗어나면 모두 무無로 해체되고 만다. 그렇게 일체법에 해당하는 5온蘊·12처處·18계界가 모두 무가 된다. 그럼 수행의 끝에는 일체가 사라진 공空, 적멸寂滅만 남을 뿐인가? 만약 공과 적멸로 끝이라면, 불교는 악취공惡取空에 빠진 단멸론斷滅論이 될 것이다.

그러나 불교는 단멸론이 아니다.[9] 불교가 궁극적으로 지향하는 것은 일체 존재가 무로 화한 적멸 자체, 일체 번뇌가 사라진 열반 자체가 아니라, 그런 적멸과 열반을 마음의 경지로 갖는 부처가 되는 것이다. 그리고 그것이 가능하자면 환멸문을 따라 일체가 멸하여 적멸이 될 때, 그 적멸을 적멸로 아는 마음, 열반에 든 마음, 해탈한 마음이 남아 있어야 한다. 환멸문을 따라 일체가 멸하여도 멸하지 않고 남겨지는 마음이 있어야 한다. 이 마음은 어떤 마음인가?

연기의 유전문을 따라 생겨난 것은 연기의 환멸문을 따라 멸한다. 유전문을 따라 생겨난 것이 아닌 것만이 환멸문을 따라 멸하지 않고 남아 있을 수 있다. 그러니까 환멸문의 끝에 남겨지는 마음은 유전문을 따라 생겨나고 환멸문을 따라 멸하는 '생멸하는 마음'이 아니라, 생멸 너머의 '불생불멸의 마음'인 것이다. 이러한 마음이 바로『우다나』에서 말하는 '만들어지지 않은 것'에 해당한다.

---

9 무아론을 단멸론으로 해석하는 것을 경계하기 위해 대승은 "차라리 아견我見을 일으키는 것이 '공에 잘못 집착하는 것'(악취공)보다 낫다."라고 말한다.『유가사지론』, 「보살지: 진실의 품」(『대정신수대장경』 30권, 488하).

수행자들이여, '태어나지 않고 연기緣起되지 않고 만들어지지 않고 조합되지 않은 것'이 있다. 만일 '태어나지 않고 연기되지 않고 만들어지지 않고 조합되지 않은 것'이 없다면, '태어나고 생성되고 만들어지고 조합된 것'으로부터의 떠남도 없을 것이다. 그러나 수행자들이여, 여기 '태어나지 않고 생성되지 않고 만들어지지 않고 조합되지 않은 것'이 있기에, '태어나고 생성되고 만들어지고 조합된 것'으로부터의 탈출도 있는 것이다.[10]

생겨난 것으로부터의 탈출은 생겨나지 않은 것이 있어야 가능하다. 유전문 너머 환멸문으로 나아가는 것은 생겨나지 않고 따라서 멸하지도 않는 것, 불생불멸의 것이 있기에 가능한 것이다. 이 불생불멸의 것이 바로 환멸문의 끝에 남겨지는 부처의 마음, 생멸문(유전문+환멸문) 너머의 진여문의 마음이다. 불교는 이 마음을 일체중생의 생멸하는 표층의식 너머의 심층 마음, 중생심 안의 부처 마음(佛心)으로 보며, 이를 여래장如來藏, 불성佛性, 진여심眞如心 또는 일심一心이라고 부른다. 이것이 소위 진심이고 본심이며 양심이다.

이러한 불생불멸의 마음을 자신의 본래 마음으로 자각하는 것이 갖는 의미는 무엇인가? 생멸의 마음으로 자신과 세상을 보면 세상은 온통 번뇌이고, 자신은 그 번뇌의 힘에 이끌려 떠다니는 일미진에 불과하다. 반면 불생불멸의 마음으로 자신과 세상을 보면 자신은 불생불멸의 청정한 무구심無垢心으로 번뇌 너머에 있고, 번뇌의 세계는 그 무구심 바깥에서 인연 따라 건립되었다가 인연 따라 흩어지는

---

10 『우다나』(Ud, VIII, 80).

미진세계에 불과하다.

　애당초 우리가 삶을 번뇌로 느끼고 생사윤회를 고통으로 느끼는 것은 역설적이게도 우리가 사실은 청정무구의 본래 마음으로 세상을 보기 때문이다. 생사윤회의 반복과 번뇌의 순환을 반복과 순환으로, 따라서 고통으로 알아차릴 수 있는 것은 바로 우리의 마음이 그러한 반복과 순환 너머의 마음, 번뇌 너머의 마음이기 때문이다. 모든 것이 변화한다는 것을 보는 눈 자체는 변화하는 것일 수 없고, 모든 것이 상대적이라는 것을 아는 마음 자체는 상대적일 수 없다. 그렇듯 일체가 고통이고 번뇌라는 것을 아는 마음 자체는 번뇌와 고통 너머의 마음, 생사윤회 너머의 마음인 것이다. 탐진치 번뇌에 물들지 않은 무루無漏의 마음으로 보니까, 그 마음에 번뇌가 쌓여 있음을 알게 된다. 그래서 우리는 번뇌를 본래의 무구심 바깥에서 날아와 쌓인 번뇌로 자각하고, 따라서 불교는 일체 번뇌를 '객진번뇌客塵煩惱'라고 칭한다. 번뇌는 마음 바깥에서 인연 따라 왔다가 인연 따라 떠나가는 객客이라는 것이다. 연기의 유전문과 환멸문을 따라 모였다 흩어지는 일체 번뇌가 모두 객인 것이다. 『앙굿따라니까야』에서도 마음은 본래 정정하고, 따라서 번뇌는 객진번뇌일 뿐임을 다음과 같이 말한다.

　수행자들이여, 마음은 본래 청정하다. 이 (청정한) 마음이 객진번
　뇌에 의해 오염된 것이다.[11]

　이렇게 보면 번뇌는 우리에게 번뇌에 물들지 않은 청정무구의 본래

---

11 『앙굿따라니까야』(AN.I, 10).

마음이 있다는 것을 알려주는 기호이다. 우리가 윤회하는 우리의 삶 전체를 번뇌로 느낀다는 것은 우리에게 번뇌 너머의 마음, 번뇌 없는 무구의 마음, 부처의 마음이 있다는 것을 말해준다. 청정한 무구의 마음에서 세상을 보기에 나를 포함한 연기의 세상 전체가 번뇌로 느껴지는 것이다. 이처럼 번뇌의 느낌은 무구심에서 나오며, 따라서 우리 안에 존재하는 무구의 자성청정심을 지시해 준다.

이와 같이 고통의 생사윤회 너머 불생불멸의 마음이 있다는 것을 알면, 우리는 그 마음에 찾아왔다 떠나가는 객客인 번뇌에 대해 조금은 더 관대해질 수 있다. 객은 번뇌의 모습으로 나를 찾아오되 나의 본래 마음을 일깨워 주고자 찾아온 귀한 손님인 것이다. 결국 청정무구의 본래 마음의 관점에서 생사윤회의 번뇌를 바라보면, 번뇌는 단순히 끊어버려야 할 방해물이 아니라 병을 알려 주면서 그 너머의 건강을 지시해 주는 상처처럼 보듬어가면서 함께해야 할 마음의 그림자와 같은 것이다. 말하자면 번뇌는 일어났다 사라지는 번뇌의 현상 너머 그 번뇌를 바라보는 본래 마음, 항상 거기 그렇게 있는 청정무구의 마음을 지시해 주는 기호이고 암호인 것이다. 그래서 시인은 다음과 같이 노래했나 보다. "세사世事에 시달려도 번뇌는 별빛이라!"[12]

6. 이 책의 전개

이 책은 번뇌의 문제를 다룬다. 지난 두 권의 책에서 각각 〈생각〉과

---

12 조지훈의 시 〈승무僧舞〉의 한 구절이다.

〈느낌〉을 다룬 것에 이어, 그런 생각과 느낌에 깊이 스며들어 있는 〈번뇌〉를 주제로 다룬 것이다. 번뇌를 중점적으로 다루는 다섯 분야를 선택해서 각 분야의 전문가 다섯 분에게 그 각 분야에서의 번뇌에 관한 설명을 본인의 관점에서 정리해 주기를 부탁드렸다. 그렇게 초기불교(이필원), 대승불교(김재권), 선불교(오용석), 서양철학(박찬국), 심리학(이유경), 다섯 분야의 전문가의 글을 모아 한 권의 책으로 엮었다.

1. 〈번뇌, 알아야 끊을 수 있다〉라는 제목으로 초기불교 분야에서의 번뇌의 문제를 다루는 이필원은 불교의 핵심주제는 번뇌와 수행이며, 따라서 불교는 언제나 번뇌를 깊이 있게 다루어 왔다고 말한다. 그의 글은 크게 3가지 물음을 포함한다. ①'번뇌란 무엇인가?' 이에 대해 그는 니까야 경전에서 번뇌가 갈애와 탐욕 그리고 무지 등 다양한 의미로 사용되고 있음을 논하면서 그러한 각 의미가 경전에서 사용된 구체적 용례를 상세히 제시하고 있다. ②'번뇌는 어떻게 발생하는가?'에 대해 그는 『맛지마니까야』의 「챠챠까숫타」와 「담마짝까빠왓따나」 그리고 「마두삔디까숫따」에 근거해서 번뇌는 촉에서 시작해서 느낌을 거쳐 일어난다는 것, 그리고 그 과정에 인식과 생각 등 인지적 요소가 개입된다는 것을 논한다. ③'번뇌는 어떻게 끊을 수 있는가?'에 대해 그는 『맛지마니까야』의 「삽바사와숫따」를 따라 번뇌는 고집멸도의 관찰, 6근의 수호, 의식주약의 수용, 더위와 추위 등 힘든 상황의 인내, 위험을 피함, 탐진에 매인 사유의 제거, 7각지의 수행 등 다양한 방식을 통해 극복될 수 있음을 밝힌다. 이필원은 결론적으로 번뇌는

실체론적으로 존재하는 것이 아니라 연기를 따라 일어나는 것임을 강조하며, 따라서 '번뇌는 밖에 있는가, 안에 있는가?'라고 이원적으로 분별하여 장소를 물을 수 있는 것이 아니라고 말한다.

2. 〈대승불교의 번뇌론의 유형과 그 사상체계〉에서 김재권은 대승의 번뇌론이 발전되는 과정 및 그 특징을 드러내기 위해 우선 초기경전에서의 번뇌론과 아비달마 불교 설일체유부에서의 번뇌론을 정리한다. 김재권은 초기경전에서는 탐진치 3독심과 12지 연기에서의 무명과 애가 번뇌의 핵심문제로 다루어지고 있지만, 번뇌론이 보다 체계적으로 확립된 것은 아비달마 불교에 이르러서라고 말한다. 그리고 『구사론』에서의 번뇌의 구분, 즉 잠재적 번뇌인 수면隨眠과 드러나는 현행적 번뇌인 수번뇌 또는 전纏의 구분을 소개하며, 유부가 행한 98번뇌설을 설명한다. 이어 대승불교의 번뇌론으로는 반야중관의 번뇌론과 유식학파의 번뇌론을 순서대로 논한다. 김재권에 따르면 반야중관에서의 번뇌는 언어적인 개념화 내지 희론戲論에 근거한 분별에 의해 생겨나는 번뇌이며, 이는 무자성 내지 공성空性의 깨달음을 통한 희론적멸로써 극복될 수 있다. 반면 유가행파는 유식성唯識性에 기반하여 번뇌설을 확립하면서 유부의 98번뇌설을 128번뇌설로 확장하였으며, 제7염오의(말나식)에 따라 구생기번뇌까지 함께 논함으로써 보다 더 정교한 번뇌설을 확립하였다.

3. 선불교 분야에서의 번뇌 문제를 논하는 오용석의 글의 제목은 〈물고기의 꿈, 그리고 깨어남: 선불교의 번뇌에 대한 탐색〉이다. 그는

선불교의 번뇌를 범부의 번뇌와 수행자의 번뇌, 둘로 구분하고, 발심하지 못한 범부의 번뇌는 생사의 번뇌이고, 발심한 수행자의 번뇌는 '알 수 없는 것'에 대한 갈망의 번뇌라고 말한다. 그는 번뇌를 끊어야 할 어떤 것으로 실체화하는 것을 비판할 뿐 아니라, 나아가 번뇌가 사라진 불성이나 청정심을 다시 번뇌의 대극으로 실체화하는 것도 비판한다. 불성이나 청정심은 수행자를 해탈로 이끌기 위한 미끼일 뿐, 그것을 실체화하는 것 또한 아직 이원적 분별심을 벗어나지 못한 문제가 있다고 보기 때문이다. 오용석에 따르면 인간에 대한 무한한 신뢰에 기반한 선불교가 궁극적으로 지향하는 것은 일체의 개념적 분별 내지 이원적 분별을 넘어 무념無念과 무상無相과 무주無住, 한마디로 무심無心으로 나아가는 것이다. 결국 중생과 부처, 번뇌와 청정 등의 분별 또한 극복되어야 할 것이다. 따라서 이원적 분별 위에서 번뇌를 부정하고 청정만을 긍정하거나, 중생을 부정하고 부처만을 긍정하는 것은 아직 진정한 깨달음인 무심의 경지에 이르지 못한 것이다. 이런 의미에서 오용석은 선불교에서 번뇌란 부정되는 것이 아니라 이원적 분별 너머로 나아가기 위해 극복되어야 할 뿐이라고 말한다. 그리고 그렇게 일체의 분별을 넘어 무심의 경지에 이름으로써 일체중생을 향한 무연자비를 실현할 수 있게 된다고 논한다.

4. 앞의 세 편의 글이 불교에서의 번뇌를 다루었다면, 이어지는 글은 서양철학에서의 번뇌의 문제를 다룬다. 박찬국은 〈서양철학에서는 번뇌 망상이란 문제를 어떻게 보았는가〉라는 제목 아래 우선 일본 정토종의 창시자 신란이 강조하는 인간의 번뇌성 내지 유한성은 서양

고대 철학에서부터 주장된 인간의 유한성 내지 중세 기독교철학에서
논의된 인간의 원죄성과 다를 바 없다고 말한다. 서양철학에서 인간의
유한성은 신神의 영원성과 대비되는 시간성 및 시간의식과 결부된
자아의식 내지 자기애에서 찾아진다고 한다. 이어 박찬국은 서양
고대철학의 플라톤과 아리스토텔레스, 중세철학의 아우구스티누스
와 아퀴나스, 근대와 현대 과학기술시대에 이르기까지 번뇌 망상이
어떻게 다루어지고 있는지를 논한다. 그에 따르면 계몽주의적 이성으
로부터 변질되어 등장한 근대의 이데올로기이나 현대의 과학기술지상
주의적 사고 내지 물리주의적 사고들은 인간의 도덕성과 정신성을
간과하게 만드는 일종의 번뇌 망상이다. 이와 같이 서양철학 전반에
나타나는 번뇌 망상의 양상과 대응을 논한 후, 그는 키르케고르의
『죽음에 이르는 병』을 중심으로 번뇌의 문제를 다룬다. 키르케고르가
말하는 인간 정신의 성숙도에 따라 계속 다른 단계로 발전해 가는
'절망'의 다양한 모습을 박찬국은 인간의 번뇌 망상의 여러 양상들로
해석하면서, 키르케고르가 제시하는 번뇌 망상 극복의 길을 밝혀주고
있다.

5. 동양의 불교철학 및 서양철학에서의 번뇌를 논한 데에 이어
이 책의 마지막 장에서는 현대 심리학 분야에서의 번뇌의 문제를
다룬다. 이유경은 〈번뇌의 분석심리학적 이해: 번뇌의 심리분석과
치유에 관하여〉라는 제목 아래 융의 분석심리학이 번뇌의 증상을
어떻게 분석하고 또 그러한 번뇌의 증상을 어떻게 해결하고 있는지를
설명한다. 이유경에 따르면 심리학은 의식보다 더 심층의 무의식을

다루는데, 초기 심층심리학은 무의식을 개인적 의식으로부터 밀려나고 억압된 무질서한 부산물로 간주한 데 반해, 융의 분석심리학은 무의식을 인간에게 선험적으로 갖추어진 보편적 본성 내지 신성(神性, Numen)으로 간주한다. 사람들은 대개 청년기까지 사회적 역할 등 의식 차원의 자아실현에 주목해 오다가, 성인기가 되면 사회적 위치나 역할이 아닌 자기 자신을 찾게 되면서 신경증적 증상을 나타내게 된다. 즉 번뇌에 상응하는 걱정, 불안, 공포, 공항 등의 신경증적 증상은 자아의식의 과도한 주도에 제동을 걸면서 자아중심성을 벗어나게끔 하며, 결국 자아의식과 무의식의 소통과 화합을 지향하는 것이라고 할 수 있다. 말하자면 일상적인 자아의식의 중심인 '자아(Ich/Ego)'의 한계를 넘어 전체 인격의 중심인 '자기(Selbst)'를 실현하고자 하는 것이다. 분석심리학은 그러한 자기의 실현 내지 성숙한 인격의 완성을 위해 '적극적 명상'의 방법으로 자아의식과 무의식의 소통과 합일을 찾아 나갈 것을 제안한다. 그렇게 함으로써 대극의 합일에 의한 증상의 치유가 성취될 수 있다고 본다. 이처럼 분석심리학에서 번뇌는 진정한 자기 인식을 요청하는 증상으로서의 의미를 가진다고 할 수 있다.

이상 다섯 분야의 번뇌에 대한 보다 상세한 논의는 이 책 본문에서 읽을 수 있다. 이 책에 담긴 번뇌에 대한 논의를 읽는 독자들은 번뇌가 무엇이고, 번뇌가 왜 일어나는지, 그 번뇌를 어떻게 다루어야 하는지를 두루 잘 이해하여 부디 번뇌와 더불어 사는 삶이 조금은 덜 무겁고 덜 고통스럽게 되기를 희망한다.

선불교 | 물고기의 꿈, 그리고 깨어남 　　　　　　　　　오용석 · 173

번뇌, 알아야 끊을 수 있다

이필원(동국대학교 경주캠퍼스 파라미타칼리지 교수)

불교를 심리학에 비교하는 경우가 많다. 그것은 불교가 마음의 구조를 해명하고, 마음의 작용 방식을 탐구하기 때문이다. 그 가운데 번뇌가 자리한다. 번뇌 혹은 (불건전한) 정서는 마음의 작용이다. 대표적으로 탐진치의 삼독을 말하기도 하며, 6수면(睡眠, anusaya), 혹은 십결(十結, saṃyojana)을 언급하기도 한다. 번뇌의 특성에 따라 낄레사(kilesa, 오염)라고도 표현하며, 아사와(āsava, 누출, 漏)라고도 한다. 그리고 이러한 번뇌는 이지적 번뇌(無明, avijjā)와 정서적 번뇌(갈애, taṇhā)로 크게 구별되기도 한다.

초기경전에서는 번뇌가 어떻게 발생하는가에 대한 언급이 중요하게 기술된다. 이는 번뇌 발생의 메커니즘에 대한 올바른 앎이 번뇌를 대치하는 방식이라는 것을 보여준다. 번뇌의 발생 과정은 크게 두 가지로 정리될 수 있는데, ①'접촉 → 느낌 → 갈애'이고, ②'접촉 → 느낌 → 인지 → 생각 → 망상'의 과정이다. 두 가지 패턴 모두 공통적인 것은 번뇌는 대상과의 부딪힘(觸, phassa)에서 시작된다는 것이다. 이는 번뇌를 해결하는 방식은 결국 부딪힘의 순간 발생하는 느낌에 대한 올바른 태도에서 결정된다는 것을 의미한다. 바로 여기가 '번뇌는 안에 있는가 밖에 있는가', 혹은 '끊어야 하는가 보듬어야 하는가'라는 양변에서 벗어날 수 있는 지점이라고 할 수 있다.

1. 왜 번뇌를 말하는가?

불교는 고통의 소멸을 통해 행복을 완성해 가는 가르침이다. 고통이란 우리 삶의 모습이며, 이것을 바르게 아는 것이 그 출발점이 된다. 그럼 여기에서 우리는 질문을 던지게 된다. 왜 우리의 삶은 고통인가? 붓다는 이 점에서 그 원인을 번뇌에서 찾는다. 이는 사성제의 고성제와 고집성제의 내용이다. '왜 번뇌를 말하는가'는 사실 사성제에서 밝힌 내용이다. 우리의 삶이 고통인데, 그 고통을 불교는 내세를 통해 해결하고자 하지 않는다. 고통의 현장에서 고통의 원인인 번뇌를 소멸/극복하는 대치對治법을 통해 해결해 나간다. 삶의 현장을 떠나 이상향을 추구하는 것이 인간의 본성이라고 말하는 사람들도 있겠지만, 고따마 붓다의 가르침은 삶의 현장을 벗어나지 않는다. 삶의 현장을 벗어나게 되면 우리가 의지해야 할 것은 단멸론자나 상주론자가 말하는 극단의 방식 외에는 존재하지 않게 된다. 극단으로 치닫는 상황이 바로 고통의 상황에 다름 아님을 붓다는 지적하고 있다.

플라톤의 이상국가론, 토머스 모어의 유토피아, 도연명의 무릉도원 등과 같은 것은 이상향에 대한 갈망, 추구를 보여준다. 이것이 종교적으로 발전하게 되면 기독교의 천국과 같은 형태가 된다. 관념 속에 존재하거나, 죽어서 가는 세계를 통해 사람들은 현실의 문제를 해결하고자 한다. 그러나 이것은 문제 해결이 아니라 회피이며, 현실세계를 가짜나 허구로 인식하면서 알지도 보지도 못하는, 그야말로 허구로 구성된 세계를 향해 자신의 존재를 희생시킨다.

불교에서는 이를 무지 혹은 무명(avijjā)이라고 한다. 불교는 세상을 이원론적으로 바라보지 않는다. 이 세계를 긍정하지도 않지만 부정하지도 않는다. 이 세계의 실상을 바로 알고, 바로 보아야 이 세계의 허구성에서 벗어날 수 있다. 이 세계가 허구라고는 하지만, 이것은 세계 자체가 허구라는 것이 아니라 우리의 인식에 의해서 구성된 세계가 허구라는 의미이다. 우리는 끊임없이 세계를 구성해 나간다. 그 구성된 세계와 현실세계가 불일치하는 정도가 크면 클수록 우리가 경험하는 고통의 크기도 커지게 된다. 어떤 경우에는 자신이 구성한 세계를 현실세계에 그대로 투영하며, 현실세계 자체를 자기 세계 속으로 편입시키는 경우도 있다. 어떤 경우이든 이는 정신적 분열 상태를 벗어나지 못하게 된다.

우리가 무명의 상태에 놓여 있는 한 우리는 분열 상태를 자각하지 못하며, 이 세계를 끊임없이 왜곡한다. 왜곡의 정도는 분열의 크기에 비례한다. 왜곡된 세계 안에서 우리는 지속적으로 고통의 상태에 놓이거나, 아니면 감각적 쾌락을 통해 고통에서 회피하는 방식을 추구하게 된다.

매서운 추위에 직면했을 때 따뜻한 세계를 꿈꾼다고 추위를 면하게 되지 않는다. 옷을 따뜻하게 입고, 추위를 피할 공간을 마련하는 적극적인 실천이 수반될 때 문제가 해결된다. 그럼 여기서 가장 먼저 선행되어야 할 것은 '춥다'는 것을 인정하는 것이다. 이것을 바로 보지 못하면 문제 해결은 요원하다. 우리가 번뇌를 말할 때도 마찬가지이다. 내가 현재 다양한 형태의 괴로움을 경험하고 있다는 점을 명확하게 자각하는 것이 필요하다. 그러고 나서 그 괴로움의 원인인 번뇌에 대한 통찰이 요구된다.

번뇌론을 다루는 이유는 고통의 뿌리를 찾기 위해서이다. 나뭇잎만 제거하면 나뭇잎은 다시 나게 된다. 나무뿌리를 잘라내어야 한다. 고통이 나뭇잎이라면, 번뇌는 나무뿌리이다. 아무리 무성한 나뭇잎을 자랑하는 나무라 해도, 결국은 그 뿌리에 의지하고 있을 뿐이다. 불교의 수행은 바로 이 나무의 뿌리가 되는 근원적 번뇌를 찾아 제거하는 방법론이다.

한편 번뇌를 현대적 용어로 굳이 풀어보면 '정서'라고 할 수 있다. 이 말에 저항감이 있다면 '부정적 정서'라고 해도 된다. 번뇌와 정서는 감각된 내용에 대한 인식과 사유의 과정을 거쳐 망상된 결과라는 공통점을 갖고 있다. 본 연구에서는 번뇌와 정서를 동일하게 간주하고, 기술할 것이다.

본 연구의 2장에서는 초기불교 중 최고층 문헌인 『숫따니빠따』(Suttanipāta, 약호로 Sn.)를 중심으로 번뇌론을 살펴보고, 3장에서는 번뇌가 발생하는 과정을 살펴보고, 번뇌를 끊는 7가지 방법을 제시하고 있는 『맛지마니까야』(Majjhima Nikāya, 약호로 MN)의 「아사와숫따」의 내용을 정리해 볼 것이다. 그리고 4장에서는 정서심리학에서 말하는 정서와 번뇌의 관계를 살펴보고, 인지 즉 '앎'의 중요성에 대해 탐색해 보고자 한다.

2. 번뇌/정서, 어떻게 이해하나?

번뇌를 이해하는 방식에 따라 번뇌에 대처하는 방법 또한 달라지게 된다. 도적이 내부에 있다면 찾아내어 체포해야 하는 것이고, 밖에 있다면 들어오지 못하도록 철저히 방어하거나 선제적으로 도적의 본거지를 찾아 소탕해야 할 것이다.

한편 번뇌는 다양한 측면에서 이해된다. 오늘날 관점에서 번뇌를 정서라고 해도 될 것이다. 이는 차후에 논의할 것이지만, 빨리어 경전 속에서도 번뇌를 표현하는 용어가 다양하다. 용어의 의미를 살펴봄으로써 우리는 번뇌를 어떻게 이해하는지를 또한 알 수 있을 것이다.

본 장에서는 번뇌를 나타내는 다양한 용어를 살펴보고, 초기경전 가운데 최고층最古層 경전으로 알려진 『숫따니빠따』 제4장과 제5장을 중심으로 번뇌를 분류해 볼 것이다. 이는 번뇌론이 전개되는 첫 국면을 알려줄 것이다.

먼저 번뇌를 나타내는 주요한 용어를 중심으로, 그 의미에 대해서 간략하게 짚어보는 것이 논의를 전개하는 데 도움이 될 것이다.

①kilesa: 동사 kilissati에서 파생된 명사이다. 오염물, 불순물이란 의미로, 도덕적 의미에서 도덕적 타락과 관련된다.[1] 그런데 초기경전에서는 kilesa보다는 upakilesa(隨煩惱)의 용례가 더 많이 쓰인다.
②āsava: 동사어근 ā+√sru에서 파생된 명사로 추정된다. 보통 '누漏'로 한역되고, '흐름', '누출'을 의미한다. āsava는 단어를 해석하는 방식에 따라 번뇌가 밖에서 들어온다는 의미와 내부의 번뇌가 밖으로 흘러나간다는 두 가지 의미가 있다.[2] āsava의 용례는 보통 삼루三漏의 방식으로 많이 사용된다. 삼루는 욕루(欲漏, kāmāsava),

---

1 PTSD, s.v. kilesa.

2 김재성(2010: 233). 요한슨(Johansson)은 유입(influx)으로 이해한다.

유루(有漏, bhāvāsava), 무명루(無明漏, avijjāsava)이다.[3]

③anusaya : 동사 anuseti(생각을 되풀이하다. 생각에 사로잡히다,
잠재하다)에서 파생된 명사이다. 항상 나쁜 의미로 사용되며, '잠재
해 있는 성향이나 기질'을 의미한다. 한역에서는 수면隨眠, 번뇌煩
惱, 사使로 번역한다. 삼수면(탐욕, 성냄, 어리석음)[4], 혹은 칠수면(욕
탐, 분노, 견해, 의심, 자만, 유탐, 무명)[5]으로 사용된다.

④saṁyojana : 동사 saṁyuñjati(saṁ ‒√yuj〉 결합하다)에서 파생
된 명사로 추정된다. 보통 한역에서는 결結로 번역되는데, 우리말로
는 족쇄 혹은 속박으로 번역된다. 우리를 자유롭지 못하게 묶고
있다는 이미지를 떠올리면 좋을 것이다. 보통 3결(유신견, 의심,
계금취견)[6], 7결(수면, 분노, 견해, 의심, 자만, 유탐, 무명)[7], 10결로

---

3 MN.I, p.55.

4 MN.II, p.285. Tassa rāgānusayo anuseti. … Tassa paṭighānusayo anuseti.
… Tassa avijjānusayo anuseti.

5 DN.III, p.254. Satta anusayā. Kāmarāgānusayo, paṭighānusayo, diṭṭhānusayo,
vicikicchānusayo, mānānusayo, bhavarāgānusayo, avijjānusayo.; AN.IV, p.9

6 MN.I, p.9. "Tassa evaṃ mana-sikaroto tīṇi samyojanāni pahīyanti. sakkāya-
diṭṭhi. vicikicchā. sīlabbata-parāmāso."

7 AN.IV, p.7(Satta Saṁyojana Suttaṃ) "Katamāni satta? Anunaya-saṁyojanaṃ,
paṭigha-saṁyojanaṃ, diṭṭhi-saṁyojanaṃ, vicikicchā-saṁyojanaṃ, māna-
saṁyojanaṃ, bhava-rāga-saṁyojanaṃ. avijjā-saṁyojanaṃ." 그런데, AN.IV,
p.8(Macchariya saṁyojana suttaṃ)에서는 다소 다른 7결이 제시된다. "Anunaya-
saṁyejanaṃ, paṭigha-saṁyojanaṃ, diṭṭhi-saṁyojanaṃ, vicikicchā-saṁyoja-
naṃ, māna-saṁyojanaṃ, issā-saṁyojanaṃ, macchariya-saṁyojanaṃ." 즉 "수
면, 분노, 견해, 의심, 자만, 질투, 인색"의 7결이다.

많이 등장한다. 10결은 다시 오하분결(유신견, 의심, 계금취견, 욕탐,
분노)과 오상분결(색탐, 무색탐, 만, 도거, 무명)로 구분하여 제시되
고 있다.[8]

이외에도 불선(akusala), 오개(pañcasu nīvaraṇesu)[9], 악마(Māra)[10]
등도 번뇌를 나타내는 용어로 사용된다.

1) *Suttanipāta* 4장과 5장에 나타난 번뇌 용례[11]

앞서 살펴본 용어들이 번뇌를 나타내는 데 사용되는 대표적인 단어이
다. 이 중에서 다양한 번뇌를 총칭해서 표현하는 단어로 알려진 것이
바로 낄레사(kilesa)이다. 그런데 이른바 초기경전으로 분류되는 니까
야(Nikāya)에서도 낄레사는 단독으로 사용되는 예가 별로 없다. 더구
나 『숫따니빠따』 제4장과 제5장에서는 그 용례를 찾아볼 수 없다.
다만 upakkilesa(Sn. 66), saṃkilesa(Sn. 277), kilesa(Sn. 348)의 세
용례가 확인될 뿐이다. 그리고 이들 용례는 Sn.의 제1장과 제2장에서
확인된다.

---

8 DN.III, p.234. "Pañc'oram-bhāgiyāni saṃyojanānā: Sakkāya-diṭṭhi, vicikicchā,
   sīlabbata-parāmāso, kāmacchando, vyāpādo. Pañcuddham-bhāgi-
   yāni saṃyojanāni: rūpa-rāgo, arūpa-rāgo, māno, uddhaccaṃ, avijjā."

9 MN.I, p.60. kāmacchanda(감각적 쾌락의 욕망), byāpāda(악의), thīnamiddha(나
   태와 무기력), uddhaccakukkucca(흥분과 후회), vicikicchā(의심).

10 김재성(2010)의 논문을 참조하라.

11 본 절은 이필원, 「Suttanipāta에 나타난 번뇌론과 수행론 고찰」, 『禪文化硏究』
    제6집, 2009에서 III장 1~3절의 내용을 보완 수정한 것이다.

덧붙여서 말하면, 고층의 문헌에 속하는 『담마빠다』(*Dhamma-pada*, 약호로 Dhp)에서도 kilesa 혹은 upakkilesa, saṃkilesa의 용례는 확인되지 않는다.[12] 이 두 경전에서 번뇌와 관련되어 자주 사용되는 단어들이 얼마나 등장하는지 표로 정리해 보면 다음과 같다(p.46).

이 표를 보면, 최초기 번뇌를 대표하는 용어는 āsava임을 알 수 있다. 하지만 최고층이라고 하는 제4장(913G)과 제5장(996G~1145 G)에서는 7회, 고층인 Dhp에서는 386G와 420G, 단 두 용례만 확인된 다. saṃyojana의 경우는 Sn. 제5장에서 단 한 용례(1115G)만이, 그리 고 『담마빠다』에서는 Taṇhāvagga 342G, Brāhamaṇavagga의 397G 의 두 용례만이 확인된다. 이를 통해 볼 수 있는 것은 최고층 및 고층 경전에서는 번뇌를 개념적으로 범주화하여 나타내는 용어가 확실히 자리잡지 못했음을 추정해 볼 수 있다.

---

12 그러나 Dhp에서는 15게송에서 kammakiliṭṭha(오염된 행위), 165게송에서 saṅki-lissati(오염되다, 잡염되다, 더러워지다.), 244게송에서 saṅkiliṭṭha(더러운, 오염된, 타락한, 잡염된)과 같은 용례가 확인된다. 필자가 여기에서 굳이 Dhp를 언급한 것은 문헌 성립상의 순서라는 입장 때문이다. 필자가 취하고 있는 입장은 불교 문헌이 몇 단계로 구분될 수 있다는 것이다. 이 구분의 기본적인 내용을 간단히 소개하면 다음과 같다.

"제1층을 『숫따니빠따』의 제4장 Aṭṭhakavagga·제5장 Pārāyanavagga로 하고, 제2층을 Saṃyuttanikāya의 제1장 Devatāsaṃyutta·제4장 Mārasaṃyutta와 Dhammapada의 Taṇhāvagga·Brāhamaṇavagga, 나아가 제3층을 Theragāthā 와 Therīgāthā 등으로 규정"한다는 並川孝儀(2005, 10)의 설에 입각한 것이다. 이러한 並川孝儀의 설은 荒牧典俊(1982)의 견해를 바탕으로 한 것이다. 그러나 모든 학자들이 이러한 견해에 동의하는 것은 아니다. 다른 입장에 대한 소개는 강종원 편역, J.W. 드용 지음(2004, 222~229)을 참조하라.

	Suttanipāta	Dhammapada
āsava	82, 162, 163, 178, 212, 219, 370, 374, 471, 472, 481, 493, 535, 539, 546, 572, 644, 749, 765, 913(4), 996(5), 1082, 1083, 1105, 1133, 1145	89, 93, 94, 126, 226, 253, 272, 292, 293, 386(B), 420(B)
kilesa	348	없음
saṃkilesa	277	없음
upakilesa	66	없음
anusaya	14, 369, 545, 571, 649	없음
saṃyojana	62, 74, 175, 476, 491, 492, 621, 736, 1115(5)	31, 221, 342(T), 397(B)
akusala	14, 369	없음
nīvaraṇa	없음	없음

숫자는 게송 번호이며, 게송 번호(4)는 Sn.4장, (5)는 5장을 나타낸다.
『담마빠다』의 경우 게송 번호(T)는 Taṅhāvagga(갈애의 품), (B)는 Brahamaṇa-vagga(바라문품)을 나타낸다.

kilesa의 경우는 단독으로 사용되기보다는 saṃkilesa, upakilesa로 도 사용됨을 볼 수 있는데, 이는 이후 산문경전에 보면 더욱 뚜렷하게 나타난다. Dhp의 경우 명사 kilesa보다는 동사형 kilissati나 그것의 과거분사형 kiliṭṭha의 용례가 확인되는데, Sn. 제4장과 제5장에서는 Dhp와 같이 동사형의 용례조차 확인되지 않는다. 그리고 anusaya(隨眠)와 akusala(不善)의 경우는 Sn.의 제1장, 제2장, 제3장에서만 확인 되고, Dhp에서는 확인되지 않는다. 흔히 오개五蓋, 혹은 오장애五障碍 에 나오는 nīvaraṇa의 경우는 두 경전 모두에서 확인되지 않는다. 반면 saṃyojana, 즉 족쇄의 경우는 Sn.의 제5장에서 한 번의 용례가 확인되고 나머지는 제1장, 제2장, 제3장에서 많이 사용되고 있다.

그리고 『담마빠다』에서도 4번의 용례가 확인된다.

이를 토대로 생각해 보면, 고층 경전에서 번뇌를 나타내는 용어로는 āsava가 주로 사용되고, saṃyojana가 그 다음으로 자주 사용되는 단어임을 알 수 있다. 그 외 단어들은 비교적 고층 경전 이후의 단계에서 등장하게 된 단어들임을 유추해 볼 수 있다.

그러면 Sn. 제4장과 제5장에서 어떠한 번뇌들이 제시되고 있는지 간략히 표를 통해 살펴보도록 한다.

번뇌		제4장과 제5장의 게송 번호
갈애	taṇhā	776, 835, 849, 854, 856, 901, 916, 944, 1041, 1060, 1068, 1070, 1082, 1089, 1103, 1109, 1123
탐욕	rāga	795, 835, 1046, 1072, 1086
	lobha	865, 928
	kāma	1039, 1041, 1046, 1059, 1070, 1088, 1096, 1106
	chanda	913, 1086
	pihālu	852
	giddhā, gedha	809, 860, 945, 1098, 1100
무명	avijjā	1033, 1105, 1107
분노	kodha	868, 928, 968
견해	diṭṭhi	878, 881, 886, 889, 896, 901, 910, 911
만	māna	786, 842, 855, 860, 918, 830, 853, 889, 918, 942, 962, 968
	ussada	783
방일	pamatta, pamāda	779, 942, 1033, 1121, 1123
인색	maccara, veviccha	852, 862, 928, 1033

혼침	thīna	1106
해태	tandi	942

위의 표에서 알 수 있듯이, 가장 빈도수가 많이 나오는 번뇌로는 갈애와 탐욕이다. 그리고 다음으로는 만심慢心이 그 다음을 잇고 있다. 이 중에서 탐욕을 의미하는 단어들이 매우 다양함을 알 수 있다.

땅하(taṇhā), 라가(rāga), 찬다(chanda), 까마(kāma)와 같은 대표적인 용어 외에도 롭하(lobha), 빠하루(pihālu), 긷다(giddhā) 등이 사용되고 있다.

위의 내용은 칠수면(七隨眠: 욕탐, 분노, 견해, 의심, 자만, 유탐, 무명)이나 칠결(七結: 수면, 분노, 견해, 의심, 자만, 유탐, 무명)의 내용과 상당 부분 유사하다는 것을 알 수 있다.

아래에서는 번뇌를 정서적 번뇌와 이지적 번뇌로 구분하여 전자는 갈애와 탐욕을, 후자는 무지를 중심으로 고찰한다.

2) 번뇌의 분류 방식

번뇌는 크게 나누어 정서적 번뇌와 이지적 번뇌로 구분할 수 있다. 본 절에서는 이 두 가지 구분을 『숫따니빠따』를 중심으로 살펴보고자 한다. 앞서 1)에서 정리한 표에 따르면, 번뇌들 가운데 갈애와 탐욕이 가장 빈도수가 확연히 드러나고 있다. 이것은 다른 번뇌들보다 Sn. 제4장과 제5장에서는 적어도 가장 중요하게 인식되고 있음을 보여주는 것이라 말할 수 있겠다. 주지하듯이 갈애와 탐욕은 정서적 번뇌를 대표하는 번뇌이다. 그러나 이 둘은 거의 의미하는 바가 같은 것으로

인식된다. 그러나 Sn.의 게송에서 이 둘의 용법을 보면, 단정적으로
의미가 유사하다고 말할 수 없음을 알게 된다. 따라서 본 항목에서는
갈애와 탐욕이 갖는 의미에 어떠한 차이가 있는지를 규명하는 것을
목적으로 하고자 한다.

(1) 갈애에 대한 Sn.의 본 게송에서의 구체적 용례

나는 이 세상에서 다양한 존재들에 대해서 갈애에 의해 사로잡힌
〔채로〕 떨고 있는 이 사람들을 봅니다. 다양한 존재와 비존재에
대해서 떠나지 못한 갈애를 지닌 통속적인 사람들은 죽음의 면전에
서 〔두려움에 떨며〕 탄식합니다.(Sn. 776)[13]

세존께서 말씀하셨다. "죽기 전에, 떠난 갈애를 지닌 자는 과거에
의존하지 않고, 현재에 〔새로운 존재를〕 만들지 않아야 합니다.
그에게는 미래에 기대되어진 〔존재가〕 없습니다."(Sn. 849)[14]

〔존재에〕 의지하지 않는 자는 가르침을 알고 있기에 의지하는
성품이 없습니다. 그에게 존재에 대한 혹은 비존재에 대한 갈애는
알려지지 않습니다.(Sn. 856)[15]

---

13 passāmi loke pariphandamānaṃ pajaṃ imaṃ taṇhāgataṃ bhavesu hīnā
   narā maccumukhe lapanti avītataṇhāse bhavābhavesu.
14 vītataṇho purā bhedā ti bhagavā pubbam antaṃ anissito vemajjhe n'ūpa-
   saṅkheyyo tassa n'atthi purekkhataṃ.
15 yassa nissayatā n'atthi ñatvā dhammaṃ anissito bhavāya vibhavāya vā taṇhā

또데야여, 모든 욕망의 대상이 존재하지 않는 자에게, 갈애가 존재하지 않는 자에게, 그리고 모든 의심을 뛰어넘은 자, 그에게 다른 해탈은 없습니다. (Sn. 1089)[16]

세상은 [감각적] 즐거움에 의한 속박이고, 사유는 그것에 대한 추구[의 근원]입니다. 갈애의 포기에 의해서 열반이 [있다]고 말해 집니다. (Sn. 1109)[17]

세존께서는 말씀하셨다. "뼁기야여, 갈애에 의해 사로잡혀 고뇌가 생긴, 늙음에 의해 패배당한 사람들을 보면서, 뼁기야여, 그대는 그러므로 방일하지 말고, 다시 [이와 같은] 생존의 상태로 이끌리지 않도록 갈애를 버리시오." (Sn. 1123)[18]

이상의 게송을 통해서 갈애의 특징을 크게 두 가지 측면에서 이해할 수 있을 것 같다. 먼저 갈애는 죽음과 관련해서(776, 849) 설해지고 있고, 다시 해탈과 열반과 관련해서(1089, 1109, 1123) 설해지고 있다. 1123게송의 경우 직접적으로 해탈/열반이란 말은 사용되지 않지만,

---

yassa na vijjati.

16 Yasmiṃ kāmā na vasanti Todeyyā ti Bagavā taṇhā yassa na vijjati kathaṃkathā ca tiṇṇo vimokho tassa nāparo.

17 nandīsaṃyojano loko vitakk' assa vicāraṇā taṇhāya vippahānena nibbānaṃ iti vuccati.

18 taṇhādhipanne manuje pekkhamāno Piṅgiyā ti Bhagavā santāpajāte jarasā parete tasmā tuvaṃ appamatto jahassu taṇhaṃ apunabhavāyā ti.

'생존의 상태로 이끌리지 않는다'는 말에 의해서 해탈/열반의 의미를 읽어낼 수 있다. 따라서 갈애는 죽음의 원인이자 해탈과 열반의 성취를 방해하는 가장 강력한 요소로 작용함을 알 수 있다.

(2) 욕망에 대한 Sn.의 본 게송에서의 구체적 용례

참된 바라문은 경계를 뛰어넘어 있습니다. 그에게는 〔존재의 참모 습을〕 알고 혹은 보아서 집착이 없습니다. 욕망에 대해서 욕망하는 자가 아니고, 욕망의 떠남에 의해 집착된 자가 아닙니다. 이 세상에 서 그에게는 최고에 대한 집착이 없습니다.(Sn. 795)[19]

세존께서는 말씀하셨다. "뿐나까여, 그들은 희망하고, 칭찬하며, 갈망하며, 공양합니다. 그들은 이득을 인연으로 하여 욕망의 대상 들을 갈망합니다. 제사에 속박되고, 존재의 탐욕에 물든 자들은 태어남과 늙음을 초월하지 못했다고 나는 말합니다."(Sn. 1046)[20]

세존께서는 말씀하셨다. "우빠씨와여, 모든 욕망의 대상에 대해서 탐욕을 떠난 자, 무소유를 의지해서 다른 것을 버리고, 최상의 지각인 해탈에서 해탈한 자, 실로 그는 거기에서 되돌아오지 않고

---

19 sīmātigo brāhmaṇo tassa n'atthi ñatvā va disvā va samuggahītaṃ na rāgarāgī na virāgaratto tassa idha n'atthī param uggahītan ti.

20 Āsiṃsanti thomayanti abhijappanti juhanti-Puṇṇakā ti Bhagavā-kāmābhijapp-nati paṭicca lābhaṃ te yājayogā bhavarāgarattā nātariṃsu jātijaran ti brūmi.

머물 수 있습니다."(Sn. 1072)[21]

헤마까여, 이 세상에서 보여진 것, 들려진 것, 생각되어진 것, 식별된 매혹적인 형체에 대해서, 욕망과 탐욕의 제거가 영원한 열반의 길입니다.(Sn. 1086)[22]

멀리 떨어져 지내고, 속이지 않고, 탐하여 구하지 않으며, 인색하지 않고 무모하지 않고, 미움을 받지 않고 중상을 하지 않습니다.(Sn. 852)[23]

세상에서 좋아하는 것들은 욕망을 인연으로 하고, 또 세상에서 탐욕도 욕망을 인연으로 일어납니다. 사람이 내세에 대해서 가지는 소망과 그 성취는 이것을 인연으로 합니다.(Sn. 865)[24]

탐욕을 떠나 인색하지 않으며, '우월하다'든가 '동등하다'든가 '열등하다'고 성자는 말하지 않습니다. 잣대를 걷어내 허구에 떨어지지

---

21 Sabbesu kāmesu yo vītarāgo Upasīvā ti Bhagavā ākiñcaññaṃ nissito hitvam-aññaṃ saññāvimokhe parame vimutto tiṭṭheyya so tattha anānuyāyī.

22 Idha diṭṭhasutamutaviññātesu piyarūpesu Hemaka chandarāgavinidanaṃ nibbānapadam accutaṃ.

23 patilīno akuhako apihālu amacchāri appagabbho ajeguccho pesuṇeyye ca no yuto.

24 chandanidānāni piyāni loke ye vā pi lobhā vicaranti loke āsā ca niṭṭhā ca itonidānā ye samparāyāya narassa honti.

않습니다.(Sn. 860)²⁵

내 것이라는 것에 탐욕을 부리면, 걱정과 슬픔과 인색함을 버리지 못합니다. 그러므로 안온을 보는 성자는 소유를 버리고 유행하는 것입니다.(Sn. 809)²⁶

세존께서는 말씀하셨다. "자뚜깐니여, 모든 욕망의 대상에 있어서 탐욕을 버리시오. 평온이라는 입장에서 〔자신이 욕계로부터〕 떠남을 보고 나서, 그대에 의해서 욕계에 있는 어떤 것이 취해지거나 버려지는 것이 있어서는 안 됩니다."(Sn. 1098)²⁷

바라문이여, 모든 정신적 육체적인 것에 있어서 탐욕을 떠난 자에게, 이 사람에게 죽음의 영향 〔아래로〕 가야 하는 번뇌들은 존재하지 않습니다.(Sn. 1100)²⁸

이상이 욕망과 관련된 게송들이다. 그런데 욕망을 나타내는 빨리어

---

25 vītagedho amacchari na ussesu vadate muni na samesu na omesu kappaṃ n'eti akappiyo.

26 sokaparidevamaccharaṃ na jahanti giddhā mamāyite tasmā munayo pariggahaṃ hitvā acariṃsu khemadassino.

27 Kāmesu vinaya gedhaṃ Jatukaṇṇī ti Bhagavā nekkhammaṃ daṭṭhu khemato uggahītaṃ nirattaṃ vā mā te vijjittha kiñcanaṃ.

28 Sabbaso nāmarūpasmiṃ vītagedhassa brāhmaṇa āsavāssa na vijjanti yehi maccuvasaṃ vaje ti.

는 여러 형태로 사용되고 있음을 보인다. 갈애가 taṇhā라는 말로 통일되어 나타나는 것과 대조적이다. 욕망은 rāga, chanda, gedha, lobhā pihālu[29] 등의 용어들이 주로 보이고 있다. 그런데 욕망의 용례를 통해서 읽어낼 수 있는 특징은 갈애와는 달리 죽음이나 해탈과 관련한 용례 이외에도 윤리적 측면(852), 집착의 대상의 하나(795), 소유(我所)에 관한 것(809), 욕망 일반(795) 등의 용례도 다수 있다. 특히 rāga와 같은 경우는 성적인 욕망, 감각적 향유의 주체이자 대상을 포괄하는 것으로서 존재에 대한 욕망의 의미에서 주로 사용되고 있음 (1046, 1072, 1086)을 알 수 있다. 이 경우 게송의 내용은 생사의 초월이나 해탈/열반과 관계한다. 이외에 죽음이나 내세와 관련한 것으로는 lobhā(865)와 gedha(1100)의 용례가 확인된다.

이상에서 살펴본 바, 갈애와 욕망에 관련된 용례들을 통해 추측해 볼 수 있는 것은 해탈/열반의 성취에 가장 강력한 방해 요소로 작용하는 번뇌는 갈애(taṇhā)와 욕망(rāga)과 같은 육체에 대한 집착과 욕망, 그리고 그것에서 비롯되는 이성에 대한 성적인 욕망(kāma)이라고 생각해 볼 수 있다. 그렇기 때문에 다른 그 어떤 번뇌보다도 taṇhā와 rāga의 위험성을 경고하는 게송이 많은 것은 아닌지 생각해 본다.

---

29 lobha는 '색을 밝히다, 음탕하다'라는 뜻이고, pihālu와 gedha(giddha) 또한 성적 욕구와 관련된 글에서 자주 사용된다. 이는 곧 성적 욕구나 탐욕이 수행을 함에 있어서 크게 장애되는 것임을 보여준다.

(3) 이지적 번뇌

정서적 번뇌와는 달리 Sn. 제4장과 제5장에서 무지로 대표되는 이지적
번뇌의 용례는 매우 적다. 우선 그 용례를 확인해 보도록 하자.

세존께서는 말씀하셨다. "아지따여, 무명에 의해서 세계는 덮여
있습니다. 탐욕과 방일 때문에 〔세상은〕 빛나지 않습니다. 갈망은
끈끈이이며, 고통은 이 세상의 커다란 두려움이라고 나는 말합니
다."(Sn. 1033)[30]

진리에 대한 사색을 선행으로 하는 평정과 사띠에 의한 청정이
해탈적 지혜에 의한 해탈이고, 무명의 파괴라고 나는 말합니다.(Sn.
1107)[31]

또데야여, 모든 욕망의 대상이 존재하지 않는 자에게, 갈애가 존재
하지 않는 자에게, 그리고 모든 의심을 뛰어넘은 자, 그에게 다른
해탈은 없습니다.(Sn. 1089)[32]

이상의 세 가지 용례가 지혜와 관련된 내용이다. 이 중 마지막

---

30 Avijjāya nivuto loko, Ajitā ti bhagavā vevicchā pamādā na-ppakāsati, jappābhi-
lepanaṃ brūmi, dukkham assa mahabbhayaṃ.

31 Upekkhāsatisaṃsuddhaṃ dhammatakkapurejavaṃ aññāvimokhaṃ pabrūmi
avijjāya pabhedanaṃ.

32 Yasmiṃ kāmā na vasanti Todeyyā ti Bagavā taṇhā yassa na vijjati kathaṃkathā
ca tiṇṇo vimokho tassa nāparo.

용례의 까따함까타(katahaṃkathā)는 의심으로 번역되는 것으로 무지와는 그 의미가 다른 것이지만, 의심은 이지적인 성격이 강하기에 이지적 번뇌로 분류했다. 여기에서 무명은 온통 세상을 덮고 있는 것으로 설명되고, 또한 해탈이란 무명이 파괴된 상태로 기술되고 있음을 본다. 그중에서 특히 주목을 끄는 것은 1107게송의 내용이다.

　일반 초기불교 문헌에서 무명이 차지하는 위상과 비교해 보면, 최초기 문헌에서의 무명은 갈애나 욕망보다는 덜 주목받은 것이 아닌가 생각된다. 이것은 무명이 무시되었다는 의미는 아니다. 용례는 많지는 않지만, 무명을 제거하여 해탈을 성취하는 것은 선정을 통하지 않고도 가능하다는 것을 보여주는 용례가 있다는 것은 주목할 만하다. 인용 경문 가운데 1107게송의 경우는 단적으로 선정수행을 하지 않고 진리에 대한 사색만으로도 선정수행을 통해 얻게 되는 평정과 사띠를 통한 청정이 가능함을 보여준다. 이를 굳이 선정과 구별 짓기 위해 '해탈적 지혜에 의한 해탈'이라고 표현한 것은 아닌가 생각된다. 이를 통해 이른 시기부터 번뇌를 제거하는 방식으로 선정의 수행과 지혜의 계발이란 두 방식이 모두 실천되고 있었음을 유추해 볼 수 있다. 아울러 이지적 번뇌인 무명을 제거함으로써 자연스럽게 정서적 번뇌의 제거도 가능하다는 것도 주목할 만하다고 생각된다.

3. 번뇌는 어떻게 발생하는가?

2장에서는 주로 번뇌를 나타내는 용어를 살펴보고, 특히 최고층 경전인 Sn.의 게송에서 확인되는 용례들을 중심으로 그 내용을 간략히 일별해 보았다. 이제 이러한 논의를 바탕으로 초기경전 일반에서는 번뇌의 발생에 대해서 어떻게 설명하고 있는지를 살펴보도록 한다. 앞서 본 논문에서는 번뇌의 현대적 표현으로 정서라는 용어를 사용할 것임을 언급했다. 본 장에서는 이러한 관점이 왜 가능한지도 같이 살펴보도록 하겠다.

1) 번뇌/정서에 드리운 느낌, 그리고 망상

우리가 논의하는 번뇌 혹은 정서는 느낌과 매우 밀접한 관련을 갖는다. 느낌에 대한 해석이 번뇌를 발생시킨다고 볼 수 있다. 말하자면 해석이 잘못되거나 과잉 해석될 경우 느낌은 번뇌로 연결된다. 그렇기에 우리는 느낌이 어떠한 과정을 거쳐 발생하는지에 대해서 언급할 수밖에 없다. 『맛지마니까야』에 「챠챠까숫따(Chachakasutta)」가 있다. 보통 「육육경六六經」이라고 번역되는 경전으로 느낌과 번뇌가 발생하는 과정을 밝히고 있다.

> 시각과 형체를 조건으로 시각의식이 생겨나서, 이 세 가지가 만나는 것이 접촉이다. 접촉을 조건으로 느낌이 생겨나고, 느낌을 조건으로 갈애가 생겨난다.[33]

위의 내용을 간단하게 표로 제시하면 다음과 같다.

---

33 MN.III, p.282. 전재성(2009: 1584).

〈그림 1〉 갈애의 발생 과정

갈애의 발생 이후의 내용은 자아관념이 투영된 감각영역이나 접촉, 느낌, 갈애가 자아가 아니라는 가르침으로 이어진다. 그리고 '수의 발생'과 '갈애의 발생' 사이에는 한 단계가 더 설정되는데, 이때 anu-saya, 즉 3가지 수면이 언급된다.

비구들이여, 시각과 형체를 조건으로 시각의식이 생겨나서, 이 세 가지가 만나는 것이 접촉인데, 접촉을 조건으로 즐겁거나 괴롭거나 즐겁지도 괴롭지도 않은 느낌이 생겨난다. 그 즐거운 느낌에 닿아 그것을 기뻐하고 환영하고 탐착하면 탐욕에 대한 경향이 잠재하게 된다. 그 괴로운 느낌에 닿아 슬퍼하고 우울해하고 비탄해하며 가슴을 치며 통곡하면서 미혹에 빠지면 분노의 경향이 잠재하게 된다. 즐겁지도 괴롭지도 않은 느낌에 닿아 그 느낌의 생성과 소멸과 유혹과 위험과 여읨을 잇는 그대로 분명히 알지 못하면 무명의 경향이 잠재하게 된다.[34]

이상의 내용을 간략하게 도식화하면 다음과 같다.

---

34 MN.III, p.285. 전재성(2009: 1592).

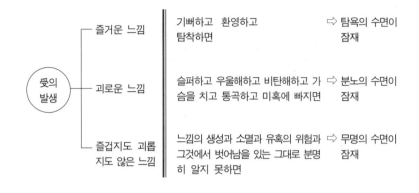

〈그림 2〉 수면의 발생

위 도식에서 알 수 있는 것은 수면, 즉 번뇌의 발생은 '느낌'에 대한 탐착에서 비롯됨을 알 수 있다. 탐진치의 수면이 잠재되어 있음을 해결하지 않는다면 괴로움의 종식은 불가능하게 된다.[35] 즉 번뇌의 발생은 '①느낌에 대한 탐착, ②느낌에 대한 부정적 반응, ③느낌에 대한 인지의 부족'에서 기인하는 것임을 알 수 있다. 즉 경전의 내용을 토대로 정리해 보면, '느낌'에 대한 잘못된 반응은 탐진치의 잠재로 이어지고, 갈애의 직접적 원인으로 작용한다고 할 수 있다. 갈애는 3가지 갈애로 작용하게 된다.

---

35 MN.III, p.285. "비구들이여, 그는 즐거운 느낌에 대한 탐욕의 잠재적 경향을 없애지 않고, 괴로운 느낌에 대한 분노의 잠재적 경향을 제거하지 않고, 즐겁지도 괴롭지도 않은 느낌에 대한 무명의 잠재적 경향을 근절하지 않고, 무명을 버리고 명지를 일으키지 않는다면, 현세에서 괴로움의 종식을 성취하겠다는 것은 타당하지 않다."(번역은 전재성, 2009: 1593)

비구들이여, 이것이 괴로움의 발생의 거룩한 진리이다. 그것은 바로 쾌락과 탐욕을 갖추고 여기저기에서 환희하며 재생으로 이끄는 갈애이다. 곧 감각적 욕망의 대상에 대한 갈애, 존재에 대한 갈애, 비존재에 대한 갈애이다.[36]

위 인용문은 초전법륜의 내용을 전하는 「담마짝까빠왓따나 왁가 (Dhammacakkapavattana vagga)」의 경문이다. 감각적 욕망의 대상에 대한 갈애를 욕애欲愛, 존재에 대한 갈애를 유애有愛, 비존재에 대한 갈애를 비유애非有愛 혹은 무유애無有愛라고 한다. 욕애는 다섯 감각기관을 통해 생겨나는 갈애, 유애는 존재를 열망함에 의해 생긴 상견常見, 비유애는 존재하지 않는 것에 대한 갈애로 단견斷見에 비유[37]하기도 한다. 이 중 비유애는 구체적으로 존재의 단절에 대한 갈애로 자살에 대한 갈망 등으로도 이해될 수 있을 것이다.

이상의 내용은 번뇌/정서의 발생을 '촉-수'의 과정에서 발생하며, 느낌에 잠재되어 있는 탐진치의 경향이 갈애로 표출되는 것임을 나타낸 것인데, SN. Dutiya dvaya sutta에 촉을 중심으로 '수-상-사'의 과정을 밝힌 내용이 있다.

비구들이여, 접촉된 자는 감각한다. 접촉된 자는 〔감각의 내용을〕 인식한다. 접촉된 자는 생각한다. 이들 법들은 움직이고, 쇠멸하고, 무상하며, 변화하며, 다른 상태가 된다.[38]

---

36 SN.V, p.420.; 전재성(2007: 670).

37 정준영(2013: 55).

이 경전은 의식(viññāṇa)이 어떻게 발생하는가를 설명하는 과정에서 위의 경문이 나온다. 경문의 내용은 인식된 것은 접촉과 동시에 인식과 생각의 과정을 거치면서 왜곡됨을 의미한다고 볼 수 있다. 이를 통해 다양한 번뇌/불건전한 정서들이 표출된다고 추측해 볼 수 있다. 이를 간략히 도식화하면 다음과 같다.

촉(phuṭṭho, 觸)—수(vedeti, 受)—상(sañjānati, 想)—사(ceteti, 思)

이 경문을 이해하는 데 도움이 되는 또 다른 경문이 있다. MN.「마두삔디까숫따(Madhupiṇḍikasutta, 이하 Mps)」에 해당 내용이 나온다.

벗이여, 시각과 형체를 조건으로 하여 시각의식이 생겨난다. (이) 세 가지의 화합이 촉이고, 촉을 조건으로 하여 감각이 (생겨난다). 감각된 것을 인식하고, 인식한 것을 깊이 생각하고, 깊이 생각한 것을 망상한다. 망상한 것, 그 인연으로 사람에게 과거와 미래와 현재에 걸쳐 시각에 의해서 의식되어질 다양한 형체들에 대해서 망상에 의한 인식과 분별이 일어난다.[39]

---

38 SN.IV, p.69. 한편 한역 잡아함(T2, 87c)에서는 "눈과 물체를 조건으로 안식이 발생한다. 세 가지가 화합한 것이 촉인데, 촉과 함께 수受·상想·사思가 생겨난다."라고 해서, 니까야와 마찬가지로 접촉과 동시에 감각·지각·인식의 작용이 일어남을 알 수 있다.

39 MN.I, pp.111~112. "cakkhuñ-cāvuso paṭicca rūpe ca uppajjati cakkhu-viññāṇaṃ, tiṇṇaṃ saṅgati phasso, phassapaccayā vedanā, yaṃ vedeti taṃ

Mps.의 내용을 간략히 정리하면 다음과 같다.

촉(phassa, 觸)−수(vedanā, 受)−인식하다(sañjānāti)−깊이 생각하다
(vitakketi)−망상하다(papañceti)

이 두 경전을 직접 비교해 보는 것은 의미가 있다. 이를 통해 번뇌/정
서가 어떻게 발생하는지를 볼 수 있기 때문이다.

SN	촉 (phuṭṭho, 觸)	감각하다 (vedeti)	인식하다 (sañjānāti)	생각하다 (ceteti)	
MN	촉 (phassa, 觸)	수 (vedanā, 受)	인식하다 (sañjānāti)	깊이 생각하다 (vitakketi)	망상하다 (papañceti)

SN.의 경우 '망상하다'란 내용이 없지만, 구조상 그리고 경전의
내용상 "움직이고, 쇠멸하고, 무상하며, 변화하며, 다른 상태가 된다."
로 연결되기에 '망상'으로 연결되는 것으로 보아도 무방할 것이다.
그러면 망상의 결과는 어떻게 되는가. 이에 대한 구체적인 설명이
Mps.에 계속해서 나온다.

비구여, 그러므로 사람에게 망상에 의한 인식과 분별이 일어난다.

---

sa ñjānāti, yaṃ sa ñjānāti taṃ vitakketi, yaṃ vitakketi taṃ papañceti, yaṃ
papañceti tatonidānaṃ purisaṃ papañcasaññ āsaṅkhā samudācaranti attānā-
gatapaccuppannesu cakkhuviññeyyesu rūpesu."

만약 이때 기뻐하고 주장하고 집착하지 않는다면, 이것은 탐욕의 성향의 끝이며, 분노의 성향의 끝이며, 견해의 성향의 끝이며, 의심의 성향의 끝이며, 만慢의 성향의 끝이며, 존재에 대한 탐욕(有貪)의 성향의 끝이며, 무명의 성향의 끝이며, 몽둥이를 쥠, 칼의 쥠, 싸움, 투쟁, 논쟁, 말다툼, 중상, 거짓말의 끝이다. 여기에서 이들 악하고 불건전한 현상들은 남김없이 사라진다. (MN.I, p.113)

'망상에 의한 인식과 분별'[40]은 빠빤짜산냐상카(papañcasaññāsaṅ-

---

40 전재성(2009)은 이를 '희론에 오염된 지각과 관념'으로 번역하고 있다. 앞의 책, p.259. saññā를 어떻게 번역할 것인지에 대해서는 몇 가지 제안이 가능하다. L.Schmithausen(1981: 215. note51)의 경우는 '관념작용(ideation)'이란 번역어를 제안하고 있다. Anālayo(2014: 242)는 "인지"로 번역하고 있다. PTSD(s.v. saññā)에서는 "sense, perception, discernment, recognition" 등의 의미를 제시하고 있다. 여기서 필자는 "인식"이란 번역어를 택했다. 어원상 sam−√jñā에서 파생된 단어로 분명히 '앎'의 의미를 기본으로 하는 단어이다. SN.III, Khajjanīya Sutta에 보면 이에 대한 정의가 나온다. "비구들이여, 그러면 왜 인식이라 부르는 가? 인식한다(sañjānāti)고 해서 인식이라 한다. 그러면 무엇을 인식하는가? 푸른 것도 인식하고 노란 것도 인식하고 빨간 것도 인식하고 흰 것도 인식한다. 비구들이여, 이처럼 인식한다고 해서 인식이라 한다."(SN.III, p.87.; 각묵 스님 (2009), 『상윳따니까야』 3, p.276) saññā는 감각기관과 관련된 것임을 보여주는 데, Sn.802 게송에서도 동일한 맥락이 소개되어 있다. 결국 saññā는 감각기관을 통해 들어온 정보에 대한 인식 혹은 지각임을 알 수 있다. 한편 viññāṇa의 경우는 vijānāti로 설명된다. 앞서 saññā가 sañjānāti로 설명되는 것과 비교해 보는 것도 흥미롭다. 둘 다 동사 어근이 √jñā(알다)로 동일하다. vijānāti는 보통 '구별하여 안다'고 해서 '식별하다'로 번역되기도 한다. SN.III, Khajjanīya Sutta에서는 sañjānāti는 색깔로 설명하고, vijānāti는 맛으로 설명한다. 말하자

khā)를 번역한 것인데, 이것은 papañcena sāññā ca saṅkhā ca로
분석될 수 있다. 빠빤짜(papañca)는 '희론' 혹은 '망상'으로 번역되는
말이다. 망상에 의한 인식과 분별의 내용에 집착하고 주장하게 된다면
탐욕, 분노, 견해, 의심, 만, 존재에 대한 탐욕, 무명의 번뇌/정서로
연결되고, 이는 온갖 폭력과 다툼으로 연결된다는 내용이다. 이상의
경전의 내용을 다시 그림으로 나타내면 다음과 같다.

〈그림 3〉 번뇌/정서의 발생과정(1)

이 그림을 통해 감각은 정서/번뇌[41]의 토대가 되며, 감각이 정서/번
뇌로 표출되기 위해서는 감각에 대한 내용을 지각하고 사유하는 작용
이 필요하게 됨을 알 수 있다. 결국 정서/번뇌는 감각된 내용에 대한
인식과 사유의 과정을 거쳐 망상된 결과[42]인 것이며, 이는 분명히

면 전자가 대상의 내용을 인식하는 것이라면, 후자는 감각기관을 통해 들어온
정보를 세세하게 분류하여 구별하여 아는 것이라고 할 수 있다. 이와 관련해서
Rune E. A. Johansson(1979: 92)은 "vedana와 viññāṇa 사이의 위치를 통해
saññā는 시각적 인식을 언급하는 것으로 명확하게 정의된다. 그러므로 완전히
발달된 인식은 viññāṇa의 특별한 기능 중 하나가 될 것이다."라고 설명하고
있다. 한편 saññā와 관련된 자세한 논의는 Mathieu Boisvert(1997), The Five
Aggregates, Delhi: Indian Books Centre, p.77ff.를 참조하면 좋다.

41 본고에서는 '정서'를 '번뇌'와 동일하게 이해한다. 자세한 내용은 '4. 정서의
   인지'를 참조하라.

42 즉 망상을 통해 다양한 사념의 확장으로 인해 불건전한 정서, 즉 번뇌가 표출되는

인지적인 특징을 갖는다. 앞서 탐진치가 감각의 내용 아래 잠재되어 있다는 내용의 경전을 소개했는데, 이때의 탐진치는 인지된 번뇌가 아닌, 말 그대로 잠재된 것이다.[43]

따라서 망상이 온갖 번뇌/정서의 원인이라고도 볼 수 있다. 그러면 망상은 구체적으로 어떤 의미일까. 이에 대해 Sn. 916의 게송을 보면 그 구체적 의미가 나타난다.

'내가 있다'라고 생각하는 망상에 의한 관념의 뿌리를 모두 제거하십시오.[44]

즉 망상이란 '내가 있다'라는 생각을 고집하는 것이다. 이러한 생각을 기반으로 한 것이 모두 망상인 것이다.[45] 따라서 우리가 경험하는 번뇌/정서는 왜곡된 '자의식'을 바탕으로 발생하는 것임을 알 수 있다. 그리고 이러한 망상은 감정이 개입된 행동이거나 욕망과 이롭지 못한 노력을 하게끔 만드는 것으로 이해된다.[46]

이상의 내용을 토대로 번뇌/정서가 발현되는 과정을 그림으로 나타

것으로 이해된다.

[43] 이필원(2019: 82).

[44] mūlaṃ papañcasaṅkhāyā / (ti bhagavā) mantā asmīti sabbaṃ uparundhe(916 ab).

[45] 전재성은 이를 "'나는 존재한다'라는 자아의식(asmīti papañcitaṃ)에 기반을 둔 일상적 지각의 확산"이라고 설명하고 있다. 전재성(2009), 앞의 책, p.260. 각주 355.

[46] 루네 E.A. 요한슨(1996: 215).

내 보면 다음과 같다.

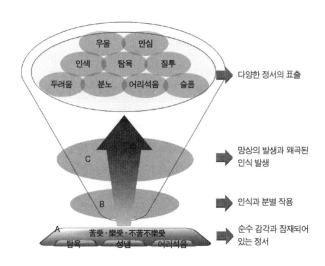

〈그림 4〉 번뇌/정서의 발현과정(2)

2) 번뇌/정서를 끊는 방법

번뇌/정서가 '자아관념'을 바탕으로 한 망상에서 비롯된 것임을 고찰했다. 그러면 이러한 번뇌/정서를 어떻게 해야 끊을 수 있을까. 우리는 단순하게 없애면 되지 않나 라고 생각할 수 있겠지만, 구체적으로 어떻게 없애야 하는지에 대해서 알지 못하면 번뇌/정서를 없애는 것은 가능하지 않다. 이에 대해서 아주 상세한 가르침이 MN.에 나오는 「삽바사와숫따(Sabbāsavasutta)」이다. 본 절에서는 이 경전에서 나오는 번뇌/정서를 대하는 구체적인 방식에 대해서 알아보고자 한다.

비구들이여, 관찰(dassanā)에 의해 끊어지는 번뇌가 있고, 수호(saṃvarā)에 의해서 끊어지는 번뇌가 있고, 수용(paṭisevanā)에 의해 끊어지는 번뇌가 있고, 인내(adhivāsanā)에 의해서 끊어지는 번뇌가 있고, 피함(parivajjanā)에 의해서 끊어지는 번뇌가 있고, 제거(vinodanā)에 의해서 끊어지는 번뇌가 있고, 수행(bhāvanā)에 의해서 끊어지는 번뇌가 있다.[47]

번뇌/정서를 대하는 방식이 총 7가지로 제시되고 있다. 단순히 수행을 통해 제거되는 것이 아니라, 번뇌/정서의 내용에 따라 그 대처방식이 달라진다는 것을 구체적으로 보여준다는 점에서 의미가 있다. 그럼 각각의 방법의 내용은 무엇인지 살펴보도록 하자. 이 과정에서 번뇌/정서에 대한 특징들도 또한 같이 고찰할 수 있을 것이다.[48]

① 관찰에 의해 끊어지는 번뇌

■번뇌가 생겨나는 이유 : 정신 활동을 기울여야 할 것에 대해 (manasikaraṇīye dhamme)[49] 잘 모르고, 정신 활동을 기울이지 말아야 할 것에 대해(amanasikaraṇīye dhamme) 모르기 때문에.

■정신 활동을 기울이지 말아야 할 것 : 정신 활동을 기울이면 아직 생겨나지 않은 감각적 쾌락의 욕망의 번뇌가 생겨나고, 이미 생겨난 감각적 쾌락의 욕망에 의한 번뇌가 증가하고, 아직 생겨나지 않은

---

47 MN.I, p.7.; 전재성(2009), 위의 책, p.92.
48 경전에서 제시되는 내용이 적지 않아, 이를 모두 인용하기보다는 핵심적인 내용을 간략히 정리하는 방식으로 제시하도록 하겠다.
49 정신 활동으로 번역된 것은 전재성의 번역을 그대로 따랐다.(전재성, 위의 책, p.92). 정신 활동을 기울이다는 manasikaroti의 번역이다. 일반적으로 '作意하다' 로 번역되기도 하는데, 어떤 대상에 주의를 기울이는 것을 의미한다.

존재에 의한 번뇌가 생겨나고, 이미 생겨난 존재에 의한 번뇌가 증가하고, 아직 생겨나지 않은 무명에 의한 번뇌가 생겨나고, 이미 생겨난 무명에 의한 번뇌가 증가한다.[50]

■이치에 맞지 않게 정신 활동에 기울이는 것[51] : 나는 과거세에 있었을까? 없었을까? 무엇이었을까? 어떻게 지냈을까? 무엇이었다가 무엇으로 변했을까? ; 나는 미래세에 있을까? 없을까? 무엇이 될까? 어떻게 지낼까? 무엇이 되어 무엇으로 변할까? ; 현세에 나는 있는가? 없는가? 무엇인가? 어떻게 있는가? 이 존재는 어디서 왔다가 어디로 가는가?

■이치에 맞지 않게 정신 활동을 기울인 결과 : 여섯 가지 견해 가운데 하나의 견해가 확립된다. ⓐ'나의 자아는 있다'라는 견해 ⓑ'나의 자아는 없다'라는 견해 ⓒ'자아에 의해서 자아를 지각한다'라는 견해 ⓓ'자아에 의해서 무아를 지각한다'라는 견해 ⓔ'무아에 의해서 자아를 지각한다'라는 견해 ⓕ'나의 이 자아는 말하고 느끼고 여기저기

---

50 주석서인 Papañcasūdani에 따르면, "다섯 가지 감각적 쾌락의 욕구를 만족시키려면 감각적 쾌락의 욕망에 의한 번뇌(kāmāsava)가 일어나고, 영원주의와 허무주의를 수반하는 선정의 욕구를 만족시키려면 존재에 의한 번뇌(bhavāsava)가 일어나고 증가한다. 네 가지 전도─무상한 것을 영원한 것으로 보고, 괴로운 것을 즐거운 것이라고 보고, 부정한 것을 깨끗하다고 보고, 실체가 없는 것을 실체가 있는 것으로 보는 것─를 통해서 세속적인 만족을 추구하면 사성제를 모르는 무명에 의한 번뇌(avijāsava)가 일어나고 증가한다."(전재성, 2009, 위의 책, p.93, 각주 50).

51 원문은 "ayoniso manasikaroti"이다. yoniso manasikaroti는 한역으로는 "如理作意"로 번역되는 말이다.

서 선악의 행위에 대한 과보를 체험하는데, 그 나의 자아는 항상하고 항주하고 항존하는 것으로 변화하지 않고 영원히 존재할 것이다'라는 견해 ─ 이것을 견해의 심취, 견해의 정글, 견해의 험로, 견해의 왜곡, 견해의 몸부림, 견해의 결박이라고 부른다. → 괴로움에서 벗어나지 못한다.

■정신 활동을 기울여야 할 것에 기울이면 : 아직 생겨나지 않은 번뇌가 생겨나지 않고, 이미 생겨난 번뇌가 끊어진다. '이것이 괴로움이다'라고, '이것이 괴로움의 발생이다'라고, '이것은 괴로움의 소멸이다'라고, '이것은 괴로움의 소멸에 이르는 길이다'라고 이치에 맞게 정신 활동을 기울인다. → 세 가지 결박, 즉 개체가 있다는 견해, 의심, 규범과 금계에 대한 집착을 끊어버린다.[52]

관찰에 의해 끊어지는 번뇌는 인지적 측면의 '견해'라는 특징을 갖는다. 그리고 욕루(kāmāsava), 유루(bhavāsava), 무명루(avijjāsava)[53]의 근본번뇌가 생겨나는 이유가 '정신 활동을 기울이고, 기울이지 말아야 할 것을 알지 못하기 때문(appajānanto)'이라고 해서, 앎의 측면을 강조하고 있다. 그래서 여기서 여섯 가지 자아에 대한 '견해

---

52 MN.I, pp.7~9.; 전재성(2009: 92~95).

53 Anālayo(2014: 244). "지각 과정과 관련하여 유사한 중요 개념은 루(āsava, 漏)이다. … 감각적 욕망과 존재에 대한 욕망은 고통(dukkha)을 발생시키는 주된 요소로서 두 번째 성스러운 진리에서도 나타난다. 반면 무지는 고통의 "의존적 발생(paṭicca samuppāda)"을 묘사하는 "12연기"의 시작점이다. 이러한 발생은 루漏의 체계가 고통 발생의 원인과 본질적으로 연관되어 있음을 가리킨다."

(diṭṭhi)'가 생겨나게 된다. 이러한 견해로 말미암아 현실의 삶에서 괴로움을 벗어나지 못한다는 것이다. 그리고 이러한 견해를 치료하는 방식 역시 올바른 앎으로 연결되는데, 그것은 사성제에 대한 '여리작의 如理作意'이다. 이를 통해 삼결三結이 끊어지게 된다. 이를 간략히 정리하면 다음과 같다.

결과적으로 '관찰'은 '여리작의'의 문제이다. 번뇌/정서의 발생은 주의를 기울여야 할 것과 그렇지 않은 것에 대한 올바른 앎의 문제인 것이다. 요하슨은 이것을 '지각(perception)'의 관점으로 설명한다.[54] 지각이나 앎이나 모두 인지의 영역이라고 할 수 있다.

② 수호에 의해 끊어지는 번뇌

이치에 맞게 성찰해서(paṭisaṅkhā yoniso) 시각 능력… 청각 능력… 후각 능력… 미각 능력… 촉각 능력… 정신 능력을 잘 다스려서

---

54 Rune E. A. Johansson(1979: 178), "Sabbāsavasutta의 중요성은 번뇌의 발생을 지각에서 찾아야 함을 보여준다.: 적절하지 않은 주의로부터 이전에 없던 번뇌가 일어난다."

수호한다. 비구들이여, 정신 능력을 잘 다스려서 수호하지 않으면 곤혹과 고뇌에 가득 찬 번뇌가 생겨날 것이지만, 정신 능력을 잘 다스려서 수호하면 곤혹과 고뇌에 가득 찬 번뇌가 생겨나지 않을 것이다. (MN.I, p.10)

수호란 육근 수호임을 알 수 있다. 수호의 방식은 '이치에 맞게 성찰해서(paṭisaṅkhā yoniso)' 육근을 잘 다스리는 것이다. 시각 능력 (cakkhu'ndriya)부터 정신 능력(man'indriya)에 이르는 6근은 우리의 감각기관으로 외부대상으로부터 정보를 취합하는 역할을 담당한다. 이것을 수호(saṃvara)라고 하는 것은 외부대상으로부터 감각을 잘 지킴으로서 번뇌의 발생을 막는다는 의미이다.

③수용에 의해 끊어져야 하는 번뇌
수용이란 네 가지 생활필수품의 올바른 수용을 말한다. 즉 의복, 음식, 처소, 필수 약품의 네 가지이다. 이것들은 수행을 하는 데 있어 필요한 필수적인 것으로, 이치에 맞게 성찰해서 철저하게 수행을 위한 수용을 통해 곤혹과 고뇌가 가득 찬 번뇌를 생기지 않게 할 수 있다는 내용이다.

④인내에 의해 끊어져야 하는 번뇌

이치에 맞게 성찰해서(paṭisaṅkhā yoniso) 추위와 더위, 굶주림과 목마름, 등에, 모기, 바람, 열기, 뱀과의 접촉을 견디어 내고, 잘못 표현되고 악의적으로 표현된 말을 견디어 낼 수 있고, 괴롭고 아프고

저리고 찌르고 불쾌하고 치명적인 신체적인 느낌이 생겨난 것을
참아낸다. 비구들이여, 인내하지 않으면 곤혹과 고뇌가 가득 찬
번뇌가 생겨날 것이지만, 인내하면 곤혹과 고뇌에 가득 찬 번뇌가
생겨나지 않을 것이다.(MN.I, p.10)

여기에서 말하는 것은 주로 신체적인 고통이나 심리적인 고통을
말한다. 이들은 참고 견디는 방식으로 극복해야 함을 말하는 것이다.
이를 참고 극복하지 못하면 이를 통해 다양한 번뇌가 발생한다는
것이다.

⑤ 피함에 의해 끊어져야 하는 번뇌

수행을 함에 있어 사나운 동물들, 가시덤불이나 절벽, 웅덩이, 늪지
등을 피하고, 이치에 맞게 성찰해서 적당하지 않은 자리, 장소, 악한
친구들을 피해야 한다. 만약 피하지 못하면 곤혹과 고뇌가 가득 찬
번뇌가 생겨나게 될 것이라는 내용이다. 이는 수행을 함에 있어 외적인
조건들을 말하는 것이다.

⑥ 제거의 의해 끊어져야 하는 번뇌

이치에 맞게 성찰해서 이미 생겨난 감각적 쾌락의 욕망에 매인,
이미 생겨난 분노에 매인, 이미 생겨난 폭력에 매인 사유(vitakka)를
용인하지 않고 버리고 제거하고 끝내버리고 없애버리며, 이미 생겨
난 악하고 불건전한 상태를 용인하지 않고 버리고 제거하고 끝내버

리고 없애버린다. 비구들이여, 제거하지 않으면 곤혹과 고뇌가
가득 찬 번뇌가 생겨날 것이다.(MN.I, p.11)

감각적 쾌락, 분노, 폭력과 관련된 사유(vitakka), 그리고 이미 생겨
난 악하고 불건전한 것을 즉시 제거해야 한다는 것이다. 이는 사정단
四正斷 가운데 첫 번째인 단단(斷斷, pahānappadhāna)[55]의 내용과 연결
된다.

⑦ 수행에 의해 끊어져야 하는 번뇌

비구들이여, 이치에 맞게 성찰해서 멀리 떠남에 의존하고 사라짐에
의존하고 소멸에 의존하고 보내버림으로써 열반으로 회향하는
염각지(念覺支, sati-sambojjhaṅga), 택법각지(擇法覺支, dhammavi-
caya-sambojjhaṅga), 정진각지(精進覺支, viriya-sambojjhaṅga), 희
각지(喜覺支, pīti-sambojjhaṅga), 경안각지(輕安覺支, passaddhi-
sambojjhaṅga), 정각지(定覺支, samādhi-sambojjhaṅga), 사각지(捨
覺支, upekkhā-sambojjhaṅga)를 수행한다. 비구들이여, 수행하지
않으면 곤혹과 고뇌에 가득 찬 번뇌가 생겨날 것이지만, 수행하면
곤혹과 고뇌가 가득 찬 번뇌가 생겨나지 않을 것이다.(MN.I, p.11)

수행으로 번뇌를 끊는다는 것은 칠각지를 수행한다는 것인데, 이는
열반을 성취하는 구체적인 수행법이기도 하다.

---

55 DN III, p.221.; MN II, p.11.; SN V, p.244 등.

이상의 7가지가 번뇌를 끊는 구체적인 방법으로 제시되어 있는데, 이 가운데 첫 번째인 관찰과 마지막인 수행의 방법이 직접적인 번뇌/정서를 소멸시키는 방법이고, 나머지 다섯 가지는 직접적으로 번뇌의 끊음을 성취시킬 수는 없지만, 수행의 예비단계에서 번뇌를 제거하거나 제거를 촉진[56]시키는 역할을 하는 것으로 주석서는 설명한다. 육근 수호와 관련된 (2)의 경우는 수행과 직접적 연관을 갖는 것으로 볼 수 있지만, 이는 예비수행으로 보는 것이 타당하다. MN.Ⅲ, 「가나까목갈라나숫따 Gaṇakamoggallānasutta」에 보면 육근이 수호되지 않으면 탐욕과 근심과 악하고 불건전한 상태가 침입하게 되지만, 이를 수호하게 되면 붓다는 이치에 맞게 성찰해서 음식을 취하는 가르침을 이어서 일상에서의 행주좌와를 통해 마음을 청정히 하는 가르침, 이어서 사띠와 삼빠잔나의 수행, 그리고 오개의 번뇌를 제어하여 선정을 성취하는 가르침을 준다는 내용이 나온다.[57]

그런데 이 7가지 방법은 모두 "이치에 맞게 성찰하는 것"을 통해 이루어진다는 공통점을 갖는다. 이는 불교수행론이 '바른 앎'을 토대로 구성되어 있음을 보여준다. 내외적인 것에 대한 올바른 앎이 없으면 번뇌/정서에 압도되어 괴로움을 경험하게 되고, 올바른 앎을 갖추면 번뇌/정서를 제거하여 열반으로 나아갈 수 있게 된다고 말할 수 있을 것이다.

---

56 전재성(2009: 96), 각주 56에서 주석서의 설명을 제시하고 있다.

57 MN.Ⅲ, pp.2~3.

4. 번뇌/정서의 인지적 특성과 치유[58]

앞서 제3장의 논의에서 번뇌/정서를 일으키는 과정으로 '촉―수―상
―사―망상'이란 구조를 확인했다. 그리고 MN.의 「아사와숫따」를
통해 번뇌를 제거하는 7가지 방법의 내용을 보았는데, 여기서 '여리작
의'의 중요성이 강조되고 있음도 확인했다. 이는 번뇌를 제거하는
핵심 기제는 '바른 앎'이라는 인지능력이라는 점을 암시한다. 본 장에서
는 이러한 논의를 바탕으로 번뇌/정서의 인지적 특징을 알아보고
치유와 인지의 관계를 밝혀보고자 한다. 아울러 번뇌를 오늘날 정서심
리학에서 말하는 정서의 내용과의 연관성을 중심으로 살펴보고, 필자
가 번뇌를 정서로 보고자 하는 이유도 제시하고자 한다.

1) 번뇌/정서의 인지적 특징
불교적 관점에서 번뇌/정서는 인식주관과 대상과의 관계 속에서 형성
된 일시적인 것들이 된다. 일시성은 곧 '무상성無常性'과 동일한 의미가
된다. 그것은 정서의 토대인 수受의 발생 과정에서 근거가 되는 근·경·
식이 모두 무상하다는 것에서도 알 수 있다.

비구여, 시각을 무상한 것으로 알고 또한 보면, 무명이 끊어지고
명지가 일어난다. 색(色, 보이는 것 일반)을 무상하다고 알고 또한
보면, 무명이 끊어지고 명지가 일어난다. 시각의식(眼識)을 무상하

---

58 본 장은 이필원, 「초기불교의 정서 이해」, 『인문논총』 제67집, 2012의 3장과
4장의 내용을 수정 보완한 것이다.

다고 알고 또한 보면, 무명이 끊어지고 명지가 일어난다. 시각접촉
(眼觸)을 무상하다고 알고 또한 보면, 무명이 끊어지고 명지가
일어난다. 시각접촉을 조건으로 생겨나는 즐겁거나 괴롭거나 즐겁
지도 괴롭지도 않은 감각(受)을 무상하다고 알고 또한 보면, 무명이
끊어지고 명지가 일어난다.[59]

이것은 서양의 정서심리학에서 말하는 정서의 특징과 유사하다.
정서심리학에서 정서는 어떤 특정 사건에 대한 반응으로서 일시적
경험으로 정의된다.[60] 하지만 이러한 정서는 정서의 발생으로 그치는
것이 아니라 뒤이어 인지작용과 행동으로 이어지게 된다.

혼란된 사띠로 형체(rūpa, 色)를 보고 나서, 사랑스러운 모습에
마음을 기울이고, 애욕으로 물든 마음을 지닌 자는 그것에 집착하여
경험하고 머문다. 그 집착된 마음을 지닌 자에게 다양한 형체에서
기원한 감각(vedanā)들이 자라나고, 탐애와 분노가 마음을 파괴한
다.(SN. IV. p. 73.)

경전에 나오듯이, 감각(vedanā)은 결국 탐애와 분노와 같은 강력한

---

59 SN.IV, p.31.; Kalupahana(1987: 45)도 참조하라.
60 James W. Kalat at al(2008: 4-5). "…장기간 지속되는 경향성은 정서가 아니라는
   것이다. 대신에 우리는 이것을 기분(mood), 전반적 감정(global affect) 혹은
   기질(temperament)이라고 부른다. 기분은 정서와 많은 공통점이 있지만 우리가
   정서를 이야기할 때는 그 의미를 특정 사건(혹은 가능한 사건의 상상)에 대한
   반응으로 일어나는 일시적 경험에 국한시키고자 한다."

불건전한 정서/번뇌로 표출되고, 나아가 그것이 어떤 구체적 결과로 드러남을 보여준다. 이러한 과정을 보다 명료하게 제시하면 다음과 같다.

> 고락 등의 감수가 있으면, 거기에서는 불쾌하고 싫은 것은 미워하고 싫어하고, 좋아하는 것에는 애착을 느끼는 애愛라는 의사意思 작용이 생긴다. 애착과 증오라는 생각이 있으면, 탐욕스러운 행동과 사견에 의한 잘못된 행위, 게다가 실체적인 자아에 대한 집착을 가진 행위가 생겨나고, 도둑질과 간음, 살해와 투쟁 등의 잘못된 행동으로 이끌리게 된다.[61]

이상과 같이 감각을 토대로 탐애와 분노와 같은 불건전한 정서들이 표출되는데, 이는 곧 번뇌의 내용들이다. 물론 이때 정서는 '불건전'이라는 한정어를 붙여야만 번뇌와 관련지어 설명할 수가 있다. 예를 들어 사무량심은 정서에 포함될 수 있지만 이는 오히려 번뇌를 제거하는 기능이 인정되기 때문이다.[62] 번뇌(kilesa)는 '오염, 더러움, 불순물'을 의미하며, 폭류(ogha), 누출(āsava, 漏), 흐름(sotā)과 같이 비유적으로 표현되기도 한다.[63] 이러한 의미를 갖는 번뇌는 크게 정서적 번뇌와 이지적 번뇌로 구분할 수가 있음은 앞에서 이미 살펴보았다. 정서적 번뇌는 갈애(taṇhā)와 탐욕(rāga), 욕망(kāma),[64] 분노(dosa)

---

61 안도 오사무(2010: 114~115).

62 Marvin Levine(2000: 48).

63 이필원(2009: 57~59) 참조.

등이 대표적인데, 이외에도 만심(māna)[65], 인색함(maccara, veviccha),
우울(visāda), 게으름(tand, 懈怠)[66], 두려움(bhaya) 등이 있고, 이지적
번뇌로는 망상(papañca)과 무명(avijjā)을 대표적으로 들 수 있다.
이렇듯 번뇌는 정서와 동일한 범주를 갖고 있어, 이 둘을 같은 표현으로
간주할 수 있을 것으로 생각된다. 그런데 앞서 보았듯이 이러한 정서들
은 방치되어서는 안 되며, 반드시 치유 혹은 제어되어야 한다. 그
첫걸음은 무엇보다도 정서에 대한 바른 인지에 있다. 이때 인지란
'인지 치료'에서 말하는 것과는 분명 다르다는 점을 지적해 둔다. 인지
치료에서 인지는 왜곡되거나 잘못된 인식 과정을 바로 잡아 심리적
장애를 극복 혹은 치료하는 것을 말한다.[67] 하지만 본 논문에서 말하는

---

64 갈애는 초기불교에서는 가장 강력한 번뇌로 자주 언급된다. 욕망(kāma)은 주로
성적인 욕망을 나타내는데, 감각적 쾌락에 대한 탐닉을 특징으로 한다. 정준영
(2010: 55~57)을 참조하라

65 만심慢心에는 세 가지가 있다. sama-māna(나와 남이 동등하다고 생각하는 만심),
hīna-māna(내가 남보다 못하다고 생각하여 열등감을 갖는 만심), visesin-māna(내
가 남보다 뛰어나다고 생각하는 만심)이다. 일반적으로 자만심 혹은 자부심하면
세 번째 만심에 해당한다. 반면에 열등감도 만심으로 보는 것이 인상적이다.
남과 비교하여 갖는 생각 일체를 만심으로 보는 것이다. Sn.799G를 참조하라.

66 유사한 의미의 단어로 niddā, 즉 수면(sleep)과 방일(pamāda)이 있다. 무기력함과
나태함을 의미한다. Sn.926G; 942G를 참조하라.

67 인지 치료는 특히 아론 벡의 이론이 대표적이다. 그 내용을 간략히 보면 다음과
같다. "아론 벡의 인지 치료는 증상으로 드러난 심리 장애에서부터 출발해서
그것을 일으키는 인지 왜곡과 중간 신념, 그리고 다시 그런 태도와 인지 왜곡을
일으키는 핵심 신념을 역으로 찾아 들어가자는 것이다. … 자신의 판단 안에
숨어 있는 인지적 오류를 오류로 알아차리고, 자신이 전제해 놓은 중간 신념들이
절대적 원칙이 아니라는 것을 자각하며, 결국은 자신의 기본 신념이 근거 없이

인지는 인간의 다양한 인식 활동 및 감정, 의지에 대한 '지각' 혹은 '자각'의 의미로 사용된다.[68]

번뇌/정서는 어떠한 방식으로든 행동에 영향을 미친다. 정서가 문제가 되는 것은 번뇌/정서가 갖는 영향력 때문이다. 번뇌/정서는 발현되지 않은 상태에 있든 외부로 발현되든 간에 그 사람의 심리상태나 행동에 직접적인 영향을 미친다. 오랫동안 우울한 감정에 빠져 있는 사람은 겉으로는 잘 드러나지 않는다고 해도 심각한 마음의 병을 앓고 있는 것으로, 최악의 경우 자살이란 극단적 행동으로 표출되는 경우가 적지 않다. 늘 다른 사람과 비교를 당하는 사람은 의기소침에 빠져 소극적인 모습을 보이는 경향이 있다. 탐욕의 경향이 강한 사람은 전투적인 성향을 보이며 소유욕과 강한 분노의 정서를 보이기도 한다.[69]

부정적이라는 것을 발견하는 것이다."(한자경, 2009: 81).

[68] 이정모 외(2010: 29). "인식이란 개념은 다소 수동적인 수용과정으로서의 앎의 과정을 지칭한다고 볼 수 있으며, 문제를 해결한다든지, 말을 한다든지, 의지를 낸다든지 하는 등의 능동적인 지적 과정들과 감정적 앎, 학습, 신체감각-운동의 통제 등의 측면을 다 포괄하지 못하는 좁은 의미의 개념으로 일반인들이 사용하고 있다고 하겠다. 그에 반하여 인지(認知, cognition)라는 개념은 이러한 모든 측면들을 포괄하며, 능동적 지적 과정이 강조되는 보다 넓은 의미의 개념으로 사용된다. 그리고 지정의知情意의 '情'이 인지에 상당히 의존하는 것이기에, '인지'의 개념은 '知'와 '意'를 포괄하며, '情'의 상당 부분도 포함하는 넓은 의미의 개념이다."

[69] Leslie S. Greenberg·Sandra C. Paivio(2008: 33)에서는 "혐오감은 썩고 부패한 것들로부터 우리를 물러서게 만든다. 반면, 연민은 다른 사람의 고통에 반응하게 한다. 분노와 두려움 같은 정서는 위험을 알려주며, 슬픔과 사랑 등의 정서는 사람들에게 가까이 다가서도록 만든다. 그리고 수치심이나 죄책감 같은 정서는

여하튼 번뇌/정서는 행동을 통해 자신의 정체를 분명히 드러낸다. 그러나 행동으로 표출되기 전, 번뇌/정서는 대부분 그 사람에게 자신의 정체성을 노정하게 된다. 왜냐하면 번뇌/정서는 기본적으로 마음의 산물, 즉 마음 활동[意識]의 내용이기 때문이다. 이를 통해 번뇌/정서는 인지적 특성을 갖고 있다고 할 수 있다. 그렇다고 해서 모든 번뇌/정서가 반드시 인지되는 것은 아니다. 하지만 대부분의 경우 번뇌/정서는 인지된다. 번뇌/정서가 정확히 인지되는 경우에 번뇌/정서는 해소되거나 교정될 수 있는 가능성을 갖지만, 그렇지 않은 경우는 왜곡의 재생산으로 말미암아 처음의 인지 내용과는 전혀 다른 모습을 띠게 된다. 이러한 내용을 잘 보여주는 것이 '두 번째 화살'로 유명한 Sellasutta이다.

> 비구들이여, 배우지 못한 범부는 육체적 괴로움을 겪게 되면 근심하고 상심하며 슬퍼하고 울부짖고 광란한다. 그는 육체적 느낌과 마음의 느낌에 의해서 이중으로 고통을 받는다. 마치 어떤 사람이 화살에 찔렸는데, 다시 두 번째 화살에 또다시 찔리는 것과 같다. 그는 두 개의 화살 때문에 괴로움을 모두 다 겪는 것이다 … (중략) … 비구들이여, 괴로운 느낌에 대해서 그는 적의를 품는다. 적의를 품는 까닭에 괴로운 느낌에 대한 성남의 잠재성향이 자리를 잡게 된다. 그가 괴로운 느낌에 접촉하게 되면 그는 감각적 욕망의 즐거움으로 나아가게 된다. 그것은 무슨 이유 때문인가? 비구들이여, 배우지 못한 범부는 감각적 욕망의 즐거움으로 나아가는 것 말고는,

---

잘못한 점들을 일깨워 준다."라고 정서의 반응에 대한 내용을 설명하고 있다.

괴로운 느낌으로부터 벗어나는 다른 출구를 알지 못하기 때문이다.
다시 감각적 욕망의 즐거움을 누리는 사람에게는 즐거운 느낌에
대한 탐욕의 잠재성향이 자리잡게 된다. 그는 이러한 느낌들의
일어남과 사라짐과 달콤함과 위험함과 회피를 있는 그대로 분명하
게 알지 못한다(nappajānāti). 이처럼 일어남과 사라짐과 달콤함과
위험함과 회피를 있는 그대로 분명하게 알지 못하는 사람에게는
괴롭지도 즐겁지도 않은 느낌에 대한 무명의 잠재성향이 자리잡게
된다.[70]

여기에서 처음에 갖게 된 '적의'라는 번뇌/정서가 나중에는 '감각적
욕망'에 대한 추구로 바뀌는 것을 보게 된다. 이는 '적의'라는 번뇌/정서
에 대한 분명한 인지가 결여되었을 경우, 다른 방식으로 번뇌/정서의
내용이 왜곡됨을 보여준다고 하겠다. 물론 이 경우에 '감각적 욕망'에
대한 추구는 다양한 의미로 해석될 수 있다. 예를 들어 말 그대로
성적 쾌락의 방식으로 나아갈 수도 있고, 아니면 적의로 생겨난 불쾌한
느낌을 해소하는 방식으로, 상대에 대한 '폭력'의 방식으로 감각적
욕망이 표출될 수도 있을 것이다. 결국 '두 번째 화살'의 경전은 우리에
게 어떤 번뇌/정서가 툭 튀어나올 때, 그것을 인지할 수 있다면 무조건
적인 반응은 물론이거니와 처음 발생된 번뇌/정서의 왜곡도 피할
수 있음을 잘 보여준다고 생각된다.[71] 이렇듯 붓다는 번뇌/정서에

---

70 SN.IV, pp.207~210.; 인경 스님(2012: 129)의 번역.

71 Marvin Levine(2000: 170). "In may own case, for example, I observed (over
a few years) that I was most vulnerable to anger directed at me. I was patient

대한 인지를 중요하게 보았다.[72] 기본적으로 아는 것(jānāti)이 중요하며, 나아가 온전히 아는 것(pajānāti)을 통해 불건전한 정서가 극복될 수 있음을 알 수 있다.

2) 번뇌/정서의 치유

이상에서 살펴보았듯이, 불교에서 번뇌/정서는 긍정적인 것이든 부정적인 것이든 그에 대한 정확한 인식이 반드시 요구된다. 만약 정확한 인식, 즉 인지가 결여되면 번뇌/정서의 발생은 통제되지 않으며, 나아가 왜곡된다. 또한 불명확하게 인지되어 번뇌/정서를 억압하고자 한다면, 번뇌/정서는 다른 번뇌/정서를 파생시키면서 확장되고 왜곡의 정도가 심해질 수 있다. 이러한 번뇌/정서의 파생을 경전에서는 다음과 같이 표현하고 있다.

> 투쟁, 논쟁, 비탄, 슬픔과 인색, 자만과 오만, 그리고 중상은 좋아하는 대상에서 일어납니다. 투쟁과 논쟁에는 인색이 따르고, 논쟁이 생겨나면 중상이 따릅니다(Sn. 863).[73]

---

with all kinds of frustrations. But when someone confronted me angrily, I immediately flared up. <u>Having detected this, I have been able to work on eliminating this reflexive anger.</u>"(밑줄은 필자)

72 SN.IV, p.27. "Sabbaṃ, bhikkhave, anabhijānaṃ aparijānaṃ avirājayaṃ appaja-haṃ abhabbo dukkhakkhayāya."(비구들이여, <u>일체를 알지 못하는 것, 온전히 알지 못하는 것, 제거하지 못하는 것, 파괴하지 못하는 것은 고통의 소멸로 이끌지 못한다.</u> 밑줄은 필자) Marvin Levine(2000: 170)도 참조하라.

73 인용은 전재성(2004: 428)의 번역. 한편 DN.II, p.277에서도 질투와 인색에

즉 하나의 번뇌/정서는 그것으로 끝나는 것이 아니라, 다양한 방식으로 확대되고 파생되어 처음의 번뇌/정서와는 다른 모습을 띠게 되는 것이다. 결국 왜곡된 번뇌/정서는 번뇌/정서가 표출될 때 조절되지 못하고 부적절한 방식으로 표현되기 쉽다. 그래서 부정적인 정서는 반드시 조절 능력을 발달시켜 적절한 방식으로 표현될 수 있어야만 하며, 나아가 치유되어야만 한다. 그러기 위한 기본 전제가 번뇌/정서에 대한 정확한 인지이다. 몬슨(mosen)은 정서 인지의 중요성을 잘 지적하고 있다. 그는 정서 의식 수준이 높을수록 전반적인 정신건강이나 자아 강도, 대인관계의 질 같은 기능 수준이 높다는 것을 밝혔으며, 반대로 정서 의식 수준이 낮을수록 신경증, 정체감 혼란, 정신적 증상 같은 부적응적 기능이 높다는 것도 밝혀냈다.[74]

이러한 내용은 불교 경전에서도 그 예를 찾아볼 수 있다. MN에 나오는 「빠야자따까숫따 Piyajātikasutta」는 붓다와 한 장자와의 대화를 기록하고 있다. 그 일부의 내용을 보면 다음과 같다.

"장자여, 그대의 정신 능력들(indriyāni)은 그대 자신의 마음(citta)

속박된 신들과 인간들과 아수라들 등은 원망하고 몽둥이를 들고, 적을 만들고, 적대감을 갖는다는 내용을 보여주고 있다. 즉 질투와 인색에서 시작해서, 근원적인 왜곡에 이르는 과정을 잘 보여주고 있다(김재성, 2010b: 31).

74 Leslie S. Greenberg·Sandra C. Paivio(2008: 53). 또한 같은 책 p.52에서는 "진정한 적응적 기능은 자신의 정서를 자각하고 의식적으로 이를 특별한 반응에 대한 신호로 사용할 수 있는 능력에 달려 있다. 따라서 정서의 역기능적, 적응적 기능은 정서를 의식에 통합할 수 있는 정도에 달려 있다고 할 것이다."라고 하여 정서 인지의 중요성을 역설하고 있다.

의 통제를 벗어났다. 그대의 정신 능력들은 혼란되었다." "세존이시여, 어찌 저의 정신 능력들이 혼란되지 않겠습니까? 저의 사랑스럽고 마음에 드는 외아들이 죽었습니다. 그 죽음으로 저는 일할 것도 생각나지 않고 음식을 먹는 것도 생각나지 않습니다. 저는 묘지로 가고 또 가서 '내 외아들아, 어디에 있느냐? 내 외아들아, 어디에 있느냐?'라고 비통하게 웁니다." "장자여, 그것은 이와 같다. 슬픔, 비탄, 고통, 근심, 절망은 사랑하는 사람들로부터 일어나고, 슬픔, 비탄, 고통, 근심, 절망은 사랑하는 사람들로부터 생겨난다."(MN. II, p.106. 인용은 전재성, 2009: 984의 번역)

주체할 수 없는 슬픔과 같은 번뇌/정서는 혼란을 가중시키고, 정신적으로 여러 부정적 증상들을 야기함을 잘 보여주고 있다. 그래서 붓다는 그러한 슬픔, 비탄과 같은 번뇌/정서들이 왜 발생하는지에 대해 분명히 자각할 것을 주문하는 것이다. 즉 슬픔, 비탄, 근심 등이 사랑하는 사람들로부터 일어남을 분명히 아는 것이 무엇보다 중요함을 역설한다. 하지만 경전의 이어지는 내용을 보면, 장자는 이에 대해 동의하지 않는다. 그는 "환희와 쾌락이 사랑하는 사람들로부터 일어나고, 환희와 쾌락이 사랑하는 사람들로부터 생겨납니다."(MN.II, p.106)라고 맞선다. 이러한 잘못된 인지는 슬픔과 비탄 등의 원인을 다른 것에서 찾거나 전가하게 된다. 결국 부정적 정서의 치유는 멀어지게 되는 것이다. 부정적 정서의 치유에서 인지의 중요성은 다음의 경전에서도 분명히 제시되고 있다.

벗들이여, 고귀한 제자가 이와 같이 악하고 불건전한 것들을 분명히 알고, 악하고 불건전한 것들의 뿌리를 분명히 알고, 착하고 건전한 것들을 분명히 알고, 착하고 건전한 것들의 뿌리를 정확히 알면, 그는 완전히 탐욕의 경향을 제거하고, 분노의 경향을 제거하고, '나는 있다'라고 하는 자아의식의 경향을 제거하고, 무명을 버리고 명지를 일으키며, 지금 여기에서 괴로움의 종식을 성취합니다.(MN.I, p. 47. 인용은 전재성, 2009: 157의 번역)

불교는 언제나 바른 앎을 가장 중요하게 생각한다. 정확한 앎이 아닌 것을 뒤바뀐 생각(顚倒)이라고 한다. 부정적인 정서를 치유하기 위해서는 내용과 원인에 대한 바른 앎이 무엇보다 중요하다. 바른 앎, 즉 바른 인지는 정서의 변화과정에 대한 인지를 포함한다.

한편 Greenberg와 Paivio는 정서를 일차적 정서(primary emotion)와 이차적 정서(secondary emotion), 도구적 정서(instrumental emotion)의 세 가지로 구분한다. 후자의 두 가지는 일차적 정서 후에 출현하고 사회적 영향을 많이 받으며 보다 중재적이라는 차이점이 있다고 한다. 가령 상실이나 위협이 일차적 정서라면, 이차적 정서로는 무기력감이나 격노, 절망으로 나타나고, 도구적 정서로는 거짓 눈물이나 분노의 만연으로 나타난다고 구분한다(Leslie S. Greenberg·Sandra C. Paivio, 2008: 61~63). 그리고 이차적 정서는 일차적 정서에 대한 인지와 정동의 복합적인 내적 작용(p.68)으로도 설명되며, 도구적 정서는 사회적인 학습의 결과로 습관화된 것(p.71)으로 설명된다.

이렇게 세 가지로 구분하더라도 가장 중요한 것은 역시 일차적 정서이다. 이들은 이러한 부정적 정서의 치유를 위해 고통을 야기하는 정서를 능동적으로 경험하고 수용해야 함을 강조한다(p.141). 그리고 이전에 회피되었던 내적 자극이나 욕구를 새롭게 경험하여 자신을 긍정할 때 치유됨을 말하고 있다.

하지만 불교의 경우는 다른 방식으로 번뇌/정서의 치유에 접근한다. 번뇌/정서의 치유방식은 크게 세 가지로 구분될 수 있다.[75] 첫째는 관찰이며, 둘째는 대치對治, 셋째는 정서가 발생하는 근원 자체를 '무상'하다고 통찰하는 것이다.

먼저 관찰의 경우는 부정적 정서가 발생하면 이에 대해 인지하고 나서, 그것에 정신 활동을 기울이지 말고 이치에 맞게 관찰하는 방식을 취한다. 이때 관찰은 선경험先經驗의 내용이 배제되어야 하며, 어떠한 판단도 하지 않는 순수하고 정밀한 관찰이어야 한다. 물론 번뇌/정서 발생에 대한 인지 역시, 예를 들어 '분노'가 일어났다고 하는 자각으로 한정된다. 일어난 분노에 대해서 판단하거나 해석하는 일은 정지되어야 한다. 이를 비판단적 관찰이라고 한다(Akira FUJIMOTO, 2006: 1172; 김정호, 2004: 32 참조). 이러한 비판단적 관찰은 번뇌/정서 발생의 원인과 변화에 대한 직시를 가능케 한다. 이를 통해 번뇌/정서에 대한 왜곡이 발생하지 않아 번뇌/정서를 있는 그대로 경험하면 번뇌/정서는 사라지게 된다. 즉 이차적 정서가 발생하지 않게 되는 것이다.

---

75 앞서 3장에서 MN. 「아사와숫따」의 7가지 분류의 내용과는 달리 3가지로 구분해 보는 것도 가능하다. 여기서 말하는 관찰은 MN.의 경전에서 말하는 관찰과 연관성은 있지만, 정확히 일치하는 것은 아니다. 여기서는 오늘날 명상프로그램 에서 이야기하는 비판단적 관찰이란 입장에서 기술하였다.

두 번째 대치는 부정적 정서를 적극적으로 긍정적인 것으로 바꾸는 것을 말한다. 예를 들어 분노는 자애명상을 통해 치유한다거나, 인색함은 베풂/보시로, 적의는 연민 수행, 불쾌는 기쁨 수행, 자만은 무상에 대한 수행 등으로 치유하는 것이다.[76]

세 번째는 번뇌/정서 발생의 근원 혹은 토대가 되는 것을 '무상'하다고 통찰하는 것이다. 경전에서 번뇌의 제거는 근·경·식(根境識, indriya·visaya·viññāṇa)을 무상하다고 보고, 그 접촉(觸, phassa)으로 인해 생겨나는 즐겁거나 괴롭거나 즐겁지도 괴롭지도 않은 느낌(樂·苦·不苦不樂受)을 무상하다고 알고(jānato) 그리고 보면(passato) 제거된다[77]고 한다. 즉 우리의 감각기관과 객관적 대상이 부딪혀(觸) 의식이 발생하는데, 이러한 삼사(三事, 根境識)의 접촉으로 인해 생겨나는 어떤 감각(受, vedanā)을 모두 무상(無常, anicca)하다고 알고 보면 번뇌/정서가 제거되는 것이다.

이상의 치유 방법을 도표로 나타내면 다음과 같다.

---

76 예를 들어, MN.I, pp.424~426.

77 SN.IV, p.31.

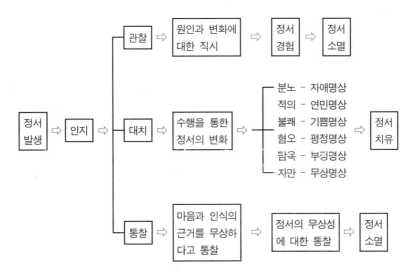

〈그림 5〉 번뇌/정서의 치유과정

5. 번뇌/정서는 밖에 있는가, 안에 있는가

보일 때는 보이는 것만 있으며, 들릴 때는 들리는 것만 있으며,
느낄 때는 느껴지는 것만 있으며, 알 때는 아는 것만 있다. 당신이
그것으로 인해 존재하지 않을 때 당신은 그것으로 인해 존재하지
않으며, 당신이 그 가운데에 있지 않을 때 당신은 그 가운데에
있지 않다. 당신은 여기와 거기도 그리고 그 가운데에도 있지 않을
것이다. 이것이 바로 고통(dukkha)의 종결이다.[78]

불교를 흔히 지혜의 종교라고 한다. 왜 그런가? 지혜가 번뇌를
끊고 열반의 세계로 나아가는 것을 가능하게 해주기 때문이다. 그런

---

[78] Ud. p.8. 번역은 아날라요(2014: 250)의 번역을 재인용하였다.

만큼 번뇌/정서를 이야기함에 있어서도 우리는 번뇌에 대한 올바른 앎이란 무엇인지에 대해서 이야기해야 한다. 번뇌란 무엇이며, 어떻게 발생하는가. 그리고 번뇌는 어떻게 끊을 수 있는가. 우리가 질문할 세 가지 내용이다. 앞의 논의에서 이 세 가지 내용에 대해서 살펴보았다. 그런데 우리는 질문을 더 해야 한다. 그것은 '번뇌/정서는 밖에 있는가 안에 있는가', 그리고 '번뇌를 끊을 수 없다면 번뇌와 함께 어떻게 지내야 하는가'이다. 하지만 이러한 질문들은 번뇌/정서가 정확히 어디에서 기원하는 것인지를 알면 의외로 쉽게 실마리를 찾을 수도 있다.

우리는 보통 호감이 가는 대상이 있으면 애착을 갖거나 탐욕을 일으키고, 그렇지 않고 불쾌한 대상이 있으면 분노나 짜증을 일으키게 된다. 애착, 탐욕, 분노, 짜증 이런 것들을 '번뇌/정서'라고 하는데, 그럼 이것은 어디에 있는 것인가. 호감이 가는 대상은 외부에 있는 것이고, 애착이나 탐욕은 내적인 반응이니 번뇌/정서는 안에 있다고 해야 할까. 만약 안에 있다고 한다면 아름다운 호감이 가는 대상과는 상관없이 나는 늘 애착과 탐욕을 경험해야 할 것이다. 그럼 반대로 아름다운 호감이 가는 대상이 나에게 애착과 탐욕이란 번뇌를 건네준 것인가. 즉 대상에 이미 애착과 탐욕과 같은 번뇌가 있었던 것인가. 만약 그렇다면 나의 의지와는 무관하게 대상과 만나면 번뇌/정서를 회피할 방법이 없게 된다.

그렇다면 번뇌/정서는 어디에 있는가. 사실 이는 질문이 잘못된 것이다. 우리는 무엇인가는 반드시 어디엔가 '있어야 한다'고 생각한다. 하지만 이것은 어디까지나 생각/망상일 뿐이다.

'내가 있다'라고 생각하는 망상에 의한 관념의 뿌리를 모두 제거하십
시오.
내적인 어떠한 갈애도 그것의 제어를 위해, 항상 바르게 자각하고
배우십시오.[79]

우리는 '나의 존재'에 대해 의심하지 않고, 당연히 있다고 생각한다.
그렇기에 나 아닌 존재인 대상도 당연히 있다고 생각한다. 이 둘은
각자 자기의 본질을 갖고 있으며, 구별되는 존재로서 '존재하고 있는
것'이다. 나는 나의 눈, 귀, 코, 혀, 몸, 정신으로 대상을 파악한다고
생각한다. 하지만 이는 앞서 「아사와숫따」에서 본 바, "나의 자아는
말하고 느끼고 여기저기서 선악의 행위에 대한 과보를 체험하는데,
그 나의 자아는 항상하고, 항주하고, 항존하는 것으로 변화하지 않고
영원히 존재할 것"이란 하나의 견해(diṭṭhi)에 근거할 뿐이다.

시각과 형상을 조건으로 시각의식이 생겨나서, 이 세 가지가 만나는
것이 접촉인데, 접촉을 조건으로 느낌이 생겨나고, 느낌을 조건으
로 갈애가 생겨난다.
...
누군가 '시각이 자아이다'라고 말한다면 그것은 타당하지 않다.
그런데 그 시각의 생성과 소멸이 시설된다. 그 생성과 소멸이 시설되
기 때문에 '나의 자아가 생성하고 소멸한다'라는 생각이 그에게
따라온다. 그러므로 누군가 '시각이 자아이다'라고 말한다면, 그것

---

[79] Sn.916G.

은 타당하지 않다. 그러므로 시각은 자아가 아니다.[80]

무엇인가 있다고 하는 것은 경문에서와 같이 접촉(phassa)에서 비롯된 느낌이며 생각이다. 이것을 고집하기에 번뇌/정서가 발생하는 것이다. 만약 이것에 고집하지 않고, 생각이란 허울에서 벗어나게 되면 번뇌/정서가 발생하지 않게 된다.

생각은 단지 생각일 뿐이고 그 생각들은 '당신 자신'도 그리고 '현실'도 아니라는 것을 알게 되면 얼마나 자유로운지 놀라울 뿐이다. … 당신의 생각을 단순히 생각으로 인식하는 단순한 행위야말로 가끔씩 그러한 생각들이 만들어내는 왜곡된 현실로부터 당신을 자유롭게 만들어 주며, 당신의 삶을 더 명확하게 볼 수 있게 해주고, 더 잘 다룰 수 있다는 느낌을 갖게 해줄 것이다.[81]

『우다나』(Ud.)의 게송에서와 같이 우리가 보고, 듣고, 느끼고, 알 때조차도 그 안에도 밖에도 '내가 없음'을 알 때, 그리고 '있음'에 대한 것이 모두 '생각/망상'임을 알게 되면, 그때 우리는 해탈/자유를 경험하게 된다. 다만 '내가 있다'는 생각과 대상에 의미를 부여하는 생각이 있을 뿐이다. 이것이 모두 생각/망상임을 바로 있는 그대로 알게 되면, 번뇌는 안에 있는 것도 밖에 있는 것도 아님을 또한 알게 된다. 그러면 동시에 끊어야 할 번뇌도 없고, 보듬어야 할 번뇌 또한 본래

---

80 MN.III, p.281.; 전재성(2009: 1584).

81 Z.V. Segal·J.M.G. Williams·J.D. Teasdale(2006: 62~63).

없음을 알게 된다. 부딪힘(觸)을 정확히 모르면 번뇌가 생겨나고, 부딪힘을 온전하게 알면 번뇌는 생겨나지 않는다. 바로 이 지점이 번뇌의 양변을 떠난 중도이다.

약호 및 참고문헌

원전류

AN = *Aṅguttara Nikāya*, PTS

DN = *Dīgha Nikāya*, PTS

Dhp = *Dhammapada*, PTS

MN = *Majjhima Nikāya*, PTS

SN = *Saṃyutta Nikāya*, PTS

Sn = *Suttanipāta*, PTS

Ud = *Udana*, PTS

T = *Taisho Shinshu Daizokyo*

PTSD = *Pāli Text Society Dictionary*

단행본

J.W. 드용 지음, 강종원 편역, 『현대불교학 연구사』, 동국대학교출판부, 2004.

루네 E. A. 요한슨, 박태섭 옮김, 『불교심리학』, 시공사, 1996.

안도오사무, 인경 스님·이필원 옮김, 『심리치료와 불교』, 불광출판사, 2010.

이정모·강은주·김민식 외, 『인지심리학』, 학지사(3판), 2010.

인경 스님, 『명상심리치료』, 명상상담연구원, 2012.

전재성, 『상윳따니까야』 7권, 한국빠알리성전협회, 2007.

_____, 『맛지마니까야』, 한국빠알리성전협회, 2009.

Anālayo, 이필원·강향숙·류현정 공역, 『깨달음에 이르는 알아차림 명상수행』, 명상상담연구원, 2014.

James W. Kalat and Michelle N. Shiota, 민경환 등 옮김, 『정서심리학』, 시그마프레스, 2008.

Leslie S. Greenberg and Sandra C. Paivio, 이홍표 역, 『심리치료에서 정서를 어떻게 다룰 것인가』, 학지사, 2008.

Z.V. Segal·J.M.G. Williams·J.D. Teasdale 공저, 이우경·조선미·황태연 공역, 『마음챙김 명상에 기초한 인지 치료』, 학지사, 2006.

Marvin Levine, *The positive psychology of Buddhism and yoga*, Mahwah, N. J.: Lawrence Erlbaum Publishers, 2000.

Rune E. A. Johansson, *The Dynamic Psychology of Early Buddhism*, London: Curzon Press Ltd, 1979.

並川孝儀, 『ゴータマ·ブッダ考』, 東京: 大藏出版, 2005.

논문

김재성, 「초기불교의 번뇌」, 『인도철학』 29집, 2010.

_____, 「초기불교의 분노와 치유」, 『비폭력연구』 제4호, 2010.

이필원, 「Suttanipāta에 나타난 번뇌론과 수행론 고찰」, 『禪文化硏究』 제6집, 2009.

_____, 「초기불교의 정서이해」, 『인문논총』 제67, 2012.

_____, 「느낌, 감정의 다양성을 여는 코드」, 『느낌, 축복인가 수렁인가』, 운주사, 2019.

정준영, 「초기불교의 욕망 이해」, 『욕망: 삶의 동력인가 괴로움의 뿌리인가』(3판), 운주사, 2010.

_____, 「붓다의 괴로움과 그 소멸」, 『괴로움, 어디에서 오는가』, 운주사, 2013.

한자경, 「불교의 명상과 서양의 명상인지 치료」, 『명상치료연구』 제3집, 2009.

Schmithausen. L.(1981), "ON SOME ASPECTS OF DESCRIPTIONS OR THEORIES OF 'LEBERATING INSIGHT' AND 'ENLIGHTENMENT' IN EARLY BUDDHIMS."

대승불교의 번뇌론의 유형과
그 사상체계

김재권(능인대학원대학교 불교학과 교수)

일반적으로 불교에서 번뇌란 인간의 심신을 어지럽히거나 괴롭히며 오염시키는 정신작용을 총칭하는 표현이다. 인간은 심리작용의 일종인 온갖 번뇌에 의해 다양한 업을 짓고, 그 결과 현실적으로 실존적인 괴로움의 과보를 받거나 생사유전의 미망의 세계에 빠져들게 된다.

사실 범부들은 '나'라는 존재와 이 '세계'가 다양한 인연에 따라 생멸하고 변화해가는 연기적인 존재 그 자체에 지나지 않음을 있는 그대로 자각하지 못한다. 이러한 무지로 인해 범부들은 생사유전生死流轉의 미망迷妄의 세계에서 습관적으로 허덕이며 살게 된다. 요컨대 인간 존재의 심연에 잠복한 가장 근본적인 무지로 인해 번뇌와 부정적인 업이 연쇄적으로 발생하게 되고, 그 결과 인간은 실존적인 괴로움의 그물망에 휩싸여 사는 것이다.

따라서 인도불교는 연기적인 실상에 대한 자각을 통해 인간의 실존적 괴로움이나 그 생사유전의 미망의 세계를 벗어난 열반이나 해탈을 궁극적인 목표로 제시한다. 이런 점에서 불교는 번뇌의 문제를 완전히 해결하는 전미개오轉迷開悟의 사상구조가 가장 핵심적인 요체라 여겨진다. 결국 불교는 초기불교에서 아비다르마불교를 거쳐 대승불교에 이르는 그 사상적 전개 과정에서 번뇌의 문제나 그 수행론적인 해결방식에서 교리적으로 매우 다양한 스펙트럼을 보여준다.

1. 번뇌의 허망성과 그 전환 가능성

인도불교는 사람으로 태어난 이상 누구나 겪게 되는 늙음·병듦·죽음 등을 비롯한 인간의 유한성과 불완전함에 기인하는 삶의 근본적인 다양한 문제들을 실존적인 괴로움으로 직시한다. 이러한 실존적 괴로움은 인간의 삶이나 이 세계가 인연에 따라 생멸하는 연기적 현상들에 지나지 않음을 여실하게 통찰하지 못하는 무지(無知, avidyā)로 인해 기인한다고 본다.

사실 범부들은 '나'라는 존재와 이 '세계'가 다양한 인연에 따라 생멸하고 변화해가는 연기적인 존재 그 자체에 지나지 않음을 있는 그대로 자각하지 못한다. 이러한 무지로 인해 그들은 생사유전生死流轉의 미망迷妄의 세계에서 허덕이며 살기 마련이다. 요컨대 인간 존재의 심연에 잠복한 가장 근본적인 무지로 인해 번뇌와 부정적인 업이 연쇄적으로 발생하게 되고, 그 결과 인간은 실존적인 괴로움에 휩싸여 사는 것이다.

이런 점에서 인도불교는 인간의 실존적 괴로움이나 생사유전의 미망의 세계를 벗어나 깨달음을 통한 완전한 행복(=열반)이나 해탈을 궁극적인 목적으로 삼는다. 이른바 불교는 번뇌의 문제를 완전히 해결하는 전미개오轉迷開悟의 사상구조가 가장 핵심적인 요체이다. 특히 인도불교는 붓다의 깨달음에 의해 불교가 성립한 이래 아비달마불교를 거쳐 대승불교에 이르기까지 번뇌의 문제와 그 해결방식에서 사상적으로 매우 다양한 스펙트럼을 보이는 점에서 매우 흥미롭다.

우선 초기불교는 실존적인 괴로움에서 완전히 벗어나는 것, 즉 번뇌를 끊어 완전한 행복(=열반)이나 해탈을 궁극적인 목표로 제시하는 출세간적인 삶을 지향한다. 즉 초기불교는 인간이 처한 실존적 상황을 고난의 바다로 진단한 후, 인생에서 겪게 되는 실존적 괴로움을 견인하는 근본적인 번뇌 등의 문제를 완전히 해결한 아라한이나 붓다의 길을 가장 이상적인 행복한 삶으로 제시한다. 이러한 출세간적 입장은 아비다르마불교도 그대로 계승하고 있다.

사실 초기불교나 아비다르마불교가 제시하는 열반이나 해탈의 길은 세속적으로 불가피하게 자아(=에고)를 강화하며 일상적인 삶을 영위하는 범부들에겐 다소 어렵게 느껴질 수 있다. 특히 재가자가 사회적인 삶 속에서 불교적인 수행이나 도道를 추구하는 길은 일견 사회적인 삶의 양식과 배치되는 점에서 상당한 용기와 결단을 필요로 한다. 어쩌면 불교가 제시하는 완전한 행복이나 해탈은 선원 등에서 매일 수행에 전념하는 전문적인 수행자들조차도 그리 쉽게 성취할 수 있는 문제가 아닐 것이다.

대부분의 현대인들은 승속을 막론하고 산업자본주의의 폐해를 때로는 비판하지만, 이미 물질문명의 편리함과 이로움에 길들여져 살아가기 마련이다. 이처럼 서구적인 문명의 이기와 함께 현대인들이 추구하는 행복의 기준이나 삶의 가치도 전통적인 가치관이 지배하던 과거와는 달리 상당히 변모해가고 있다. 심지어 전통승가나 불교계에서도 이기주의적 개인주의와 배금주의의 풍조가 적지 않게 눈에 띈다. 이러한 시대에 완전한 행복이나 해탈을 목표로 삼거나 그 불교적 가치를 지향하는 불교인들은 얼마나 될지 자못 궁금하다.

오늘날 현대인들이 처한 실존적인 한계상황을 적나라하게 비유를 통해 보여주는 불가의 유명한 '안수정등岸樹井藤'의 설화를 소개하자면 다음과 같다.

옛날 어떤 사람이 광야廣野를 헤매고 있었는데, 크고 사나운 코끼리를 만나 쫓기게 된다. 정신없이 달아나다 피할 곳이 없던 차에 언덕 위에 있는 우물을 발견한 그는 우물가에 드리워진 등나무 넝쿨을 잡고 우물 속으로 들어가 숨게 된다. 그런데 그가 매달려 있는 등나무 넝쿨을 흰 쥐와 검은 쥐가 이빨로 갉고 있었고, 우물의 사방에서 4마리 독사가 그 사람을 물려고 하였다. 또한 우물 밑에는 큰 독룡毒龍이 있었다. 그는 사방의 4마리 독사와 우물 바닥의 독룡이 두려워 떨고 있었다. 그런데 코끼리가 계속해서 나무를 들이받는 통에 나무가 흔들린다. 마침 나무에 매달려 있던 벌집에서 꿀 몇 방울이 그의 입속으로 떨어지는데, 그는 꿀의 단맛에 취에 자신의 위태로운 상황도 잠시 잊게 된다. (취의)

상기의 '안수정등岸樹井藤'의 설화는 현장법사가 인간의 목숨이 얼마나 나약하고 위태로운지를 『대반열반경』에 나오는 '강가의 낭떠러지에 서있는 나무(岸樹)'에 빗댄 에피소드와 깊은 관련을 가진다. 즉 이는 현장법사의 '안수岸樹'의 에피소드와 함께 『불설비유경』의 '우물속의 등나무 넝쿨(井藤)' 설화가 한데 어우러져 인생의 무상함과 인간 존재의 실존적인 한계상황을 상징적으로 보여준다.

예컨대 '어떤 사람'은 '중생'을, '코끼리'는 '무상無常'을, '우물'은 인간의 '생사'에 비유한 것이며, '흰 쥐와 검은 쥐'는 '낮과 밤'이라는 세월을, '4마리 독사'는 몸을 구성하는 '4대'요소를, '벌꿀'은 인간의 '5욕락'을, 그리고 '독룡'은 '죽음' 등에 비유한 것이다. 요컨대 이는 생사를 넘나드는 절체절명의 위기상황에서도 눈앞의 세속적인 이익이나 감각적인 욕망에 허덕이는 어리석은 중생의 모습을 비유한 것으로 이해된다. 이와 관련한 이야기나 그 해석은 다양한 버전으로 전해지며, 조사어록 등에서 선문답의 일종으로 쓰이기도 한다.

이러한 인간의 실존적 한계상황이나 삶의 모습은 인간의 욕망과 집착(=번뇌)이 본질적으로 얼마나 강하고 끈질긴지를 상징적으로 보여준다. 특히 중생들의 삶의 양상은 개인적인 욕구와 이해관계가 첨예하게 대립하는 오늘날에도 크게 변하지 않은 듯하다. 일찍이 서구의 많은 종교학자나 석학들이 선언했듯이, 어쩌면 최첨단의 과학 지식정보를 맘껏 누리고 있는 현대인들에게 종교의 시대는 이미 갔는지도 모른다. 동서고금을 막론하고 종교인들의 세속화도 문제지만, 이보다 더 근본적인 것은 종교가 추구하는 올바른 삶이나 가치관이 현대사회의 물질적인 풍요와 더불어 시대적으로 점점 퇴색해가는 점이다.

그럼에도 현대사회에서 종교의 역할은 역설적으로 여전히 크다고 본다. 우리 사회는 반세기 만에 급속히 이뤄낸 고도성장의 뒤안길에서 인간소외와 정신적인 빈곤의 문제 등을 다각적으로 드러내고 있다. 사실 경제적·사회적으로 성공을 거둔 사람들조차도 절망과 좌절 속에서 극단적인 자살을 선택하는 경우가 적지 않다. 이러한 사실은 우리

사회가 외형적으로는 크게 성장했지만, 개인적으로 겪고 있는 정신적 허탈감이나 그 실존적 고뇌의 문제는 과거보다 오히려 매우 심각한 상황에 놓여 있음을 방증한다.

이러한 시대적·사회적 상황은 과연 불교의 정체성은 무엇이고 인간의 진정한 행복은 어디서 찾아야 하는지 되묻게 한다. 과연 인간의 진정한 행복이란 욕망을 추구하는 것에서 찾을 수 있을까? 아니면 욕망을 극복하거나 다스리는 것에서 찾을 수 있을까? 물론 욕망을 전적으로 추구하는 것도 그리 쉽지 않은 일이요, 욕망을 완전히 극복하거나 다스리는 것도 그다지 쉽지 않은 점은 딜레마이다. 결국 인간의 욕망은 번뇌의 일종으로 이를 어떻게 다룰 것인가? 하는 문제가 이 시대의 중요한 화두로 대두된다.

이와 관련하여 '범천 권청'의 에피소드는 우리에게 시사하는 바가 매우 크다. 이에 대해서는 『잡아함』이나 『율장』「대품」 등에 자세히 소개되어 있다. 붓다는 6년의 고행 끝에 보리수 아래에서 정각을 이룬 후, 자신이 깨달은 연기의 이법을 이 세상에서 설해야 할지 침묵해야 할지 주저하면서 다음과 같이 고뇌한다.

'내가 깨달은 이 법은 매우 깊어서 보기도 어렵고 이해하기도 어렵다. 이 법은 고요하고 미묘하여 사유를 벗어난 지혜로운 자(智者)만이 이해할 수 있다. 그런데 사람들은 집착하기 쉽고, 집착을 즐긴다. … 모든 것은 서로 의지해서 생기는 것(相依性)이며, 조건(緣)에 의해 일어난다. … 그러나 탐욕과 분노에 불타고 있는 사람들이 이 법을 깨닫는 일은 쉽지 않다'라고 생각하여 법을 설하지 않기로 한다.

상기의 기술은 붓다의 고뇌를 그대로 보여준다. 붓다는 탐욕과 번뇌에 불타는 중생들이 심심 미묘한 연기의 이법을 제대로 이해하기란 어려울 것이라 여겨 전법을 포기하려고 한다. 이에 범천은 붓다의 침묵으로 인해 이 세상에서 아라한이 깨달은 정법이 소멸할 것을 염려하여 법을 청한다. 결국 붓다는 중생들을 위한 연민憐愍으로 설법을 하기로 결심한다는 것이 '범천 권청'의 에피소드가 전하는 메시지이다.

사실 '범천 권청'이 제시하는 종교적·상징적 의미에 대해서는 학자들마다 의견이 분분하다. 여기서 가장 주목해야 할 것은 탐욕에 불타는 이 사바세계의 실상을 그대로 폭로하면서 역설적으로 탐욕과 분노의 문제를 해결할 수 있는 열쇠는 매우 심오한 연기법임을 암시하는 점과 붓다의 침묵이 동일선상에서 취급된다는 점이다. 또한 붓다의 설법, 즉 진리에 대한 가르침의 근거가 연기법이라는 깨달음의 체험내용에 있다는 점도 눈에 띈다.

요컨대 초기불교에서 아직 교법을 설하거나 교단이 형성되기 이전에 붓다가 제시하는 이러한 열반의 길이나 깨달음의 길은 무명이나 번뇌로 인한 욕망을 완전히 극복하고자 하는 출세간 지향의 삶이다. 다시 말해서 보리수 아래에서 정각을 이룬 직후 붓다 자신은 이미 깨달음이나 열반의 평온하고 적정한 법열을 맛보면서 진정으로 출세간에 머물러 있었다. 하지만 자신이 바로 서있는 이 사바세계는 탐욕과 번뇌 등에 물들어 있었고, 자신이 설하는 연기의 도리를 제대로 이해하거나 깨달을 수 있을지 염려될 정도였다. 이 때문에 붓다는 그대로 열반에 들어갈까 생각하기도 했다.

이러한 모습은 일견 심리적으로 고뇌하는 붓다의 인간적인 면모를 엿보게 한다. 결국 붓다는 범천의 권청을 계기로 연기적인 교법을 설하기로 결심한다. 이러한 붓다의 자세는 출세간에서 세간을 향하거나 출세간과 세간을 아우르는 중도적 입장을 표방하는 것으로 이해된다. 사실 붓다의 깨달음의 내용이나 가르침의 핵심은 연기법이다. 지혜로운 자에게는 욕망 등의 번뇌를 비롯한 이 세상의 모든 문제는 모두 연기적으로 해체되어 집착할 바가 전혀 없다. 하지만 무시이래로 무명에 휩싸인 범부들은 욕망이나 자아를 중심으로 세상을 바라보고 여전히 생사유전의 세계에서 헤매고 있다.

이런 점에서 필자는 붓다의 연기적인 이법이나 통찰에 근거하여 성립된 초기불교를 비롯하여, 교리적으로 더욱 정비된 대승불교에서 번뇌의 문제와 그 해결방법이 어떻게 제시되고 있는지 주목하고자 한다. 사실 이런 문제는 현대사회에서 재가자나 전문적인 수행자들이 실존적인 괴로움의 가장 근본적인 원인이 되는 번뇌의 문제를 지혜롭게 다루거나 극복하기 위해 필요한 주요과제라 여겨진다.

우선 교리적으로 초기불교에서 번뇌의 문제는 4성제의 '집제'에 해당되고, 12연기의 맥락에서는 '무명·애·취'의 3지에 해당된다. 사실 번뇌의 문제는 초기경전에서는 업설과 관련하여 실존적인 괴로움의 가장 근본적인 원인이나 윤회의 원인으로 간주된다. 주로 초기경전에서 번뇌의 문제는 업설과 수행론적인 맥락에서 다각적으로 논의된다. 다만 초기경전에서는 번뇌론이 그다지 체계화되지 않은 점에서 다양한 용례에 대한 검토를 통해 번뇌의 기본개념이나 그 특성을 파악할 필요가 있다.

한편 설일체유부의 번뇌론은 아함과 니카야에서 다양하게 설해지고 있는 '루·결·박·수면·수번뇌·전' 등을 '번뇌'라는 총칭적인 개념으로 파악한다. 나아가 설일체유부는 아함과 니카야에서 도입한 7수면에 3계의 관점을 도입한 후, 이 중 견수면을 '5견'으로서 파악하여 새롭게 '98수면'이라는 독특한 번뇌론을 제시하는 점에서 그 특징을 드러낸다. 이런 점에서 설일체유부의 번뇌론은 초기불교에 비해 교리적으로 더욱 정비되고 체계화된 변천의 양상을 보이고 있다.

반면에 반야중관에서는 『반야경』의 '일체법무자성'이라는 공관空觀에 입각하여 설일체유부의 실체론적인 다르마 이론을 비판한다. 특히 반야중관은 무지로 인해 발생하게 되는 심리적으로 오염된 번뇌의 문제보다도 더 근원적인 것을 언어적인 개념화(戱論, prapañca)에 둔다. 이런 점에서 반야중관은 설일체유부의 번뇌론을 반야공관에 따라 '일체법무자성'의 측면에서 비판한 후, 번뇌와 업의 문제를 '희론 적멸'의 관점에서 재해석하고 있는 점에서 그 특징을 드러낸다.

한편 유가행파에서 번뇌설은 최초기의 논서인 『유가사지론』에서는 3종의 잡염설을 통해 설명되거나, 유부의 98종의 수면설과는 달리 128종의 수면설로 더욱 체계화되는 점에서 교리적인 발전양상이 엿보인다. 또한 유가행파는 교리적으로 『반야경』의 공관에 근거하여 설정된 이제의 핵심구조를 비판적으로 계승한 삼성설의 교리체계를 통해 '번뇌와 업'의 문제를 세속적 실재로서 논의하고 있다. 주로 번뇌의 문제는 삼성의 구조 중 의타기성으로 간주되는 잡염과 청정의 두

성질을 지닌 알라야식을 통해 사상적으로 설명되는 점에서 그 특징을
드러낸다.

따라서 본고는 초기불교에서 제시된 번뇌와 관련된 용례와 기본개념
을 토대로 설일체유부가 제시하는 번뇌론을 비롯하여 반야중관과
유가행파가 제시하는 번뇌론의 유형과 그 사상체계를 전반적으로
조망해 볼 것이다. 이를 통해 필자는 인도불교사상사에서 붓다의
깨달음에 근거한 연기적인 이법이나 그 통찰이 사상적으로 전개·발전
되는 과정에서 번뇌의 문제를 둘러싼 이해방식과 그 해결방식에서
어떻게 계승되고 변용되어 있는지 그 특징이나 윤곽 등을 사상사적으
로 해명하고자 한다.

2. 초기경전의 번뇌설 이해

1) 4성제의 구조와 번뇌의 관계

불교를 처음 접하거나 입문하게 되면 비교적 쉽게 접하게 되는 교리가
사성제四聖諦이다. '사성제'란 '고제苦諦·집제集諦·멸제滅諦·도제道
諦'라는 4가지 성스러운 진리를 말한다. 이 4성제는 초전법륜初轉法輪
의 가르침으로 널리 알려져 비교적 친숙하고 쉬운 교리로 느껴질
것이다. 사성제의 구조는 붓다의 깨달음과 매우 긴밀한 연기사상이
'유전문'과 '환멸문'이라는 이론과 실천을 겸비한 중층구조의 형태로
구성되어 있다.

요컨대 사성제는 붓다의 깨달음인 연기의 도리가 이중인과의 형태로
제시되어 '생사와 열반'이라는 두 길을 포섭하고 있다. 즉 '고제(果)와

집제(因)의 관계'는 생로병사의 실존적 괴로움의 문제가 발생하는 '유전문'을, '멸제(果)와 도제(因)의 관계'는 실존적 괴로움의 문제가 해결되는 '환멸문'을 나타낸다. 이는 아비달마적인 관점에서는 연기사상이 이중인과二重因果의 형태로 제시된 것으로 이해된다. 또한 생사와 열반의 관계로 볼 때는 세속적인 삶(세간)과 영적인 삶(출세간)의 역동적이고 긴밀한 관계를 제시하는 것으로도 해석된다.

이런 점에서 사성제는 불교의 핵심적인 교리로서 초기불교의 사상 전반을 제시하는 패러다임으로 볼 수 있다. 예컨대 '맛지마 니카야'에는 '모든 동물의 발자국이 코끼리 발자국에 다 들어가듯이, 어떤 유익한 법(善法)이든 그것들은 모두 4가지 성스러운 진리(=사성제)에 포섭된다'라고 시설되어 있다. 사성제의 의미를 구체적으로 살펴보면, 고제는 4가지 괴로움(四苦)과 8가지 괴로움(八苦)으로 설명된다. 우선 4가지 괴로움은 '태어남(生)·늙음(老)·질병(病)·죽음(死)'이라는 인생살이에서 겪게 되는 가장 본질적인 고뇌의 문제(苦苦性)를 말한다.

한편 8가지 괴로움은 생·노·병·사를 포함하여, ㉠미워하는 사람과 만나는 괴로움(怨憎會苦), ㉡사랑하는 사람과 헤어지는 괴로움(愛別離苦), ㉢구해도 얻지 못하는 괴로움(求不得苦), ㉣5온蘊에 대한 집착으로 인한 괴로움(五陰盛苦) 등이다. 이러한 괴로움은 3가지 형태의 괴로움으로 분류되는데, ㉠~㉢은 변하기 때문에 겪는 괴로움(壞苦性)이고, ㉣은 조건지워져 겪게 되는 괴로움(行苦性)을 의미한다. 이러한 괴로움의 원인(集諦)은 갈애와 집착이라고 한다. 갈애와 집착은 바로 실존적 괴로움의 원인이 되거나 재생을 초래하는 원인이 된다. 멸제는 도제를 통해서 괴로움의 현상과 괴로움의 원인이 완전히 해결된 상태, 즉 열반을 말한다. 도제는 열반을 획득하기 위한 직접적인 수단으로 3학에 포섭되는 8정도가 제시된다.

결국 4성제는 실존적 괴로움과 이를 해결하기 위한 그 실천적 방법을 함께 제시하고 있는 점에서 실존적인 괴로움의 문제나 그 원인인 번뇌와 업의 문제를 근본적으로 해결하기 위한 사상적 패러다임으로 이해된다. 이러한 사상적 입장은 설일체유부도 그대로 계승하고 있는 것으로 보인다. 나아가 용수의 이제설이나 유식학파의 삼성설도 사상적으로는 4제 연기의 구조를 『반야경』의 공관에 따라 이론과 실천의 두 측면에서 각 학파의 사상적인 입장에 따라 독특하게 계승한 것으로 보인다.

2) 번뇌·업·고의 관계

일반적으로 불교에서 번뇌란 인간의 심신을 어지럽히거나 괴롭히며 오염시키는 정신작용을 총칭하는 표현이다. 인간은 심리작용의 일종인 온갖 번뇌에 의해 다양한 업을 짓고, 그 결과 현실적으로 괴로움의 과보를 받거나 생사유전의 미망의 세계에 빠져들게 된다.[1] 이런 점에서 초기불교에서 번뇌와 업 등의 긴밀한 관계는 4성제와 12연기의 맥락에서 이해될 필요가 있다.

요컨대 불교에서 번뇌는 업과 함께 중생을 생사윤회로 이끄는 원인으로 간주된다. 우선 4성제의 맥락에서 번뇌와 업의 문제는 괴로움의 원인에 대한 진리인 '집제集諦'에 포섭된다. 한편 12연기의 맥락에서는

---

1 中村了權(1969), 「原始仏教における煩惱論」, 『印仏研』35, p.173.

무명(無明, avidyā)·애(愛, tṛṣṇā)·취(取, upādāna)의 3지는 번뇌에, 행(行, saṃskāra)과 유(有, bhava)의 2지는 업에 속하는 것으로 간주된다. 이외의 나머지 7지는 결과로서 사(事, vastu) 혹은 생(生, janma)에 속한다. 이때 업은 직접적으로 재생(=윤회)의 조건을 결정짓는데 비해, 번뇌는 중생을 윤회 자체로 이끄는 보다 근원적인 원인이나 충동력으로 이해된다. 즉 업이 남아 있다고 하더라도 번뇌가 끊어졌다면 더 이상의 생사윤회는 없다고 설명된다.[2]

이와 같이 번뇌의 문제는 업과도 매우 긴밀한 관계를 가진다. 즉 번뇌와 업의 관계는 '번뇌(煩惱, kleśa)·업(業, karma)·고(苦, duḥkha)'라는 3종의 잡염설雜染說 혹은 3도론道論의 교리체계를 통해 확인된다. 다시 말해서 범부중생들은 무명으로 인해 탐욕·성냄·어리석음(3독심) 등과 관련된 ①번뇌(kleśa)를 일으키게 되고, 이러한 번뇌로 인해 습관적으로 여러 형태의 악한 ②업(karma)을 행하며, 이로 인한 ③실존적 괴로움(苦, duḥkha)이 연쇄적으로 생멸하는 윤회와 업의 그 순환적 그물망에서 허덕이게 되는 것이다.[3]

결국 이러한 ①번뇌(kleśa) ⇒ ②업(karma) ⇒ ③실존적 괴로움(苦, duḥkha) 등의 순환적으로 전개되는 3종의 잡염설은 교리적으로 번뇌의 문제와 관련하여 가장 핵심구조로 보인다. 이런 점에서 번뇌의 문제는 교리적으로 4성제의 맥락이나 12연기의 맥락에서 면밀하게 살펴볼 필요가 있다.

---

2 안성두(2002), 「『유가사지론』에 있어서 '煩惱雜染'(kleśa-saṃkleśa)」, 『종교연구』26, pp.197~198.

3 中村了權(1969), 위의 책, p.173.

3) 번뇌의 의미와 용례

초기불교에서 '번뇌(煩惱, kilesa)'는 어원적으로는 'soiled, stained, to dirty oneself'라는 의미를 가지는 '팔리어 동사 kilissati'에서 파생된 명사이다. 일반적으로 번뇌는 'stain, soil, impurity' 등으로 번역되어, '뭔가를 오염시키는 것'이나 '뭔가에 부수된 오염'이라는 의미를 포함한 것으로 해석된다. 이러한 번뇌의 의미는 간혹 '오염'으로 번역되는 경우도 있다.

초기불교에서 번뇌를 의미하는 팔리어 'kilesa'는 수번뇌隨煩惱를 의미하는 'upakkilesa'와 거의 동의어로 쓰이며, 용례상 번뇌보다 오히려 수번뇌가 더 많이 쓰이기도 한다. 어원적으로 수번뇌 'upakkilesa(隨煩惱)'는 '접두사 upa'와 'kilesa'의 합성어로 팔리어 동사 'upakkilissati (혹은 upakilissati)'에서 파생된 명사이다.[4] 사실 번뇌와 수번뇌는 용어상 약간의 차이가 있지만, 초기불교에서는 의미상 거의 구분하지 않고 병행해서 쓰고 있다.

초기불교에서 번뇌의 개념과 그 성질을 말하는 경우, 어원적인 해석만으로 그 의미를 이해하는 데는 어느 정도 한계가 있다. 사실 번뇌란 '마음의 오염' 혹은 '마음을 오염시키는 활동적인 성질'을 지닌 것으로, 이는 '마음을 어지럽히고 괴롭히는 성질'과 '마음 혹은 지혜를 약하게 하는 성질'을 지닌 것으로 해석된다.[5] 즉 번뇌란 정서적으로 마음을 괴롭히고 오염시키는 성질과 지적으로 지혜를 약하게 하는 두 측면으로 설명된다.

---

4 김재성(2010), 「초기불교의 번뇌」, 『인도철학』 제29집, p.243.
5 中村了權(1969), 앞의 책, p.173.

사실 초기불교에서 번뇌의 문제는 근본번뇌로서 탐욕(rāga) · 성냄(dosa) · 어리석음(moha)이라는 3독심과 긴밀한 관계를 지닌 것으로 설명된다. 예컨대 『우다나』3.10의 관련 기술을 보면, 석존이 우루벨라 네란자라강가의 보리수 아래에서 깨달음을 얻은 후 불안佛眼으로 세상을 바라보았을 때의 상황에서 번뇌의 문제는 다음과 같이 서술되어 있다.

실로 세존은 불안佛眼으로 세간을 바라보니 중생들은 탐욕에 의해 생겨나고, 성냄에 의해 생겨나며, 어리석음에 의해 생겨나는 많은 고뇌에 의해 괴로워하고, 많은 번민에 의해 불타고 있는 것을 보았다.[6]

상기의 기술에서 확인되듯이, 번뇌의 문제는 중생들을 괴롭히는 근본번뇌로서 탐욕 · 성냄 · 어리석음의 3가지 부정적인 마음으로 설명되고 있다. 이러한 번뇌에 의해 중생들은 세간적인 삶 속에서 실존적인 괴로움과 번민의 불길에 시달리며 사는 것이다.

초기경전 중 『이티붓따까』에서는 3독심을 나타내는 번뇌가 다음과 같이 악마로 비유되어 설명되고 있다.

비구들이여, 누구든지 탐욕을 끊지 못하고, 성냄을 끊지 못하고, 어리석음을 끊지 못하면, 비구들이여 그는 악마에 묶인 자, 악마의 덫에 걸린 자, 악마가 원하는 대로 하는 자라고 불린다. 비구들이여,

---

6 Ud., p.32.

누구든지 탐욕을 끊고, 어리석음 등을 끊으면, 그는 악마에 묶이지 않은 자, 악마의 덫에서 풀린 자, 악마가 원하는 대로 하지 못하는 자라고 불린다.

상기의 기술내용은 마음이 탐욕·성냄·어리석음 등의 3독심에 물들어 있는 경우에는 악마의 덫에 걸려 악마에 좌지우지 된다는 말이다. 초기경전에서 악마는 다양한 방식으로 설명된다. 사실 악마(Māra)는 마음속에서 일어나는 생각의 갈등양상이나 번뇌의 일종을 말한다.[7] 예컨대 3독심에 물들 조건적으로 일어나는 부정적인 심리작용에 따라 잠재적이고 습관적인 업력에 이끌려 살게 된다는 의미로 이해된다. 반면에 마음이 3독심을 끊으면 악마로부터 풀려나 일상적으로는 행복하고 깨어 있는 삶을 영위하며, 완전한 행복(열반)을 성취할 수 있다는 것이다.

또한 『쌍윳타 니카야』 III에서도 번뇌의 문제는 다음과 같이 기술되어 있다.

비구들이여, 항상 자신의 마음을 관찰해야 한다. 즉 '이 마음은 긴 시간 탐욕에 의해 성냄에 의해 어리석음에 의해 오염되어 있다'라고. 비구들이여, 마음이 오염되어 있기 때문에 중생은 오염되거나, 마음이 청정하기 때문에 중생은 청정하다.[8]

---

7 김재성(2010), 앞의 책, pp.253~254 참조.
8 SN.III, p.151.

이와 같이 초기불교에서 탐욕(rāga)·성냄(dosa)·어리석음(moha)
의 3가지 요소는 마음의 오염 여부를 결정짓는 주요한 요소임을 알
수 있다. 즉 마음이 번뇌에 의해 오염되었을 때 마음이나 중생은
오염되었다고 한다. 반면에 마음이 번뇌에 의해 오염되지 않았을
때 마음이나 중생은 청정하다고 한다. 결국 탐욕·성냄·어리석음의
3가지 요소는 3화火 혹은 3독毒으로도 불리는데, 이 3가지 번뇌가
가장 근본적인 번뇌로 설명되고 있는 점에 주목할 필요가 있다.[9]
　그러면 초기경전에서 탐욕·성냄·어리석음이 법수화되어 설명되고
있는 용례를 소개하고자 한다. 먼저 3화火는 『디가 니카야』 제33
등송경等誦經에서 다음과 같이 설명된다.

　3화火가 있다. 즉 '탐욕의 불길(貪火, rāgaggi)과 성냄의 불길(瞋火,
　dosaggi)와 어리석음의 불길(痴火, mohaggi)이다'라고 한다.[10]

　여기서 탐욕·성냄·어리석음의 3가지 번뇌는 3가지 불길(火)로 쓰이
고 있음이 확인된다. 이처럼 초기경전에서는 탐욕·성냄·어리석음이
설명방식에 따라 다양하게 불리는데, 대체로 기계적으로 나열하고
있는 경우가 적지 않다. 하지만 탐욕·성냄·어리석음의 3가지 번뇌가
3독毒으로 불리는 명칭은 초기경전에서는 확인되지 않는다.[11]
　사실 빈도수는 적지만, 이와 유사한 개념이 3불선근(不善根, akusa-

---

9 佐藤義博(1982), 「煩惱について-原始仏敎を中心として-」, 『印仏硏』61, p.304.
10 DN.Ⅲ, p.217.
11 佐藤義博(1982), 앞의 책, p.305.

lamūla)으로 불리는 욕탐(lobha)·성냄(dosa)·어리석음(moha)의 계열이다. 이외에 탐욕(rāga)·성냄(dosa)·무명(avijjā)의 계열도 존재한다. 여하튼 3불선근은 3결, 5하분결, 5개蓋 등의 용례와 비교해보면 의미상 미묘한 차이를 드러낸다. 이런 점에서 초기불교에서 번뇌는 하나의 명칭으로 통일하여 부르는 것은 다소 무리가 있고, 3화火나 3독毒 등의 명칭도 일반화되지 않은 것으로 볼 수 있다.[12]

한편 탐욕·성냄·어리석음이 중생들에게 부정적인 양상으로 존재한다면, 과연 이것들을 어떻게 해결하거나 소멸해야 할 것인가라는 문제가 대두된다. 결국 이러한 문제는 수행론과 긴밀한 관계를 가진다. 즉 3독의 문제는 8정도, 5근(① 신근·② 정진근·③ 염근·④ 정근·⑤ 혜근), 3학(① 증상계학·② 증상심학·③ 증상혜학)과 관련되어 설명된다.[13]

『쌍윳타 니카야』에서는 번뇌의 성질이나 그 작용의 측면이 다양한 비유를 통해 설명된다. 여기서는 마음이 수번뇌에 의해 오염되어 있는 심리적 현상을 다음과 같이 금과 5종의 다른 금속과의 긴밀한 관계를 통해 설명하고 있다.

여러 비구들이여, 금의 수번뇌에 철, 동, 주석, 납, 은 등의 5가지가 있고, 이러한 모든 수번뇌에 오염되었을 때, 금은 유연하지 않고, 견디지 못하고, 청정하지 않다. 참으로 금은 수번뇌에 약해서 쓰임에 견디지 못한다. 여러 비구들이여, 이와 같이 마음의 수번뇌에

---

12 佐藤義博(1982), 위의 책, p.306.
13 佐藤義博(1982), 위의 책, p.306.

탐욕, 성냄, 혼침과 수면, 도거와 악작, 의심 등의 5가지가 있다. 이러한 모든 수번뇌에 오염되었을 때 마음은 유연하지 않고, 견디지 못하고, 청정하지 못하다. 이처럼 실로 수번뇌에 오염된 마음은 약하여 선정을 얻거나 모든 루漏를 소멸하지 못한다.[14]

여기서 번뇌는 수번뇌로 표현되어 있고, 마음이 5종의 수번뇌에 의해 오염되었을 때 마음은 약해져 선정을 얻거나 번뇌의 일종인 루(漏, āsava)를 소멸하지 못한다고 설명하고 있다. 이와 동일한 취지의 설명방식은 『앙굿따라 니카야』 Ⅲ.에서도 확인된다.[15] 한편 『앙굿따라 니카야』 Ⅰ.에서는 특이하게도 '여러 비구들이여, 이 마음은 극히 청정하다. 〔하지만〕 이 마음은 우연적인 수번뇌(客塵煩惱)에 의해 오염되어 있다'[16]라는 표현이 보인다. 이러한 표현은 이미 다카사키 지키도(1975)가 지적하고 있듯이, 심성본정설心性本淨說을 시사하는 것으로 나중에 여래장사상으로 발전하게 된다.[17]

또한 번뇌란 맑고 푸른 하늘을 덮은 먹구름으로 비유되곤 한다. 마치 번뇌는 하늘에 있는 빛을 먹구름이 덮는 것처럼 마음을 오염시키는 것으로 설명된다. 이때 번뇌가 바람이 불면 흩어지는 구름으로

---

14 SN.Ⅴ, p.92.; 中村了權(1969), 앞의 책, pp.173~174.

15 中村了權(1969), 위의 책, p.174.; 김재성(2010), 앞의 책, pp.243~244 참조.; AN.Ⅲ, p.16.

16 AN.Ⅰ, p.10: pabhassaram idaṃ bhikkhave cittaṃ tañ ca kho āgantukehi upakkilesehi upakkiliṭṭhaṃ.

17 高崎直道(1975), 「客塵煩惱-如來藏思想と煩惱論」, 『煩惱の研究』(東京: 淸水弘文堂), pp.190~220.

비유된 것은 번뇌란 고정된 불변하는 실재성을 가진 것이 아니라, 어떻게든 소멸변화의 가능성이 있음을 시사한다.

요컨대 번뇌란 본래 청정한 빛이 있는 인간의 마음을 덮어 청정하지 않게 하는 것으로 설명된다. 즉 마음과 번뇌의 관계가 순수한 금과 녹의 관계로 비유된 그 취지는 금에 순수하지 않은 녹이 낀 것처럼 번뇌에 의해 마음의 청정한 본성이 오염되어 있는 것을 나타내는 것이다. 결국 번뇌는 인간의 마음을 오염시키는 역동적인 활동성을 지닌 것으로, 명사적으로 표현하면 '마음의 오염'으로 이해된다.[18]

이러한 번뇌(kilesa)의 가장 대표적인 동의어로는 덮개(蓋, nīvaraṇa), 장애(障礙, āvaraṇa), 더러움(垢, mala), 불(火, aggi), 속박(bandhana), 족쇄(結, saṃyojana), 폭류(ogha), 수면(隨眠, anusaya), 루(漏, āsava), 집착(取, upādāna), 악마(魔, māra) 등이 있다.[19]

이상에서 초기불교에서 번뇌의 문제는 탐욕·성냄·어리석음 등 매우 다양하게 설해져 있지만, 이 가운데 탐욕·성냄·어리석음은 근본적인 번뇌로서 가장 중요시된 것으로 보인다. 하지만 이 3가지가 초기경전에서는 3화나 3독 등으로 불리는 것은 그리 일반화되지 않은 것으로 보인다.[20] 특히 초기불교에서 번뇌와 수번뇌는 마음을 오염시키거나 지혜를 약하게 하는 성질을 지닌 것으로서 아비다르마불교와 달리 의미상 큰 차이가 없이 쓰이고 있는 것임을 알 수 있다.

---

18 中村了權(1969), 앞의 책, p.174.
19 中村了權(1969), 앞의 책, p.174.
20 佐藤義博(1982), 위의 책, p.307.

4) 번뇌의 분류체계

번뇌의 유형과 그 특성을 보다 명확히 파악하기 위해서는 초기경전에
제시되어 있는 다양한 번뇌군에 대한 분류체계를 살펴볼 필요가 있다.
다양한 번뇌군의 가장 대표적인 분류체계는 다음과 같다.[21]

①3불선근不善根은 욕탐·성냄·어리석음을 말하는데, 이는 3화火,
3황야荒野, 3장障, 3박縛, 3요搖, 3구垢 등으로도 불린다.

②4폭류暴流는 욕欲·유有·견見·무명無明을 말하는데, 이는 4루漏,
4액軛 등으로도 불린다.

③5개蓋는 탐욕·성냄·혼침과 수면·도거와 악작·의심을 말하는
데, 이는 5장障, 5수번뇌隨煩惱 등으로도 불린다.

④7수면隨眠은 욕탐·성냄·견見·의疑·만慢·유탐有貪·무명無明을
말하는데, 이는 7결結으로도 불린다. 이와 유사한 분류체계로는
8결結, 9결結, 10결結 등이 있다.

이외에 3루漏, 3구求, 3결結, 4계繫, 4취取, 5하분결下分結, 5상분결
上分結, 16심예心穢 등이 있다.

5) 3불선근·7수면과 12연기의 관계

우선 앞에서 살펴본 번뇌군의 분류체계 가운데 가장 중요한 분류체계
는 3불선근不善根으로 보인다. 초기경전에서는 3불선근이 12연기의
무명과 갈애의 두 지분과 관련되어 다음과 같이 설명되고 있다.

---

21 中村了權(1969), 위의 책, p.175.

(a) 어리석음(癡)은 무명의 등류等流이고, 탐욕과 성냄은 우리의 애욕이 외부대상의 다름에 따라 생겨난 다른 양태(異相)이다. 즉 갈애渴愛가 현실세계로 모습을 드러낸 것이다.

(b) 여러 비구들이여, 윤회는 무시이래로 있다. 중생은 무명에 싸이고, 갈애에 속박되어 유전윤회하고, 그 전후를 알지 못한다. … 여러 비구들이여, 이 때문에 자신의 마음을 다음과 같이 관찰해야 한다. 즉 '이 마음은 긴 밤에 걸쳐 탐욕, 성냄, 어리석음으로 오염되어 있다'라고. 여러 비구들이여, 마음이 오염되면 중생도 오염된다. 마음이 청정하면 중생도 청정하다.

상기의 기술을 보면, 3불선근에 해당하는 탐욕·성냄·어리석음의 3가지 요소가 12연기의 요소인 무명과 갈애에 배대되어 설명되고 있다. 이런 점에서 3불선근은 12연기의 지분 중 무명과 갈애에 포섭되는 것으로 이해된다. 사실 초기경전에서 12연기의 사상을 고려할 때, 무명과 갈애의 두 지분은 범부가 미망의 세계에 오염된 마음(識)의 특성을 지적知的·정서적情緒的인 두 측면으로 나누어 설명한 것으로 볼 수 있다.[22]

요컨대 3불선근과 12연기의 긴밀한 관계를 고려하면, 범부의 마음이 드러나는 양상을 먼저 정서적으로 보면 대상에 따라 탐욕과 성냄 등으로 나타나고, 한편 지적으로 보면 어리석음으로 나타난 것으로 이해된다. 다시 말해서 탐욕·성냄·어리석음의 3불선근은 무명과 갈애를 특징으로 하는 범부의 지적·정서적인 마음이 드러나는 양상을

---

22 中村了權(1969), 앞의 책, p.175 참고.

다르게 표현한 것이다.

한편 7수면隨眠의 경우에도 욕탐(欲貪, kāmarāga), 성냄(瞋, patigha), 유탐(有貪, bhavarāga)의 3가지 심리현상들은 12연기 중 '갈애(渴愛, tanhā)'가 드러나는 방식에 그 차이가 있는 형태로서 각각 욕애(欲愛, kāmatanhā), 유애(有愛, bhavatanhā), 무유애(無有愛, vibhavatanhā)에 해당한다. 또한 견해(見, ditthi), 의심(疑, vicikicchā), 아만(慢, māna), 무명(無明, avijjā)의 4가지 심리현상들은 12연기 중 '무명(無明, avijjā)'에 상응하는 것으로 이해된다.

결국 7수면의 기능적인 특성도 12연기의 지분 중 '무명과 갈애'를 특징으로 하는 범부의 오염된 마음이나 인식(識)의 양상을 나타내는 것으로 보인다. 이런 점에서 12연기의 두 요소인 '무명과 갈애'는 일체의 번뇌(kilesa)에 잠재된 가장 근원적인 것으로 이해된다.[23]

그런데 초기경전의 12연기설에서 '무명과 갈애'를 특징으로 하여 활동하는 오염된 마음이나 인식의 활동을 업(業, karma)라고 한다. 특히 초기경전에서는 3독심과 업의 긴밀한 관계를 다음과 같이 설명하고 있다.

(a) 여러 비구들이여, 이 3가지는 업業의 집기集起를 위한 조건(緣)이다. 3가지란 무엇인가? 탐욕·성냄·어리석음은 업의 집기를 위한 조건이다. 여러 비구들이여, 대개 탐욕〔·성냄·어리석음〕이 만들고, 탐욕〔·성냄·어리석음〕에서 생기고, 탐욕〔·성냄·어리석음〕을 조건으로, 탐욕〔·성냄·어리석음〕이 집기하는 이 업은 불선不善

---

23 中村了權(1969), 앞의 책, p.176.

이고, 유죄有罪이다. 이러한 업에는 괴로움의 과보가 있고, 이러한 업은 업을 잘 집기하며, 이러한 업은 잘 멸하지 않는다.[24]

(b) 탐욕에 의해 비도非道를 가기 때문에 악한 업을 짓는다. 성냄에 의해 비도非道를 가기 때문에 악한 업을 짓는다. 어리석음에 의해 비도非道를 가기 때문에 악한 업을 짓는다. 두려움에 의해 비도非道를 가기 때문에 악한 업을 짓는다.[25]

상기의 기술은 3독심 혹은 3불선근과 업의 긴밀한 관계를 설명하고 있다. 즉 탐욕·성냄·어리석음의 3독심은 12연기의 요소 중 '무명과 갈애'와 긴밀한 관계를 지니는 다른 양태(異相)로서 업이 생기하는 조건이 되고 있는 점에 주목할 필요가 있다. 이 3독심을 조건으로 생겨난 업은 불선不善이고, 유죄有罪이며, 괴로움의 과보(苦果)를 견인한다고 본다. 이때 '괴로움의 과보'란 12연기설의 '무명과 갈애'의 업에 의해 괴로움의 과보를 받는다는 것으로, 이는 12연기설 전체에 적용되는 취지로 생각된다.

또한 '이러한 업은 업을 집기한다'라는 말은 탐욕·성냄·어리석음의 3업은 탐욕·성냄·어리석음의 업을 잘 일으킨다는 것으로, 탐욕 등의 번뇌(kilesa)에 의해 식이 오염되거나 물든다는 것을 나타낸다. 바로 이것은 12연기설의 요소 중 '②행行 → ③식識'의 관계에 상응하는 것으로 이해된다.[26]

---

24 AN.I, p.263.

25 DN.III, p.182.

26 中村了權(1969), 앞의 책, p.176.

한편 붓다의 최초의 설법으로 간주되는 『전법륜경』에서는 사성제의 맥락에서 갈애가 고통의 원인인 집성제로 설명된다. 이러한 갈애는 다음과 같이 12연기의 맥락과도 긴밀한 관계를 가진다.

(a) 비구들이여, 이것이 괴로움이 생겨나는 성스런 진리(집성제)이다. 그것은 바로 쾌락을 향한 탐욕과 함께 여기저기서 즐기며 재생으로 이끄는 갈애이다. 즉 감각적 욕망의 대상에 대한 갈애(kāma-taṇhā, 欲愛), 존재에 대한 갈애(bhava-taṇhā, 有愛), 비존재에 대한 갈애(ibhava-taṇhā, 非有愛)이다.[27]

(b) 비구들이여, 이 윤회는 그 처음을 알 수가 없다. 최초의 시간은 알려질 수 없다. 무명無明에 의해 덮여 있고(avijjānīvaraṇānaṃ), 갈애渴愛에 의해 속박되어 있는(taṇhāsaṃyojanānaṃ) 중생들은 이 생사의 세계에서 이리저리 헤매며 삶과 죽음을 되풀이한다.[28]

상기의 (a)기술을 보면, 갈애는 괴로움이 생겨나는 원인이기도 하지만 윤회(=재생)로 이끄는 원인으로 제시되는 점에 주목할 필요가 있다. 즉 4성제의 맥락에서 갈애는 집성제에 해당되며 실존적인 괴로움의 원인이 되거나 윤회를 초래하는 원인으로 설명된다. 이러한 갈애는 3종으로, 즉 ① 감각적 욕망의 대상에 대한 갈애(欲愛), ② 존재에 대한 갈애(有愛)로, ③ 비존재에 대한 갈애(非有愛) 등이다.

이때 ① 욕애는 6가지 감관의 대상에서 감각적 쾌락을 얻고자 하는

---

27 SN.V, p.420.

28 SN.II, p.179.

갈망을 말한다. ② 유애는 색계나 무색계 등의 존재에 대한 갈망으로 행복한 상태로 머물고자 하는 갈망을 말하며, 모든 것은 영원할 것이라는 상견(常見, śāśvatavāda)과도 관련이 있다. ③ 비유애는 자아와 육체를 동일시하는 잘못된 견해(＝有身見)와도 관련이 있고, 죽으면 모든 것이 소멸할 것이라는 단견(斷見, ucchedavāda)으로 해석되기도 한다.[29]

또한 상기의 (b)기술을 보면, 중생들이 무명이라는 번뇌에 덮여 있고, 갈애라는 번뇌에 의해 속박되어 있을 경우에는 생사의 세계에서 윤회(＝재생)를 반복하게 된다는 점을 명확히 보여준다. 초기경전에서 무명과 갈애는 가장 대표적인 번뇌이며, 12연기의 맥락에서 첫 번째와 여덟 번째에 해당되는 번뇌를 가리킨다.[30]

한편 초기경전에서 12연기의 첫 번째 요소인 무명(無明, avijjā)은 다음과 같이 설명되고 있다.

(1) 정말로 이 무명은 큰 어리석음[迷妄]이다. 그것에 의해 이 긴 윤회가 나타났다. 하지만 지혜에 이른 중생은 다시 [윤회의] 생존으로 돌아오지 않는다.[31]

(2) 비구들이여, 괴로움에 대한 무지, 괴로움의 발생에 대한 무지, 괴로움의 소멸에 대한 무지, 괴로움의 소멸에 이르는 길에 대한

---

29 안성두(2010), 「불교에서 욕망과 자아의식」, 『철학사상』36, pp.8~10.; 김재성 (2010), 앞의 책, p.230.

30 김재성(2010), 앞의 책, p.228.

31 Sn. 730게.

무지〔사성제四聖諦에 대한 무지〕 이것을 무명이라고 한다.[32]

(3) 무명無明은 또한 존재의 갈애와 관계가 깊다. 어리석음이 가득 찼기 때문에 존재의 갈애가 가득 찬다.[33] 이 두 번뇌는 완전히 알아야 하며 끊어버려야 할 법이다. 어떤 것이 완전히 알아야 하고 끊어야 할 법인가? 어리석음과 존재의 갈망이다.[34]

상기의 (1)기술을 보면, 무명과 지혜가 생사윤회의 길을 헤맬 것인 가 그렇지 않을 것인가를 결정짓는 주요한 요소임을 알 수 있다. 이때 무명無明이란 (2)의 기술에서 확인되듯이, '4성제나 4제 연기를 모르는 것'을 말한다.[35] 이러한 무명은 (3)의 기술에서 확인되듯이, 어리석음으로 인한 존재에 대한 갈애와 깊은 관련이 있고, 완전히 알아야 하거나 끊어야 하는 점에서 수행론적인 맥락과 연결된다.

이상에서 초기불교에서 번뇌의 문제는 탐욕·성냄·어리석음 등 매우 다양하게 설해져 있지만, 이 가운데 탐욕·성냄·어리석음은 근본번 뇌로서 가장 중요시된 것으로 보인다. 사실 3독심은 내용적으로 3불선 근에 해당되고, 이 3불선근은 12연기의 지분 중 무명과 갈애에 포섭된 다. 아울러 7수면도 12연기의 지분 중 '무명과 갈애'를 특징으로 하는 범부의 오염된 마음이나 인식(識)의 양상을 나타내는 것으로 보인다.

결국 이런 점에서 12연기의 두 요소인 '무명과 갈애'는 일체의 번뇌

---

32 SN.II, p.4.

33 AN.V, p.117.

34 MN.III, p.289.

35 김재성(2010), 앞의 책, pp.228~229.

(kilesa)에 잠재된 가장 근원적인 것으로 이해된다. 특히 초기불교에서 번뇌의 문제는 12연기의 구조에서 보이듯이, 무명과 갈애를 조건으로 윤회의 원인이 되는 점에서 설일체유부가 12연기를 삼세양중인과설로 해석하는 입장과도 긴밀한 관계를 가질 것으로 보인다.

3. 아비다르마불교의 번뇌론 이해

1) 설일체유부의 사상적 입장

아비다르마(阿毘達磨, abhidharma)는 붓다의 가르침을 그의 사후 약 300~900년경에 하나의 지적 체계로 정리한 교학체계를 말한다. 용어 상으로 '아비달마阿毘達磨'란 원어인 산스크리트어 '아비다르마(abhidharma)'³⁶의 음역어(음사)이다. 이는 팔리어로는 '아비담마(abhidhamma)'로 불린다. 아비다르마는 다르마 이론을 통해 붓다의 가르침을 체계적으로 이해하는 데 상당히 유용하다.

설일체유부(이하, 유부)는 초기불교에서 제시한 5온·12처·18계 등

---

36 아비다르마(abhidharma)는 산스크리트어 ①'아비(abhi)'와 ②'다르마(dharma)'
   의 합성어인데, ①접두어 '아비(abhi)'란 '~에 대하여'나 '뛰어난 혹은 승의'의
   의미로 해석되고, ②'다르마(dharma)'란 '교법이나 가르침'의 의미로 쓰인다.
   요컨대 '아비다르마'는 (a) '붓다의 교설에 대한 다양한 해석 혹은 이해방식'이나
   (b) '열반으로 인도하는 승의의 뛰어난 법'이라는 의미를 가진다. 주로 아비다르
   마는 경장과 율장에 관한 연구와 사상체계를 말하지만, 간혹 그들의 해설서나
   주석서들을 비롯한 여러 논서 등을 포함하기도 한다. 엄밀하게 보면, 후자는
   아비달마논서(阿毘達磨論書, abhidharma-śāstra)로 부르는 것이 적합하다. 하지
   만 간혹 이것이 아비달마나 논장論藏으로 통칭되기도 한다.

의 일체법을 연기적인 관점에서 유위와 무위의 다양한 다르마들로
해체하여 5위 75법이라는 교학을 새롭게 확립한다. 즉 5위 75법의
다르마 이론은 (1) 물질적인 현상(색법·11)·(2) 마음자체(심법·1)·
(3) 심리적인 현상(심소법·46)·(4) 물질적이지도 심리적이지도 않은
다르마(심불상응행법·14)·(5) 무위법(3) 등의 일체를 유위와 무위의
다르마로 해체한 것이다.

특히 유부의 다르마 이론은 물질적 현상과 심리적 현상을 분석하여
체계적으로 분류하여 정리한다. 즉 유부는 물질에 대한 원자론적
분석을 비롯하여, 업의 인과문제나 심리학적인 문제들, 그리고 업과
번뇌 등으로 인한 실존적 문제들을 해결하기 위한 수행도를 다룬다.
이러한 유부의 다르마 이론은 4성제의 기본구조 속에서 집대성된
점에 주목할 필요가 있다.

사실 바수반두(世親)의 저작인 『아비달마구사론』(이하, 구사론)에
서 소개되고 있는 유부의 교학은 대승불교의 비판적 표적이 되면서도
무엇보다 대승불교가 새롭게 태동하게 되는 사상적 근거이자 전환점의
역할을 한다는 점에서 매우 중요하다. 주로 유부의 아비다르마 체계는
일체의 존재를 다르마로 해체하여 법의 특성, 즉 법상法相에 초점을
둔 것이다.[37]

요컨대 유부의 사유체계는 사성제의 구조가 연기설의 맥락에서

---

[37] 반면에 용수를 비롯한 중관이나 유식학파의 교학체계는 유부가 모든 존재를
다르마로 환원하여 제시한 법상에서 한발 더 나가, 유부가 제시하는 그 법의
본질적 특성을 '반야경'의 공관에 입각해 실체적인 존재가 아닌 법성의 차원에서
새롭게 비판적으로 검토한다.

유전문에서 환멸문으로 전환되는 것을 지향하듯이, 이는 실존적인 괴로움이라는 현실에 직면하여 유루의 지혜를 통해 그 원인인 번뇌와 업의 문제를 파악한 후, 단계적으로 제법에 대한 분석적인 이해와 그 통찰력을 성숙시켜 무루의 지혜를 획득하여 무위의 열반에 도달하게 하는 방식을 취한다.

결국 유부의 다르마 이론은 모든 존재의 특성에 대한 연기적인 통찰을 여실히 보여준다. 다르마의 특성은 용수 등이 비판하듯이 존재론적인 본질만을 제시하지 않는다. 즉 유부의 다르마 이론은 일상적인 차원에서의 인식주관(혹은 유루지)이나 수행론적인 맥락에서 무루지나 무루혜에 의해 반성적으로 보여지고, 조건적으로 생멸하는 물실적·심리적인 현상들이 객관화된 것으로 이해된다. 즉 유부가 강조하듯이 다양한 다르마는 일종의 유루와 무루의 분석적 지혜에 의해 객관적으로 대상화된 것으로 이해된다.

2) 설일체유부의 번뇌론

유부의 『구사론』에서 번뇌를 취급하고 있는 개소는 제2장 「근품」과 제5장 「수면품」이다. 우선 번뇌의 문제는 「근품」에서는 다르마의 생기라는 관점에서 심소법 가운데 오염법으로, 한편 「수면품」에서는 번뇌를 단멸하는 관점에서 98수면으로 분류된다. 이와 같은 번뇌설의 전개는 『구사론』에 이르기까지 유부의 아비다르마 논서에서 확인된다.

앞에서 살펴보았듯이, 아함과 니카야에서 번뇌는 오염된 심리상태를 나타내는데, 이는 루(漏, āsrava)·결(結, saṃyojana)·박(縛, bandhana)·수면(隨眠, anuśaya)·수번뇌(隨煩惱, upakleśa)·전(纏, pariava-sthāna) 등의 이명異名으로 쓰이기도 한다. 3결과 5하분결은 수행도의 맥락에서 사문과의 획득과 관련된다.

사실 유부의 번뇌설의 특징은 아함과 니카야에서 다양하게 설해지고 있는 '루·결·박·수면·수번뇌·전' 등을 '번뇌'라는 총칭적 개념으로 파악하는 점과 아함과 니카야에서 도입한 7수면 중에서 견수면을 '5견'으로서 파악하는 점에 있는 것으로 이해된다.[38] 이러한 두 가지 관점에서 유부의 번뇌설을 살펴볼 필요가 있다.

3) 수면과 수번뇌

유부의 논서 중에서도 정통적인 캐슈미르 계통의 『발지론』 등은 번뇌법의 해설을 「결온(結蘊, saṃyojana-skandha)」에서 행하고 있는데, 다양한 종류의 번뇌들을 총괄하는 말이 유부의 내부에서도 명확히 정해지지 않은 점이 눈에 띈다. 그럼에도 유부의 논서 중에서는 대개 번뇌를 논의하는 장은 '수면(隨眠=使, anuśaya)'이나 '결(結, saṃyoja-na)'에 의해 전체를 정리하고 있다. 즉 '수면'이나 '결'은 개별적인 번뇌법을 말하기보다는 번뇌법의 그룹을 총괄하는 명칭으로 쓰이는 듯하다.[39]

사실 '수면(隨眠, anuśaya)'이란 용어는 유부 논서 중 후기에 저작된 『구사론』에서는 '번뇌(煩惱, kleśa)'와 동의어로 취급된다.[40] 하지만

---

38 김경희(2011), 「說一切有部における煩惱說」, 『印仏研』125, p.162.

39 池田練太郎(1986), 「『俱舍論』にみられる二種類の煩惱說」, 『印仏研』44, p.17.

40 AKBh(P) p.278: lākṣaṇikas tv abhidharme kleśa evānuśayaśabdaḥ/

어원적으로 수면은 산스크리트어 아누사야(anuśaya)로, 이는 '～을 따라'를 의미하는 접두어 '아누(anu)'와 '누워 있다, 잠자다'를 의미하는 동사어근 '√śī'의 합성어에서 파생된 명사이다. 본래 '수면'은 번뇌론을 논의하던 최초기에는 '잠재적으로 활동하는 번뇌'의 의미로 사용되었다.

반면에 '족쇄(結, saṃyojana)'는 산스크리트어 'saṃ-√yuj'라는 합성어에서 파생된 명사로, '모여 결합하다'는 의미를 가진다. 즉 '족쇄(結)'는 갖가지 번뇌가 마음을 묶는 것을 말한다. 이런 점에서 '수면'과 '족쇄(結)'는 번뇌를 파악하는 방식이 완전히 다르다고 볼 수 있다.[41]

『구사론』「수면품」(이하, 수면품)에서는 번뇌는 2종으로 구분하여 설명하고 있다. '수면'은 '잠재적인 번뇌'로 '수번뇌'는 '드러난 번뇌'로 구분된다. 즉 「수면품」에서는 다음과 같이, '잠자고 있는 번뇌는 수면(隨眠, anuśaya)으로 불리고, 깨어난 [번뇌]는 전(纏, paryavasthāna)이기 때문이다.'라고 되어 있다. 이러한 번뇌에 대한 구분 방식이 「수면품」의 기본구조를 형성하고 있다. 즉 「수면품」의 전체 구성은 '수면'과 '수번뇌=전纏 혹은 구垢'를 대비하는 구조를 가진다.[42]

유부의 「수면품」에 제시된 번뇌론의 내용은 『품류족론』, 『발지론』, 『대비바사론』의 단계 및 『아비담심론』, 『아비담심론경』, 『잡아비담심론』의 단계를 거쳐 『구사론』에서 최종적으로 정리된 것으로 보인다. 이런 점에서 『구사론』에서 제시된 번뇌론의 체계에 포함되는 법수나 분류방식에는 다소 변천의 양상이 보이지만, 본질적으로 내용이 변화

---

41 池田練太郎(1986), 앞의 책, p.18.

42 池田練太郎(1986), 앞의 책, pp.20~21.

한 것은 아니라고 생각된다. 다만 『구사론』 「근품」의 5위의 체계
중에 소개되는 번뇌설은 「수면품」의 번뇌설과는 본질적으로 다른
것으로 보인다.[43]

한편 유부의 심소법의 분류과정에서 하나의 특징은 오염법의 다른
명칭(異名)을 나타내는 '일체의 결·박·수면·수번뇌·전'이라는 구가
심소법 가운데 오염법으로 쓰이는 점에 있다. 이러한 번뇌의 다른
명칭을 나타내는 형태가 오염법의 총칭을 나타내는 용례는 『집이문족
론』까지 거슬러 올라간다. 특히 3루를 정의할 때 욕류와 유루를 대신하
는 것으로서 『품류족론』이나 『바사론』에서도 쓰인다.

이와 관련하여 번뇌의 다른 명칭의 형태를 번뇌로 규정하는 것은
『바사론』의 다음과 같은 구절에서 확인된다.

결·박·수면·수번뇌·전의 5가지 의미를 구족하는 것이 원만한 번
뇌라고 불린다.[44]

여기서 주목해야 할 것은 '결·박·수면·수번뇌·전'의 5가지를 구족
하는 것이 '번뇌'라는 점이다. 결국 유부는 아함과 니카야에서 산견되는
번뇌법의 다른 명칭의 형태를 하나로 총칭해서 나타내고, 아울러
오염법의 총칭으로서 '번뇌'라는 술어를 쓰고 있다.

가장 오래된 형태로는 『법온족론』 「온품」에서 '심상응행온'을 설명
할 때, 「처품」의 법처에서 오염법의 설명이 생략된 형태로 인용된다.

---

43 池田練太郎(1986), 앞의 책, p.26.

44 『바사론』T27, 250b26-27.

또한 이것이 『품류족론』「심상응행온」과 『아비담감로미론』「심상응행」・『입아비달마론』「심상응행온」 등의 설명에서 확인된다. 번뇌의 다른 명칭의 형태가 오염법의 심소로서 분류되는 것은 『품류족론』「변오사품」 제1이다.

이와 관련하여 유부의 5위의 체계 가운데, 즉 색・심・심소・심불상응・무위의 법체계에서 심소와 관련된 해석을 소개하자면 다음과 같다.

> 결結에는 9종류가 있는데, 즉 애결愛結・에결恚結・만결慢結・무명결無明結・견결見結・취결取結・의결疑結・질결嫉結・간결慳結이다.
> 3박縛이 있는데, 즉 탐박貪縛・진박瞋縛・치박癡縛이다.
> 수면隨眠에는 7종류가 있는데, 즉 욕탐수면欲貪隨眠・진수면瞋隨眠・유탐수면有貪隨眠・만수면慢隨眠・무명수면無明隨眠・견수면見隨眠・의수면疑隨眠이다.
> 수번뇌隨煩惱란 무엇인가? 여러 가지 수면을 수번뇌라고 부른다. 수번뇌에서 수면이라고 부르지 않는 것이 있는데, 즉 수면을 제외한 여러 가지 다른 오염된 행온의 심소이다.
> 전纏에는 8종류가 있는데, 혼침・도거・수면・악작・질・간・무참・무괴이다.[45]

이와 같이 유부는 5가지 오염법의 형태로 오염된 심소법이 제시된다. 이것이 『바사론』에서 '번뇌'라는 개념으로 설명되는 것이다. 따라서 『바사론』에서 '번뇌'라고 규정되는 번뇌법의 다른 명칭의 형태와 오염

---

45 『품류족론』T26, 693a27-c21.

된 심소법의 관련성이 엿보인다. 또한 심소법을 본격적으로 분류하고 있는『계신족론』「본사품」제1에서는 10대번뇌지법·10소번뇌지법·5번뇌(T26, 614b10-11)라고 하듯이, 유부 논서에서 '번뇌'라는 술어에 의해 번뇌 심소의 분류가 처음으로 확립된다.

유부의 최초기부터 쓰이고 있는 5종의 '결박수면수번뇌전'은 총칭개념으로 쓰일 뿐만 아니라, 5가지 번뇌의 이명이 유부의 번뇌론이 전개되는 과정에서 뭔가 고유의 성격을 나타내는 것으로 보인다.[46] 이와 관련한 선행연구들 주요성과들을 간략하게 소개하면 다음과 같다. 우선 니시무라(西村, 1990)는 번뇌와 수면은 모든 오염법을 통칭하는 경우와, 탐·진·치·만·의·견의 6수면을 가리키는 경우가 있다고 본다.[47]

한편 사쿠라베 하지메(櫻部 建, 1955)는 유부의 교학에서 수면과 번뇌는 동의어로 수면에는 6수면이 해당되고, 수면에 해당되지 않은 여러 번뇌들을 수번뇌의 명칭 하에 포섭시키고 있다고 본다. 즉 수번뇌는 번뇌 이외의 오염된 심소법을 나타내는 것으로 보는데, 그것을 번뇌(=6수면)과 대비하여 근본번뇌와 지말번뇌의 관계로 설명하고 있다.[48] 그 후 사쿠라베(1996)는『구사론』에서 수번뇌는 번뇌(6수면)와 이 이외의 오염된 심작용인 행온에 포섭되는 양자를 의미하는 점에서 수번뇌의 범위가 더 넓고 번뇌를 그 안에 포함하고 있는 것으로

---

46 梶 哲也(2018), 「說一切有部における煩惱群について」,『印仏研』144, pp.104~106.

47 西村實則(1990), 「『俱舍論』にみる「煩惱」「隨眠」「隨煩惱」」,『印仏研』76, p.268.

48 櫻部 建(1955), 「九十八隨眠說の成立について」『大谷學報』127, pp.28~29.

자신의 견해를 약간 수정하고 있다.[49]

한편 이케다 렌타로(池田練太郎, 1979)는 세친은『구사론』에서 수번뇌와 번뇌(혹은 수면)의 성질을 다른 법으로서 더 한층 대비시켜 설명하는 것으로 본다.[50] 또한 이케다(1980)는 「수면품」에서 6수면이 가장 근본적인 번뇌법이고, 그것에 비해 수번뇌는 2차적인 번뇌법으로 설명한다고 본다. 나아가 그는 전纏은 수번뇌와 다름없는 것이고, 수번뇌는 수면에서 생기는 이른바 제2차적인 번뇌법이라고 설명한다.[51] 이런 점에서 수면은 근본적인 번뇌이고, 수번뇌는 번뇌에서 생겨나 표면상 드러난 이른바 현행의 번뇌라고 설명하고 있다.[52]

이상에서 초기경전에서 번뇌(kilesa)란 마음을 오염시키는 것이나 마음을 어지럽히는 것, 그리고 지혜를 약하게 하는 것 등의 의미로 쓰였다. 이러한 번뇌의 동의어로는 nivaraṇa, āvaraṇa, akusalamūla, mala, nigha, aggi, khila, bandhana, saṃyojana, yoga, gantha, ogha, anusaya, āsava, salla, esanā, macchariya, upādāna, jatā, upakilesa, pariyuṭṭhāna 등이 사용되고 있다. 이와 같이 본래 초기불교에서는 수면(anuśaya)・번뇌(kleśa)・전(paryavasthāna)・수번뇌(upakleśa)

---

49 櫻部 建(1996),『存在の分析〈アビダルマ〉』(仏教の思想2, 1967初版), 中央公論社, p.141.

50 池田練太郎(1979),「『俱舍論』隨眠品における煩惱論の特質」,『仏教學』7, pp. 131~132.

51 池田練太郎(1980),「不定法(aniyatā dharmāḥ)の概念 -『俱舍論』作者の意図 -」,『印仏研』56, p.210.

52 陳 素彩(2001),「說一切有部における upakleśa・kleśa・paryavasthānaの關係」,『インド哲學仏教學研究』8, p.57.

는 단지 번뇌의 동의어에 지나지 않았다.

결국 유부의 교학체계에서는 번뇌의 의미가 크게 변화해 왔다. 특히 수면에 대해서는 초기경전에 설해진 7수면에 근거하여 6수면설·10수면설·98수면설 등이 유부의 수도론 등과 관련하여 새롭게 성립했다.

4) 유부의 98수면설

유부의 「수면품」의 번뇌설은 '98수면설'을 중심으로 논의되고 있다. 사실 '98수면설'은 초기경전의 7수면설에 근거한 6수면설에 따라 성립된 것인데, 즉 3계(욕계·색계·무색계)와 5부(見四諦·修所斷)에 10수면설을 합해서 구성된 것이다. 3계와 5부는 선정의 단계와 긴밀한 관계를 가지는 개념이다. 이런 점에서 '98수면설'은 '미망의 상태'에서 '깨달음의 상태'로 나아가는 일관된 방향성을 나타낸다.[53]

유부의 번뇌설은 수면隨眠으로 번역되는 원어 'anuśaya'가 항상 쓰이고 있고, 그 내용도 98수면설을 근간으로 교리적으로 전개되고 있다. 유부의 논서 가운데 98수면설은 『품류족론』에서 처음으로 등장하는데, 이미 완성된 형태를 보이고 있다. 유부의 이후의 논서에서도 98수면설은 보이지만, 교설자체의 변화는 보이지 않는다.[54]

다만 유부의 『법온족론』 「잡사품」에서는 아함·니카야에서 설해진 갖가지 번뇌법을 정리하여 해설하고 있다. 특히 이와 관련하여 번뇌의 문제가 4제현관과 긴밀한 관계를 통해 다음과 같이 설명되고 있다.

---

53 池田練太郎(1986), 앞의 책, pp. 20~21.
54 櫻部 建(1955), 앞의 책, p. 21.

①'고·집·멸·도라는 4제현관의 도를 수습한다.' 혹은 '고·집·멸·도라는 4제현관에 들어간다'라고 설한다.

②'견고·견집·견멸·견도소단 및 수소단의 수면을 끊는 길'이라고 설한다.

③'예류과를 설하여 88수면을 영원히 단멸하고, 일래과를 설하여 88수면을 영원히 단멸하며, 탐·진·치의 일부분을 영단하고, 불환과를 설하여 92수면(見惑 88과 欲界修惑의 탐·진·만·무명)을 영원히 단멸한다'라고 설한다.[55]

상기의 기술을 고려하면, 『법온족론』이 성립했을 때, 이미 유부의 수도론 중 견도와 수도에 해당하는 5부의 98수면설과 4사문과를 관련시켜 해석하는 사고방식이 이미 성립했던 것으로 보인다. 요컨대 유부의 교리체계 중 독특한 번뇌론인 98수면설은 유부의 최초기 논서에서 이미 형성된 것으로 보인다. 이러한 유부의 번뇌설의 기본 골격은 후대에까지 그대로 이어졌다. 결국 초기경전에서 설해진 7수면설과 유부의 98수면설 사이에는 그 사상적 변천의 양상이 뚜렷하게 보인다.[56]

사실 유부의 98수면설은 아함·니카야에 설해져 있는 7수면설을 근간으로 다양한 번뇌의 논의를 체계화하는 과정에서 성립된 것으로 보인다. 요컨대 유부의 98수면설이 7수면설에서 형성되는 과정은 다음과 같이 4단계를 거쳤을 것으로 보인다.[57]

---

55 『법온족론』(T26), 464c~465a.
56 櫻部 建(1955), 앞의 책, pp.20~21.

(1) 7수면 중 욕탐은 욕계의 탐이고, 유탐은 색계·무색계의 탐이다. 이때 그 자성은 동일한 탐이기 때문에, 자성적인 측면에서는 동일한 다르마로 간주되기 때문에, 하나로 정리된다. 따라서 7수면은 다르마의 속성상 ①탐·②진·③만·④의·⑤견·⑥무명의 6수면이 된다.

(2) 6수면 중 견은 다시 ①사견·②견취·③계금취·④변집견·⑤유신견의 5견으로 나뉘기 때문에, 이를 포함하면 10수면이 된다.

(3) 10수면의 각각에 3계(욕계·색계·무색계)·5부를 별도로 세운다. 5부는 일체의 번뇌를 보아서 단멸되는 '견소단見所斷'과 닦아서 단멸되는 '⑤수소단修所斷'으로 나누고, 다시 '견소단'을 ①견고소단·②견집소단·③견멸소단·④견도소단으로 나누어 합계 5부로 하는 것이다.

(4) 그중 진은 상계(색계·무색계)에는 없고, 신견·변견은 견고소단만 있고, 계금취는 견고·견도소단만 있으며, 사견·견취·의는 견소단만 있다. 따라서 견소단 88수면과 수소단 10수면을 모두 합하면 98수면이 된다. 더욱 상세한 것은 지면관계상 선행연구에 미루기로 한다.

이러한 사고방식은 유부의 독특한 견해로 타 부파에서는 보이지 않는다. 유부는 수행도의 실천을 통해 98수면을 모두 단멸시킴으로써 아라한의 경지에 들어가는 것을 목표로 제시하고 있다.

이상에서 유부의 번뇌론은 초기경전에서 수면과 수번뇌가 번뇌의

---

57 櫻部 建(1955), 앞의 책, p.24.

동의어로서 거의 동일하게 쓰였던 것에 비해 수면은 근본적인 번뇌로, 수번뇌는 번뇌에서 생겨나서 표면상 드러난 현행의 번뇌로 구분하는 점에서 그 사상적 변천의 양상을 보인다. 또한 유부는 초기경전의 7수면설에 근거한 6수면설에 따라 수도론 등과 관련하여 98수면설을 내세운다. 이러한 유부의 98수면설은 매우 독특한 번뇌론으로 3계(욕계·색계·무색계)와 5부(見四諦·修所斷)에 10수면설을 합해서 형성된 것이다.

4. 반야중관의 번뇌론 이해

1) 반야중관의 사상적 입장

반야중관이란『반야경』의 공사상에 토대를 두고, 용수龍樹의『중론』에서 제시하는 중도의 실천과『반야경』에서 강조하는 '반야바라밀', 즉 '지혜의 완성'을 통한 공사상의 체득과 그 실천을 목표로 하는 사상체계를 말한다. 사실 이러한 사상은 '반야중관'이라는 명칭보다는 '중관학' 혹은 '중관사상'이라 불린다. '중관파中觀派' 혹은 '중관학파中觀學派'라는 명칭은 용수의『중론』에 근거한 것으로, 청변淸辯에 의해 5~6세기 이후에 확립된 것으로 보인다.[58]

반야중관의 가장 핵심적인 중도사상은 초기불교에서 확립된 연기·무아의 그 사상적 입장을 계승하여『반야경』의 공사상에 근거하여 연기와 법에 대한 새로운 이해방식을 보여준다. 예컨대 공성(空性,

---

58 용수龍樹는 '중관파'라는 말을 직접 쓰지는 않았고, 중관파가 역사적 계보를 수립하기 위해 나중에 그를 중관파의 개조로 가탁하여 내세우게 된다.

śūnyatā)은 연기적인 입장에서 존재(有)와 비존재(無) 혹은 항상(常)과 단멸(斷)이라는 대립되는 양 극단을 초월한 중의 실천, 즉 중도(中道, madyamā pratipat)를 의미한다.[59]

용수는 『반야경』에 설해진 '공'이란 말이 붓다가 설한 '연기'와 같은 의미라고 주장한다. 즉 일체의 존재는 연기한 것이므로 공이고, 그것은 본질(自性, svabhāva)을 가지지 않는다는 것이다. 『중론』의 귀경게에서는 8불八不 연기의 중도사상이 제시된다.[60] 이 귀경게에서 용수는 연기의 이법이 누군가에 의해 만들어졌거나 생겨난 것이 아님을 8가지 부정의 논리로 보여주는 8불 연기로서 제시한다.

사실 용수가 '무릇 이 연기를 보는 자야말로, 실로 고苦·집集·멸滅·도道를 본다.(24-40)'라고 주장하듯이, 연기의 이치를 바로 볼 때 실존적 괴로움의 조건이 되는 번뇌와 업의 문제도 없어진다고 주장한다. 즉 이 연기의 이치를 바로 보는 것이 곧 자성의 허구를 아는 것이며, 바로 그것은 존재의 실상인 무자성無自性과 공의 도리를 아는 것으로서 이를 통해 '번뇌와 업'의 문제도 해결된다고 본다.

---

59 반야중관의 중도사상은 다음과 같이 용수의 『중론』 제24장 제18게에 근거하여 확립된 것이다. 즉 용수는 '연기緣起라는 사상은 공성이라는 사상과 다르지 않다고 우리들은 설한다. 그것은 모든 존재가 원인에 의존하여 구상構想되었다는 것을 의미하는 것이고, 그것이 바로 붓다가 설한 중도이다.(24-18)'라고 설하고 있다.

60 용수의 8불중도는 『중론』의 '귀경게'에 다음과 같이 설해져 있다. 즉 "연기緣起는 불멸不滅·불생不生·부단不斷·불상不常·불래不來·불거不去·불이不異·불일不一하며, 희론戲論이 적멸寂滅한 것이며, 길상吉祥한 것임을 가르쳐 주신 정등각자正等覺者, 설법자 가운데 최고인 그에게 나는 귀의합니다."

요컨대 연기는 세간의 언설로 표현됐지만 이치는 궁극적인 진실을 깨달은 자(覺者)의 자내증의 경지에서 획득된 진리로서, 곧 승의적인 진리가 언설로 표현된 것이다. 즉 깨달은 자(覺者)의 자내증의 경지를 획득한 후, 그러한 상태에서 체득된 진실한 세계의 모습이 언설에 의지해 구체적으로 표현되어진 것이 연기와 공성인 것이다. 이러한 사상적 입장은 용수의 이제설에서 구체적으로 제시된다.

결국 반야중관에서 연기와 공성은 승의적인 차원의 진실을 표방하는 것으로, 이는 『반야경』의 비실재론적인 언어관에 근거한 공무소득空無所得의 입장에서 불가언성의 궁극적 진실이 가지는 특성 그 자체를 파악하는 반야바라밀과 매우 긴밀한 관계를 가진다. 사실 반야중관에서 연기와 공성은 현상과 본질 혹은 진眞과 속俗이 둘이 아닌 것을 표방하는 중도사상과 동일시되기도 하지만, 이는 반야와 관련해서 번뇌와 업의 문제를 이해하고 해결하기 위한 그 사상적 기반이기도 하다.

2) 반야중관의 번뇌론의 특징

반야중관은 아비다르마불교와는 달리 무자성의 공관에 입각하여 번뇌가 결코 상속되거나 실재하는 것이 아니라고 본다. 즉 번뇌는 중생의 망상과 분별심, 그리고 희론戱論에 의해 발생한 마치 아지랑이·무지개·환상·꿈 등과 같이 실체가 없는 자성이 없는(=無自性) 공이라는 것이다.

요컨대 반야의 지혜를 획득하여 공성을 체험하고, 번뇌라고 할 만한 것이 없음을 깨달음으로써 열반을 성취하는 것이 바로 반야중관이 표방하는 번뇌론의 핵심으로 간주된다. 또한 번뇌의 생멸과 구조를 이제설에 근거하여 설명하는 것이 타 학파와 비교되는 반야중관이 내세우는 번뇌론의 가장 큰 특징으로 설명한다.[61]

청변의 『반야등론석』에 따르면, 반야중관의 번뇌론은 유부의 번뇌에 대한 이해방식과 교리체계를 비판적인 입장에서 재해석하고 있는 것으로 보인다.[62]

①무엇을 번뇌라 이름하는가? 이른바 탐욕과 성냄 등이다. 이것은 능히 중생으로 하여금 더러움과 오염이 상속하게 하므로 번뇌라 이름한다.[63]

②'번뇌'란 이른바 능히 오염된 것으로 중생을 상속相續하는 것이기 때문에, 오염 등을 번뇌라고 말한다.[64]

③번뇌란 이름하기를, 3독三毒·9결九結·10전十纏·98수면(九十八 使) 등이며, 능히 신업·구업·의업〔의 3업〕을 일으킨다.[65]

상기의 『반야등론석』에서 제시되는 반야중관의 ①과 ②의 기술을 고려하면, 번뇌는 중생의 마음의 상속을 더러움과 오염 등으로 물들게

---

61 윤종갑(2014), 「반야중관 경론에서의 번뇌론」, 『동아시아불교문화』20, p.343.

62 윤종갑(2014), 위의 책, p.344.

63 清辯, 『般若燈論釋』(T30, 106b): "云何名煩惱. 謂貪瞋等. 能令衆生垢汚相續. 是名煩惱."

64 清辯, 위의 책(T30, 92b): "煩惱者. 謂能染汚衆生相續故. 說染等爲煩惱."

65 清辯, 위의 책(T30, 103a): "煩惱者名爲三毒. 九結. 十纏. 九十八使等. 能起身業口 業意業."

하기 때문에, 탐욕과 성냄 등을 번뇌로 설명하고 있다. 또한 ③의 기술도 유부가 내세우는 번뇌 혹은 수면(=使, anuśaya) 등의 번뇌와 수번뇌(=10전)의 설명방식을 그대로 차용하고 있다. 특히 3독 등의 번뇌는 신·구·의의 3업을 일으키는 것으로 번뇌와 업의 긴밀한 관계에 대해 설하고 있다.

요컨대 반야중관은 유부가 번뇌로 내세우는 3독·9결·10전·98수면 등을 그대로 답습하고 있는 점에서 자파의 번뇌론을 새롭게 내세우기 보다는 유부의 견해를 그대로 차용하여 새롭게 비판하는 것으로 보인 다.[66] 이와 관련하여 청목青目의 『중론소』에서는 번뇌의 종류와 성질 등에 대해 반야중관의 무자성의 입장에서 다음과 같이 설명하고 있다.

여러 번뇌들이란 삼독으로 불린다. 〔그것들을〕 분류해 보면, 98수 면(=使)·9결結·10전纏·6수면(=垢) 등 한없이 많은 여러 번뇌들 〔이 있다〕. 업은 이름하기를, 신身·구口·의意의 〔3〕업이라 한다. 현재(今世)와 미래(後世)의 관계에서 분류해 보면, 선善·불선不善· 무기無記의 〔업을 지으면 그에 따라 각각〕 괴로움의 과보(苦報)·즐 거움의 과보(樂報), 즐거움도 괴로움도 아닌 과보(不苦不樂報)〔를 받게 된다〕. 또한 현재에 과보를 받는 업(現報業), 〔미래의〕 과보를 생기게 하는 업(生報業), 미래에 과보를 받는 업(後報業)으로 분류할 수도 있다. 이와 같이 한없이 많은 짓는 자(作者)들은 '능히 갖가지 번뇌와 업을 일으키고, 능히 그 과보를 받는 자'라고 부른다. 과보란 선업이나 악업으로부터 생긴 무기無記의 오온(=五陰)을 말한다.

---

66 윤종갑(2014), 앞의 책, p.345.

이와 같이 모든 업들은 모두 다 공하여 자성이 없다. 마치 환영과 같고 꿈과 같으며, 신기루와 같고 메아리와 같다.[67] (밑줄은 필자)

상기의 기술방식은 유부가 주장하듯이, 번뇌는 3독으로 98수면·9 결·10전·6수면(=垢) 등으로 불리는데, 이러한 번뇌로 생겨나는 3업과 업의 3가지 성질을 비롯한 번뇌와 업의 긴밀한 관계 등 유부의 번뇌론의 이해방식이나 그 교리체계를 검토하고 있는 것으로 보인다.

요컨대 반야중관에서는 밑줄 친 부분에서와 같이 번뇌와 업의 성질들이나 그 과보의 문제를 『반야경』의 공관에 따라 무자성의 관점에서 환영이나 꿈, 그리고 신기루나 메아리 등과 같이 실체가 없는 것으로 해석하고 있는 점에서 그 특징을 드러낸다.

3) 번뇌의 의미와 그 본성

『대반야바라밀다경』(이하, 대반야경)에서는 번뇌의 문제와 반야바라밀의 긴밀한 관계에 대해 다음과 같이 기술하고 있다.

① 여러 특징(相)을 취하는 것이란 모두 그것은 번뇌이다. 어떤 것 등이 특징(相)인가? 이른바 물질의 특징과 느낌(受)·개념(想)·의지(行)·의식의 특징이나 일체의 다라니문陀羅尼門의 특징과 일

---

67 靑目, 『中論疏』(T30, 23c): "諸煩惱者. 名爲三毒. 分別有九十八使九結十纏六垢 等無量諸煩惱. 業名爲身口意業. 今世後世分別有善不善無記. 苦報樂報不苦不 樂報. 現報業生報業後報業. 如是等無量作者. 名爲能起諸煩惱業能受果報者. 果報名從善惡業生無記五陰. 如是等諸業皆空無性. 如幻如夢. 如炎如響."

체의 삼마지문三摩地門의 특징, 〔즉〕 이러한 모든 특징에 대해 집착
하는 것을 번뇌라고 이름한다.[68]

② 만약 보살마하살이 모든 번뇌의 습기를 뽑고자 하면, 마땅히
반야바라밀다를 배워야만 한다.[69] 모든 번뇌의 습기를 영원히 뽑아
위없이 바르고 평등한 깨달음을 증득하며 방편으로 한량없고 수
없이 끝 없는 유정들을 무여의열반無餘依涅槃의 경계에 안립한다.[70]
사리자여, 반야바라밀다를 수행하는 보살마하살이 일체지一切智
의 지智의 공함과 상응하기 때문에 마땅히 반야바라밀다와 상응한
다 하며, 모든 번뇌의 습기를 영원히 뽑은 것의 공함과 상응하기
때문에 마땅히 반야바라밀다와 상응한다 말한다.[71] (취의)

상기의 ①의 기술을 보면, 우선 번뇌란 여러 특징들을 취하는 것으로
설명된다. 즉 색·수·상·행·식 등이나 다라니문·삼마지문 등의 특징
에 집착하는 것을 번뇌라고 설명하고 있다. 예컨대 반야의 공관에

---

68 『大般若波羅蜜多經』 제37권 「無住品」(T5, 209b): "諸取相者皆是煩惱. 何等爲相.
   所謂色相受想行識相. 乃至一切陀羅尼門相. 一切三摩地門相. 於此諸相而取著
   者. 名爲煩惱."

69 『大般若波羅蜜多經』 제3권 2 學觀品(T5, 12c): "若菩薩摩訶薩. 欲拔一切煩惱習
   氣. 應學般若波羅蜜多."

70 『大般若波羅蜜多經』 제4권 2 學觀品(T5, 19b): "永拔一切煩惱習氣. 證得無上正
   等菩提. 方便安立無量無數無邊…有情於無餘依涅槃界."

71 『大般若波羅蜜多經』 제4권 2 學觀品(T5, 21c-22a): "舍利子. 修行般若波羅蜜多,
   菩薩摩訶薩, 與一切智智空相應故. 當言與般若波羅蜜多相應. 與永拔一切煩惱
   習氣空相應故. 當言與般若波羅蜜多相應."

따라 언어와 분별을 통해 물질이나 마음 등을 개념적으로 파악한 후, 이러저러한 특징들에 집착하는 것을 모두 번뇌로 간주하고 있는 것으로 이해된다.

한편 ②의 설명방식을 보면, 번뇌와 반야바라밀다의 관계가 2단계로 설명된 것으로 보인다. 즉 먼저 반야바라밀다를 배우고 익혀 모든 번뇌의 습기를 영원히 뽑은 후, 나아가 모든 번뇌의 습기를 뽑았다는 상相마저도 버릴 때 반야바라밀다를 제대로 행한 것으로 보는 것이다.

『대반야경』에서는 대보살이 반야바라밀의 공관에 입각하여 번뇌를 포함한 일체의 존재와 그 성품이 공함에 통달하여 번뇌로부터 벗어나는 구조를 시사하고 있다.

사리자여, 이 보살마하살이 비록 이와 같이 천안天眼의 작용을 갖추었으나, 그 가운데서 스스로 높은 체하지도 않으며, 천안지天眼智를 증득하고 통달한 성품에도 집착하지 않고, 천안지天眼智를 증득하고 통달한 일에도 집착하지 않으며, 능히 천안지天眼智를 증득하고 통달함을 얻은 바에도 집착하지 않는다. 집착함과 집착하지 않음 그 어디에도 집착하는 바가 없다. 왜냐하면 사리자여, 이 보살마하살은 일체법의 자성이 공하기 때문이고, 〔일체의〕 자성을 떠났기 때문이며, 자성은 본래 얻을 수 없는 까닭을 통달했기 때문이다.[72]

---

72 『大般若波羅蜜多經』제9권 4 轉生品(T5, 46bc): "舍利子. 是菩薩摩訶薩. 雖具如是天眼作用. 而於其中不自高擧. 不著天眼智證通性. 不著天眼智證通事. 不著能得如是天眼智證通. 於著不著俱無所著. 何以故. 舍利子. 是菩薩摩訶薩. 達一

상기의 기술은 우선 『반야경』에서 대승의 가장 이상적인 인간상인 보살마하살은 반야바라밀다에 의지하여 어떤 것이나 어떠한 일에도 이미 모든 중생들의 생사를 알 수 있는 천안통을 갖췄음에도 불구하고, 그 어디에도 집착하지 않음을 설하고 있다. 나아가 『반야경』의 공관에 따라 보살마하살은 반야바라밀에 의지하는 까닭에 일체법이 자성적으로 공함에 통달한 것으로 제시된다. 결국 이러한 보살마하살이 취하는 태도, 즉 그 어느 것, 그 어디에도 집착하는 바가 없는 반야바라밀만이 번뇌로부터 영원히 떠날 수 있는 길임을 암시하는 것으로 이해된다.

이러한 『반야경』의 공사상과 반야바라밀의 긴밀한 관계는 반야중관의 사상적 기반으로 용수의 『중론』에 제시된 중도사상과 이제설 등에 체계적으로 잘 반영되어 있다. 그러면 용수의 『중론』과 청목의 『중론소』에 제시된 업과 번뇌에 관한 설명을 소개하면 다음과 같다.

(a)업과 번뇌들은 신체들의 조건들이라고 설해졌다. 만약 업과 번뇌 그들이 공하다면, 하물며 무엇을 말할 수 있겠는가? (MMK.17.27)[73]
번뇌들과 업들과 신체들, 그리고 주체들과 과보들이란 신기루의 형태를 가진 아지랑이나 꿈과 같이 [존재한다]. (MMK.17.33)[74]

切法自性空故. 自性離故. 自性本來不可得故."

73 MMK.17.27: karma kleśaś ca dehānāṃ pratyayāḥ samudāhṛtāḥ/ karma kleśaś ca te śūnyā yadi deheṣu kā kathā//

74 MMK.17.33: kleśāḥ karmāṇi dehāś ca kartāraś ca phalāni ca/ gandharva-nagarākārā marīcisvapnasaṃnibhāḥ //; 奧住 毅(2005), 『中論註釋書の研究』, 大藏出版社, pp.521-522.

(b) 제일의(=勝義) 가운데 모든 업들은 생하는 것이 아니다. 왜 그런가? 그 〔자〕성이 없기 때문이다. 생하지 않는 것(不生)을 인연하기 때문에 멸하지도 않는 것(不滅)이지 항상(常)하기 때문에 멸하지 않는 것이 아니다.[75]

만약 업이 번뇌로부터 생기는 것이라면 이러한 번뇌는 결정적으로 존재하는 것이 아니라 단지 기억·생각·분별로부터 존재하는 것이다. 만약 모든 번뇌가 실체가 없는 것이라면 어떻게 업이 실체로서 존재하겠는가? 왜냐하면 자성이 없는 것을 원인으로 하기 때문에 존재하는 업도 또한 자성이 없다.[76] (밑줄은 필자)

상기의 (a)의 기술을 보면, 업과 번뇌들은 신체들의 조건이 되는데, 업과 번뇌들의 성품은 공하기 때문에 업들과 번뇌들이나 신체들, 그리고 업의 주체들이나 과보들도 신기루나 아지랑이와 같이 자성적으로 존재하지 않는다고 설명한다. 반야중관의 입장에서 '일체법은 무자성'이라는 관점이 업과 번뇌들의 문제 등에도 그대로 적용되고 있는 것으로 이해된다.

또한 밑줄 친 (b)의 기술을 보면, 승의의 관점에서 모든 업들은 자성이 없기 때문에 생기지 않는다고 설명하고 있다. 이러한 설명은 『반야경』에서 자성이 없는 것(=무자성)은 공하다고 설명하는 점과

---

75 靑目, 앞의 책(T30, p.23a): 第一義中諸業不生. 何以故. 無性故. 以不生因緣故則不滅. 非以常故不滅.

76 靑目, 위의 책(T30, p.23a): 若業從煩惱起. 是煩惱無有決定. 但從憶想分別有. 若諸煩惱無實. 業云何有實. 何以故. 因無性故業亦無性.

일맥상통하는 것으로 이해된다. 즉 승의적인 차원에서는 반야공의 입장에 따라 업은 자성이 없기 때문에 업의 존재 자체가 성립하지 않는다는 말이다. 한편 번뇌는 기억·생각·분별로부터 생기는 것이고, 번뇌는 실체가 없는 것이기에 이로부터 생기는 업도 무자성으로 설명하고 있는 점도 동일한 취지로 보인다.

이상에서 반야중관의 번뇌와 업의 문제 등에 관한 견해는 『반야경』의 '일체법은 무자성이다'라는 반야의 공관의 따른 공무소득空無所得의 자내증의 경지나 언설과 분별을 완전히 떠난 희론적멸의 '필경공畢竟空'이라는 승의에 방점을 둔 설명방식으로 이해된다.

4) 용수의 이제설과 번뇌의 구조

앞에서 살펴보았듯이, 반야중관의 번뇌와 업에 대한 설명방식을 보면, 유부의 번뇌론의 교리체계에 의한 설명방식을 일견 답습하는 측면도 엿보인다. 하지만 번뇌와 업의 문제 등을 포함한 교리 전반에 대한 반야중관의 기본적인 입장은 『반야경』의 반야의 공관에 입각한 '일체법무자성'이라는 측면과 '희론적멸'의 사상적 입장을 동시에 담지하고 있는 것으로 보인다.

이러한 『반야경』의 핵심적인 '일체법무자성'이라는 공사상은 언어에 대한 깊은 성찰을 통해 제시된 것으로 보인다. 특히 반야경 계통 가운데 가장 오래된 형태인 『8천송반야경』의 다음과 같은 구절은 실재론적인 사고를 배제한 불교적 언어관의 특징을 드러낸다.

보살이라는 명칭은 실물에 고정되어 있는 것도 아니고 고정되어

있지 않는 것도 아니며, 떠나 있는 것도 아니고 떠나 있지 않은
것도 아닙니다. 그것은 왜냐하면 그 ①명칭 자체가 존재하지 않기
때문입니다. 이와 같이 그 명칭은 실물에 고정되어 있는 것도 아니고
고정되어 있지 않은 것도 아니며, 떠나 있는 것도 아니고 떠나
있지 않은 것도 아닙니다.(중략)

세존이여! 실로 환영과 물질적 존재는 다르지 않습니다. ②세존이
여! 물질적 존재는 환영이고, 환영은 물질적 존재와 같습니다.
… 세존이여! 환영과 사유는 다른 것이 아닙니다. 세존이여! 사유야
말로 환영이고, 환영이야말로 사유입니다.(중략)

세존이여! 지혜의 완성을 말하더라도, 이것은 명칭에 지나지 않습
니다. 그래서 그 명칭이라는 것은 이것이라고 하는 것과 같이 인식
가능한 것도 아니고, 언어 자체가 명칭뿐이라는 것입니다. … ③지
혜의 완성은 명칭과 같은 것이고, 명칭은 지혜의 완성과 같은 것입니
다. 이 둘은 함께 실재하지도 않고, 인식되지도 않습니다.[77] (밑줄은
필자)

이와 같이 『8천송반야경』의 언어관은 밑줄 친 ①의 기술에서 드러나
듯이, 우선 명칭은 존재하는 것이 아니고, 명칭과 실물과의 관계는
임시적인 것임을 알 수 있다. 또한 ②의 기술에서는 물질적 존재는
자성이 없는 환영에 지나지 않고, 사유 역시도 환영과 같다는 것이다.

---

77 梶山雄一(2001), 『八千頌般若經』 I, 中公文庫, pp.13~14, p.26, p.245 인용.;
김재권(2013), 「초기 유가행파의 〈입무상방편상〉의 구조와 그 사상적 의의」,
『인도철학』37, p.91.

148

③의 기술에서는 보살들이 6바라밀의 실천을 통해 증득하는 최고의
경지, 즉 '지혜의 완성' 또한 임시적 명칭에 지나지 않으며 실재하지도
인식되지도 않는 '空=無所得'임을 천명한다.[78]

이러한 『8천송반야경』의 비실재적 언어관은 용수(AD.150-250)의
공사상이 핵심적으로 제시된 『중론』제24장(8-10송)에서 일상적인
언어용법에 따라 진리의 차원을 '세속과 승의'라는 이제설로 새롭게
설정하고 있는 것과도 매우 밀접한 관련을 가진 것으로 보인다.

> 2종의 진리에 의지하여 붓다들은 가르침을 설했다. 즉 세간의 일반
> 적인 진리와 승의적인 진리이다. (24.8)
> 이 2종의 진리 사이의 구별을 모르는 사람들은 붓다의 교설이
> 지닌 깊은 진실을 이해하지 못한다. (24.9)
> 언어습관에 의지하지 않고서 승의는 설해지지 않는다. 승의를 이해
> 하지 못하고서 열반이 획득되지 않는다. (24.10) (MMK24.8-10)[79]

우선 용수의 이제설은 (1) 세간적인 관습(언설)으로서의 진리인

---

78 김재권(2013), 위의 책, pp.91~92.

79 MMK(P492, 4-494, 13):

dve satye samupāśritya buddhānāṃ dharmadeśanā /
lokasaṃvṛtisatyaṃ ca satyaṃ ca paramārthataḥ // 24.8
ye 'nayor na vijānanti vibhāgaṃ satyayor dvayoḥ /
te tattvaṃ na vijānanti gaṃbhīraṃ buddhaśāsane // 24.9
vyavahāram anāśritya paramārtho na deśyate /
paramārtham anāgamya nirvāṇaṃ nādhigamyate // 24.10

세속제와, (2) 최고의 진실로서의 진리(승의제)로 구분되지만, 이 양자의 관계는 '세속에서 승의로' 또는 '승의에서 세속으로'라는 양방향성을 내포한다.[80]

또한 용수는 『중론』 제18장에서 일상생활에서 범부가 번뇌로 인한 윤회와 업의 굴레에 휘말리는 가장 근본적인 원인을 명칭이나 개념에 근거한 언어에 두고, 이로부터 벗어나는 희론 적멸의 구조를 제시한다.

(a) 업과 번뇌의 소멸로부터 해탈이 있다. 업과 번뇌는 분별로부터 〔생겨나고〕, 그것들(분별)은 희론으로부터 〔생겨난다〕. 그러나 희론은 空性에서 적멸한다. (18.5)

마음의 영역이 적멸하면 언어도 소멸한다. 실로 法性은 열반과 같이 생겨나지도 않고 소멸하지도 않는다. (18.7)

다른 緣도 없고, 희론들에 의해 다양하게 전개되지 않은 적멸, 〔즉〕 이것은 무분별이고, 다양하지 않은 진리의 相〔자체〕이다. (18.9)[81]

---

80 瓜生津隆眞(2004), 『龍樹―空の論理と菩薩の道』, 大法輪閣, pp.251~254.; 김재권(2013), 앞의 책, p.92.

81 MMK(P345, 15-372, 13):

karmakleśakṣayān mokṣaḥ karmakleśā vikalpataḥ /

te prapancāt prapancas tu śūnyatāyāṃ nirudhyate // 18.5

nivṛttam abhidhātavyaṃ nivṛtte cittagocare /

anutpannāniruddhā hi nirvāṇam iva dharmatā // 18.7

aparapratyayaṃ śāntaṃ prapancair aprapancitam /

nirvikalpam anānārtham etat tattvasya lakṣaṇam // 18.9

(b) 모든 知覺이 寂滅하고 희론이 적멸한 것이 吉祥이다. 어디서도 누구에게도 그 누구도 붓다에 의해 법이 가르쳐지지 않았다. (25.2 4)[82] (밑줄은 필자)

우선 밑줄 친 (a)의 기술에서 알 수 있듯이, 여기서 용수는 일체 제법현상의 원인을 근본적으로 언어에 근거한 희론(prapañca, 개념화)에 둔다. 이러한 입장에서 용수는 다음과 같이 2단계의 연쇄적 인과구조를 제시한다. 즉 ① 희론으로부터 생겨나는 분별과 ② 분별로부터 생겨나는 번뇌와 업을 제거하기 위하여, '공성에서의 적멸'을 궁극적 진리로서 '법성이나 열반'과 동일시한다.

이러한 용수의 사상적 입장은 밑줄 친 (b)의 부분에서 드러나듯이, 일상적인 언어관습에 따르는 분별, 즉 희론적멸을 통해 열반을 획득하고, 생사·윤회의 순환 고리를 끊는 구조를 제시한다.[83]

이상에서 반야중관은 중론의 '희론적멸'의 구조가 시사하듯이, 번뇌가 생겨나는 직접적인 원인을 분별로 보고, 그 분별의 원인을 희론(개념화, prapañca)으로 보는 점에서 유부와 사상적으로 상당한 차이를 보이고 있다. 특히 반야중관은 번뇌와 업을 제거하기 위하여 반야의 공관에 따라 '일체법무자성'이라는 측면에서 '공성에서의 희론적멸'을 강조하는 점이 가장 큰 사상적 특징이라 여겨진다.

---

82 MMK(P538, 3-4): sarvopalambhopaśamaḥ prapancopaśamaḥ
83 瓜生津隆眞(2004), 앞의 책, pp.239~240.; 김재권(2013), 앞의 책, p.94.

5. 초기유가행파의 번뇌론 이해

1) 유가행파의 사상적 입장

유식학파는 중관학파와 더불어 대승불교의 양대 학파를 형성한다. 일반적으로 유식(vijnaptimātra, 唯識)이란 우리들이 경험하는 이 세계는 단지 마음의 표상에 지나지 않고, 외계의 사물은 마음의 표상과 별개로 존재하는 것이 아니라는 것으로 설명된다. 기본적으로 유식의 개념은 『해심밀경』「분별유가품」의 기술에서 드러나듯이, 유가행의 지관수행이라는 그 실천적 체험에 근거하여 성립된 것이다.[84] 그 이후 『중변분별론』(이하, 중변론)에서 유식은 허망분별과 공성(=진여)이라는 세속과 승의의 진리차원에 양방향으로 가로 놓여 있는 매우 독특한 사상으로 발전한다.[85]

이러한 유식사상은 무착無着과 그의 동생인 세친世親에 의해 약 4~5세기 무렵 『유가사지론』(이하, 유가론)과 『해심밀경』을 근거로 하여 『중변론』 등의 미륵의 논서와 『섭대승론』, 그리고 『유식20론』이나 『유식30송』 등에 의해 사상적으로 체계화된 것이다. 사실 유식학파는 승의적으로는 중관학파와 더불어 '반야경'의 '공성空性'을 그 사상적 기반으로 삼으면서도, 세속적으로는 '오직 식만이 존재한다(唯識)'라는 사상적 입장을 취한다.

이러한 유식학파의 사상적 입장은 『중변론』에서 '허망분별'을 그 사상적 기반으로 공성과의 긴밀한 관계 속에서 삼성설이 철학적으로

---

84 SNS(L90, 33-91, 5).; 『해심밀경』 698a27-b2.

85 김재권(2013), 앞의 책, p.86.

새롭게 확립되면서 더욱 체계화된다. 이러한 유식학파의 견해는 용수를 비롯한 중관학파의 이제설, 즉 모든 존재의 문제를 언설과 분별을 떠난 승의적인 공성에 방점을 두고 설명하는 방식과는 차별되는 독특한 진리관을 보여준다. 요컨대 유식학파는 공성을 내적으로 포함하는 '허망분별'을 새로운 패러다임으로 제시하면서 세속적 실재로서의 의타기성을 교리적으로 체계화한다.

결국 유식학파는 삼성설이 교리적으로 체계화되는 과정에서 의타기성과 등치되는 허망분별, 즉 알라야식을 중심으로 마음에 나타나는 모든 현상의 분석과 해명을 통해 잡염과 청정의 두 길로 전환되는 과정을 철학적·실천적으로 제시하고 있다. 이런 점에서 『유가론』에서 제시되는 번뇌와 업의 문제는 '허망분별(=유식)'을 그 사상적 기반으로 제시된 '입무상방편상(入無相方便相, asallakṣaṇānupraveśopāya-lakṣaṇa)'⁸⁶ 등의 보살도의 실천체계를 통해 해결되는 구조를 보인다.

특히 허망분별과 등치되는 알라야식에서 이취(소취·능취)로서 현현되는 4가지 대상은 안혜의 주석에 따르면 『유식30송』에서 알라야식에 기반한 식전변의 구조와 긴밀한 관계를 가지고 있음이 확인된다. 즉 『중변론』의 허망분별이 4가지 대상으로 현현하는 이취의 구조는 번뇌장煩惱障·소지장所知障, 즉 인무아(人無我, dharma-nairātmya)·법무아(法無我, pudgala-nairātmya)와의 관련 속에서 해석되고 있다.

따라서 유가행파의 번뇌론은 기본적으로 유부의 3계와 5부라는

---

86 '입무상방편상'은 유식관唯識觀의 확립과 더불어 여리작의如理作意를 통해 '진여 또는 공성'과 동일시되는 '법계'를 직접적으로 증득하는 단계적 실천구조를 말한다.

형식적인 분류체계를 계승하고 있는 『유가론』의 128수면설 등을 중심으로 유부의 98수면설과 대비하여 이해될 수 있다. 나아가 『유가론』의 3종의 잡염설이나 128수면설에 제시된 번뇌와 업의 문제는 보다 거시적인 관점에서 인무아·법무아와의 관련 속에서 『중변론』의 허망분별을 사상적 기반으로 전개된 〈입무상방편상〉의 설명방식을 통해 철학적·실천적으로 설명되고 있다.

2) 유가행파의 번뇌론의 유형

『유가론』에는 다음과 같이 번뇌의 문제를 다루는 5개의 개소가 있다. 즉 ①「본지분」(Maulī bhūmiḥ) 〈유심유사지등지有尋有伺地等地〉(savitarkasavicārādi-bhūmi, 이하 유심유사지), ②「섭결택분」(viniścaya-saṃgrahaṇī) 중 〈5식신상응지〉(pañcavijñānakāyasaṃprayuktābhūmiḥ), 〈의지意地〉(manobhūmi)에 대한 결택, ③「섭결택분」 중 〈유심유사지〉에 대한 결택, ④「섭이문분」, ⑤「섭사분」(vastu-saṃgrahaṇī) 등이다.

사실 상기의 개소에는 『유가론』의 번뇌설의 발전단계를 보여주는 중요한 술어인 염오의(染汚意, kliṣṭaṃ manaḥ)와 이와 더불어 항시 수반되는 4가지 번뇌 등에 대한 언급은 보이지 않지만, 번뇌설의 발전과정을 엿보게 하는 실마리를 제공하는 점에서 시사하는 바가 크다.[87]

특히 잡염의 개념은 유가행파의 문헌에서 일체의 유루법을 분류하기 위한 상위개념으로 그 아래 번뇌잡염·업잡염·생잡염의 3종을 포함한

---

87 안성두(2002), 앞의 책, p.198.

154

다. 이때 3종의 잡염은 4제 연기(=4성제)의 유전문에 해당하는 고제와
집제에 배대되는데, 즉 번뇌잡염과 업잡염은 집제에 해당하고 생잡염
은 고제에 해당한다. 한편 미륵에 귀속되는『중변분별론』에서는 3잡염
은 12지연기와 긴밀한 내적 관계를 지닌 것으로 설명된다.[88]

이와 달리 유부의 논서에서는 잡염개념이 별도로 다루어진 개소는
발견되지 않는다. 예컨대『구사론』에서는 청정(淸淨, vyavadāna)의
반대개념으로 잡염이라는 용어가 사용되기는 하지만, 번뇌잡염의
형태는 보이지 않는다. 다만 번뇌・업・사(kleśa-karma-janma, AKBh
134, 5) 등의 복합어가 보일 뿐이다. 또한 중관학파의 논서인『정명구』
(Prasannapadā)에서도 전문적인 술어로서 번뇌잡염이라는 표현은 보
이지 않는다.[89]

한편『유가론』「본지분」의「유심유사등삼지有尋有伺等三地」는 독립
된 항에서 3잡염의 설명이나 분류가 상세히 다루어지고 있다. 여기서
3잡염이 용어상 처음으로 확정된 형태로 기술되고, 생도 잡염의 범주로
포섭되는 점이 눈에 띈다. 유가행파의 문헌 속에서 3잡염, 12지연기,
고제와 집제가 서로 관련되어 있는 개소는 없다고 한다. 다만「유심유
사지」의 한 개소에서 12지 연기의 각각의 지분이 고제와 집제에 어떻게
포섭되는 지를 보여준다고 한다.[90]

유부의『법온족론』이후 모든 잡염법을 나타내기 위해 사용된 정형
구인 5종의 번뇌들은 일체의 오염된 심소법을 나타낸다. 이러한 유부의

---

88 안성두(2002), 앞의 책, pp.199~200.
89 안성두(2002), 앞의 책, pp.200~201.
90 안성두(2002), 앞의 책, pp.203~204.

번뇌에 대한 사고유형과 가장 긴밀한 관계를 가지는 부분이 「섭이문분」과 「섭사분」의 상응개소이다. 예컨대 「섭이문분」에서는 아함 등에서 산견되는 번뇌의 동의어들이 나열, 정의되고 있다. 한편 「섭사분」에서는 5종의 번뇌군들의 확장으로서 전통적인 번뇌의 동의어를 보충하고 있는데, 즉 17종의 번뇌군들이 나열된다.

특히 「섭사분」은 번뇌설의 체계화와 관련하여 수번뇌(upakleśa)를 구체화시키기 위해 유부의 『법온족론』에서 잡사로서 전승된 설명에 따르고 있다. 「섭사분」에서는 완전한 체계화에는 이르지 못했지만, 번뇌잡염이라는 새로운 개념 아래 염오된 심리적 요소를 묶으려는 편찬자의 의도가 나타났다는 점에 주목할 필요가 있다.[91]

요컨대 유가행파에서 번뇌설은 최초기의 논서인 『유가론』에서는 3종의 잡염설을 통해 설명되거나, 유부의 98종의 수면설과는 달리 128종의 수면설로 더욱 체계화되는 점에서 교리적인 발전양상이 엿보인다.[92] 사실 유가행파의 128종 수면설은 초기에 형성되었으며, 수면의 분류는 심리적 체계나 수행체계와 긴밀한 관계를 가지고 형성된 것으로 보인다.

결국 유가행파의 번뇌론의 분류체계는 유부의 3계와 5부에 따른 형식적인 틀을 답습하고 있다. 하지만 유가행파는 내용적으로 '구생俱生' 개념의 도입을 통해 번뇌설을 혁신적으로 변화시킨 것으로 본다. 이는 제7식 '염오의(染汚意, kliṣṭa-manas)'설의 형성과 깊은 관련을 가진다고 본다.[93]

---

91 안성두(2002), 앞의 책, pp.208~210.

92 안성두(2002), 앞의 책, p.198.

3) 허망분별과 식전변의 관계

미륵에 귀속되는 가장 대표적인 논서인 『중변론』은 허망분별을 사상적 기반으로 공성과의 긴밀한 관계 속에서 삼성을 철학적·실천적으로 재확립한다. 즉 『중변론』의 삼성설은 철학적으로는 이취의 유무를 통해 이제의 개념을 포섭하고, 아울러 실천적으로는 의타기성을 기반으로 유가행파의 보살도의 체계를 이론적으로 더욱 체계화한다.

이런 점에서 번뇌와 업의 문제도 삼성의 사상적 기반인 허망분별의 구조와 관련하여 조망해볼 필요가 있을 것이다. 이와 관련하여 『중변론』1.3에서 제시하는 4종으로 현현하는 식과 대상과의 관계는 다음과 같이 식과 이취의 구조적 관계에 대한 실마리를 보여준다.

(a) 대경, 유정, 자아, 요별로서 현현하는 식(vijñānaṃ)이 생긴다.

(b) 그러나, 이 [식의] 대상은 존재하지 않는다. 전자(대상)가 존재하지 않기 때문에 후자(식)도 또한 존재하지 않는다.[94] (1.3)

상기의 (a)구에서는 4종으로 현현하는 허망분별의 생기(有相)를, (b)구에서는 허망분별의 소멸(無相)을 제시한다. 특히 이 가운데 (b)구는 뒤에서 살펴볼 〈입무상방편상〉의 구조와 긴밀한 관계를 가진다.

---

93 안성두(2003), 「유가사지론에 있어 '128종 隨眠(anuśaya)'說의 성립과 그 특징」, 『인도철학』12, p.65.

94 MVBh(N18, 20-22):
arthasattvātmavijñaptipratibhāsaṃ prajāyate /
vijñānaṃ nāsti cāsyārthas tadabhāvāt tad apy asat // 1.3

이에 관해 세친과 안혜의 해석을 검토해 보면, 두 논사 간의 견해 차이를 어느 정도 엿볼 수 있다.

먼저 세친은 4종의 현현(협의의 이취)를 광의의 대상으로 치환하여, 그 대상(광의의 소취)과 식(광의의 능취)의 관계를 설정한다. 결국 세친이 제시한 이취의 구조와 식(허망분별)의 관계는 협의의 이취를 내포한 광의의 대상(광의의 소취)과 허망분별(광의의 능취)의 관계라는 점에서 이중적 구조로 해석될 가능성을 시사한다.[95]

한편 안혜는 4종의 현현과 허망분별의 관계를 알라야식의 식전변설에 근거하여 설명한다. 이러한 안혜의 견해는 허망분별인 알라야식에 근거한 4종의 현현(협의의 이취)으로, 이는 기본적으로 알라야식을 원인으로 보조적인 조건에 따라 대상(4종의 현현, 협의의 이취)으로 전개되는 단순 인과구조를 보여준다.[96]

이와 같이 허망분별로서의 식과 대상과의 관계를 어떻게 보는가에

---

95 MVBh(N18, 26-19, 4):

nāsti cāsyārtha iti / arthasattvapratibhāsasyānākāratvāt / ātmavijñaptipratibhāsasya ca

vitathapratibhāsatvāt / tadabhāvāt tad apy asad iti, yat tadgrāhyaṃ rūpādipañcendriyaṃ manaḥ ṣaḍvijñānasaṃjñakam caturvidhaṃ tasya grāhyasyārthasyābhāvāt tad api grāhakaṃ vijñānam asat /

96 MVT(Y17, 18-23):

tad etāny arthasattvātmavijñaptipratibhāsāny aṣṭau vijñānāni sasamprayogāṇi samudayasatyasaṃgṛhītāt sahakāripratyayāpekṣād ālayavijñānād yathāsaṃbhavaṃ pañcagatiṣu prabhavanti / kaścit kuśalākuśalāvyākṛtadharmavāsanāpariṇāmaviśeṣo 'sty ālayavijñānasya, yadādhipatyena parasparabhinnābhāsaṃ vijñānaṃ prajāyate /

따라 삼성이나 유식의 구조에 대한 이해는 달라진다. 요컨대 알라야식으로 상정된 허망분별로서의 의타기성의 존재 위상을 광의의 능취로서 보는 것인가? 그렇지 않은가?에 대한 문제로 귀결된다.[97]

요컨대 유식사상에서 '허망분별(虛妄分別, abhūtaparikalpa)'이란 과연 무엇인지를 음미해볼 필요가 있다. 사실『중변론』에서 허망분별은 공성과 배대되어 잡염의 성질을 지닌 것으로 설명되지만, 허망분별은 의타기성으로 간주되어 삼계에 속하는 심·심소로 규정되어 있다(『중변론』1.5·8). 이런 점에서 '허망분별'이란 식 일반을 가리킨다고 볼 수 있다. 즉 식의 내용은 '식별하는 것이나 식별작용'(vijānātīti vijñā-nam)을 의미하는 점에서,[98] 식은 현재심의 인식활동을 통칭하는 것으로 이해된다.

결국 허망분별은 유식학의 8식설로 보면, 현세적인 7전식과 잠세적인 제8식을 포함하여, 주객미분의 직관적인 인식(聖智)에서 주객이분의 범부적인 집착까지 포섭한다. 예컨대 밤중에 새끼줄을 보고 마치 뱀으로 착각하듯이, 우리가 현재 실재하지 않는 대상을 비진실(=虛妄)로 인식하여, 마치 실재하는 것처럼 착각(=분별)한다.

이때 허망분별이라는 말은 업으로 인한 번뇌·집착의 색안경 때문에 새끼줄을 뱀으로 착각하는 범부의 허망성과 새벽녘에 뱀이 아닌 새끼줄의 실체를 있는 그대로 자각하는 보살의 허망성을 동시에 의미하는 것으로 이해된다.[99] 이처럼『중변론』의 허망분별은 공성과의 긴밀한

---

97 김재권(2013), 앞의 책, pp.99~100.

98 TrBh(L18).

99 氏家昭夫(1970),「唯識思想における雜染と淸淨の問題」,『密教文化』93, p.27.

관계 속에서 잡염과 청정의 이중적인 의미를 지니게 된다.

반면에 『섭대승론』에서 의타기성은 윤회생존의 원인이 되는 잡염의 근거(=所依)로서 범부의 알라야식으로 간주되는데, 이때 진여법계로 부터의 등류(=法身等流)라는 문훈습(śruta-vāsanā)을 통해 알라야식에 청정성을 부여하는 것으로 설명한다. 요컨대 『섭대승론』에서 식전변의 원리인 알라야식은 법계등류의 교법을 청문하는 것에 의해 지멸止滅하고, 그 결과 법계가 중생에게 현현(=現成)하는 것으로 본다.[100]

한편 『유식30론』에서 처음으로 등장하는 세친의 식전변은 『중변론』의 허망분별인 알라야식에 기반한 4종의 현현으로서의 생기문제를 계승하여 전개된 매우 독특한 사상체계이다.

실로 자아와 법에 관한 비유적 표현이 다양하게 전개된다.
그것은 식전변에 근거한 것이고, 그리고 그 전변은 3가지이다.
(k.1)
이숙(vipāka)과 사유(manana)라 불리는 것과 대상인식(viṣaya-vij-ñapti)이다. (k.2ab)[101]

이 식전변의 사상체계는 4종 현현의 생기구조를 3가지 전변의 구조

---

100 氏家昭夫(1970), 위의 책, p.30.

101 TrBh(L15-18):

ātmadharmopacāro hi vividho yaḥ pravartate /

vijñānapariṇāme 'sau pariṇāmaḥ sa ca tridhā //1//

vipāko mananākhyaś ca vijñaptir viṣayasya ca /2ab

에 포섭시키면서, 그 사상 구조를 좀 더 역동적인 상호 연쇄적인 인과로 대치한다. 여기서 먼저 3가지 전변이란 유식학파가 내세우는 알라야식에 근거한 8종의 식을 말한다. 즉 이 3가지는 아비달마의 18계 구조에서 제시되는 전5식과 의식 이외에, 자아의식으로서의 제7 말라식, 일체종자식으로서의 제8알라야식을 말한다.

그중 첫째 이숙전변은 알라야식으로 불린다. 깊은 명상으로부터 나올 때, 혼수상태로부터 깰 때, 그것에 선행하는 경험을 상기할 수 있기 때문에 그 존재가 추리되는 일종의 무의식을 지칭한다. 세친은 일상적인 인식의 배후에 있다고 상정된 근본식을 이숙식이라 부르고, '아다나식(집착하는 식)' 혹은 '알라야식'으로 불렀다.

이러한 알라야식은 미래경험을 생산하는 원인(종자, bīja)으로서, 과거경험이 심어져 있는 잠재인상(훈습/습기, vāsanā)을 모두 갖고 있다고 한다. 알라야식은 윤회가 계속되는 한 폭류와 같이 계속 흐른다고 간주된다. 그것이 멈추거나 전의(轉依, vyāvṛtti)하는 것은 번뇌종자가 없어지고 수행자가 진지와 무생지를 획득하여 아라한의 경지에 도달할 때라고 설명된다.[102]

결국 이러한 식전변의 사상 구조는 제17송과 제20송의 기술을 고려할 때, 삼성과 매우 긴밀함을 확인할 수 있다. 이런 점에서 식전변의

---

102 TrBh(L21-22):

　　tac ca vartate srotasaughavat //4d//

　　tasya vyāvṛttir arhatve / 5a.; 카츠라 쇼류 외(2015) pp.8~9 참조.; 김재권(2016),
　　「초기 유식사상의 구조적 변화와 그 의의—이제와 삼성의 구조적 관계를
　　중심으로—」, 『동아시아불교문화』26, pp.50~51.

사상 구조는 『중변론』과 『섭대승론』의 삼성설을 의타기성의 구조에
초점을 두고 계승한 것으로 볼 수 있다.[103]

4) 입무상방편상과 전의의 구조

『중변론』 I.6에는 허망분별의 토대 위에서 삼성설에 실천적 측면을
결합시키는 형태로 〈입무상방편상〉이 다음과 같이 제시되어 있다.

지금 바로 그 허망분별에 근거하여 〈입무상방편상〉을 해명한다.

(1) 인식에 근거하여 비인식이 생기고,

(2) 비인식에 근거하여 비인식이 생긴다. (1.6)

① 〈유식〉(vijñaptimātra)의 인식에 근거하여 대상의 비인식이 생긴다.

② 대상의 비인식에 근거하여 유식의 비인식도 생긴다. 이와 같이
〔수행자는〕 소취·능취의 무상에 들어가는 것이다.[104]

세친석에 의하면, 〈입무상방편상〉은 다음과 같이 연쇄적인 2단계의

---

103 김재권(2016), 위의 책, p.52.

104 MVBh(N19, 22-20, 5):

    idānīn tasminn evābhūtaparikalpe 'sallakṣaṇānupraveśopāyalakṣaṇaṃ par-
idīpayati /

    upalabdhiṃ samāśritya nopalabdhiḥ prajāyate /

    nopalabdhiṃ samāśritya nopalabdhiḥ prajāyate // 1.6

    vijñaptimātropalabdhiṃ niśrityārthānupalabdhir jāyate / arthānupalabdhiṃ
niśritya vijñaptimātrasyāpy anupalabdhir jāyate / evam asallakṣaṇaṃ grāhy-
agrāhakayoḥ praviśati /

인과구조를 나타낸다. 즉 ① 유식의 인식을 통한 대상의 비인식과, ② 대상의 비인식을 통한 유식의 비인식이다. 실제 ①의 내용은 유식무경唯識無境의 단계를, ②는 경식구민境識俱泯의 경지를 단계적으로 드러내는 것으로 볼 수 있다.[105]

하지만 유식과 대상과의 관계를 삼성의 구조에 배대하여 이취의 개념을 적용하여 그 의미를 고려하면 논란의 여지가 있다. 그것은 인식론적인 문제와 수행론적인 문제로 대별된다. 즉 삼성의 구조 내에서 유식과 대상의 인과관계에 이취(소취·능취)의 개념을 적용할 경우, (a) 유식은 능취로 대상은 소취로 배대하는 것이 타당한가? 라는 것과, (b) 이취의 무상에 들어가는 것이 삼성 가운데 어디에 속하는지?에 대한 문제 등이다.

앞에서 살펴보았듯이, 〈입무상방편상〉의 논리적 구조는 '유식성(唯識性, vijñaptimātratā)'의 획득을 전제로 한 유가행파의 철학적·실천적 입장이 반영된 것이다. 이와 관련하여 안혜는 〈입무상방편상〉이 변계소집 자체의 소취·능취의 무상에 들어가는 것이지, 허망분별의 무상에 들어가는 것은 아니라고 설명하고 있다.[106] 즉 이취의 무상에 들어감은 허망분별에 기반하고 있는 이취로서의 변계소집성에서 원성실성으로의 전환을 시사한다. 결국 이러한 안혜의 설명은 종래의 4제현관의 체계를 삼성에 비판적으로 적용한 '변지·단·증득'의 수도론적 체계와 결합할 때, 내용상 그 의미가 명확해진다.[107]

---

105 김재권(2013), 앞의 책, pp.98~99.

106 MVT(Y26, 27-27, 1): evam asallakṣaṇaṃ grāhyagrāhakayoḥ parikalpita-rūpayoḥ praviśati, nābhūtaparikalpasyeti darśanaṃ bhavati /

즉 먼저 ①진여를 변지하지 못하는 한, 의타기성으로 제시된 허망분별에서 변계소집성으로 전개된다(유전문). 한편 ②진여를 증득한 후 얻어지는 청정세간후득지의 소연으로서의 의타기성을 'vijñaptimātra' 또는 'vastumātra'로 변지하는 한, 이에 근거하여 변계소집성을 변지하는 것(이취의 소멸)으로부터, 순차적으로 의타기성을 단멸하고, 원성실성을 증득하는 것(환멸문)을 시사하는 것으로 이해된다.[108]

이러한 구조를 고려하면, 〈입무상방편상〉이 견도에 들어가기 위한 준비단계로서 변계소집성에 속한다는 안혜의 견해가 어느 정도 이해된다. 이러한 점에서 안혜의 해석은 허망분별의 사상적 토대위에 성립된 삼성과 〈입무상방편상〉의 교리적 통합관계를 고려한 견해로 보인다.[109]

한편 유가행파의 언어관과 관련하여 의언(意言, manojalpa)이 『중변론』이나 『대승장엄경론』 등에서는 개념화 작용(abhilāpa)의 근본원인으로 대두된다. 즉 ⓐ의언(잠재적인 언어, manojalpa) ↔ ⓑ언표(현재화된 언어, abhilāpa)의 상호 인과적 이중구조가 범부들의 일상적 생활을 떠받치는 근본원인으로 제시된다. 이것은 『섭대승론』에서는 '명언훈습종자', 『성유식론』에서는 '명언습기'로 표현되며, '업습기'(kar-

---

107 Cf. MVBh(N40, 21-41, 1):

parijñāyāṃ prahāṇe ca prāptisākṣātkṛtāv ayaṃ // 3.9cd

mārgasatyaṃ samākhyātaṃ / 3.10a

108 Cf. MVT(Y23, 15-17): evaṃ kṛtvābhūtaparikalpasya parijñeyaṃ parijñāya

prahātavyaṃ parijñāya sākṣātkartavyaṃ ca vastu saṃdarśitaṃ bhavati //

109 김재권(2013), 앞의 책, p.101.

mavāsanā)와 더불어 윤회를 형성하는 식전변의 핵심구조를 이루게
된다.[110]

이와 같이 〈입무상방편상〉과 관련하여 부언하자면, 유가행파의
언어관이 반영된 'ⓐ의언 ↔ ⓑ언표'의 상호인과의 역동적인 구조는
세친의 『유식30론』에서 더욱 구체적으로 제시된다.

(1) 유식성(vijñaptimātratva)에 〔수행자의〕 식이 안주되지 않는 한,

(2) ⓐ두 가지 집착의 ⓑ잠재적 경향(anuśaya)이 지멸하지 않는다.[111]

(26) (밑줄은 필자)

여기서 밑줄 친 부분과 같이 세친이 제시하는 상호 인과의 구조는
(1) 유식성의 획득(vijñaptimātratva)을 전제로 해서, (2) 두 가지 집착
과 잠재적 성향과의 관계를 설정한다. 이것은 안혜의 설명을 빌리면
더욱 명확해진다. 즉 안혜는 다음과 같이 'ⓐ두 가지 집착이란 파악된
대상(소취)에 대한 집착과 파악하는 주체(능취)에 대한 집착이다.
그 〔두 가지 집착의〕 ⓑ잠재적 성향(anuśaya)이란 미래에 이취를
일으키기 위해 그것(두 가지 집착)에 의해 알라야식 가운데 심어진
종자이다.'라고 설명한다.[112]

---

110 早島理(1982), 『講座·大乘仏教8 - 唯識思想』, 春秋社, pp.168~169.; 김재권
(2013), 앞의 책, p.105.

111 TrBh(L42):

yāvad vijñaptimātratve vijñānaṃ nāvatiṣṭhati /

grāhadvayasyānuśayas tāvan na vinivartate //26//

112 TrBh(L42): grāhadvayaṃ grāhyagrāho grāhakagrāhaś ca / tasyānuśayas

이러한 안혜의 해석을 통해 수행자의 식이 유식성에 안주하지 못했을 경우, 이취와 알라야식의 종자(bīja 또는 anuśaya) 사이에 전개되는 상호 연쇄적 인과관계의 순환구조가 전개됨을 알 수 있다. 이러한 구조는 앞에서 제시한 의언과의 관계를 통해 〈입무상방편상〉이 가지는 사상적 의미를 보완하는 것으로 판단된다.[113]

그런데 여기서 주의해야 할 것은 유식성(vijñaptimātratva 혹은 vijñaptimātratā)과 유식(vijñaptimātra)을 구분해야 한다는 점이다. 먼저 유식성의 획득은 심의 법성 또는 自界(svadhātu)에 안주하는 것 등으로 표현되는데, 이는 견도의 단계인 초지에서 이루어진다. 이것은 이취에 대한 집착을 완전히 끊고 법계를 체득한 것으로 이해된다. 반면에 유식은 소취·능취의 인과관계 내에서 수행자의 영상으로서 대상화된 인식으로, 식이 유식성에 아직 안주하지 못한 상태를 말한다. 즉 이는 수행자가 소연으로서의 영상이 식에 지나지 않음을 여실하게 자각하는 인식의 단계로 견도 이전에 해당된다.[114]

한편 『유식30론』k.5a·29cd에서 알라야식의 종자는 다음과 같이 전의轉依를 통해서 지멸되는 것으로 설명되고 있다.

(a) 아라한의 지위에서 그것(알라야식)이 지멸한다. k.5a

---

tadāhitaṃ anāgatagrāhadvayotpattaye bījam ālayavijñāne / yāvad advaya-lakṣaṇe vijñaptimātre yoginaś cittaṃ na pratiṣṭhitaṃ bhavati / tāvad grāhy-agrāhakānuśayo na vinivartate na prahīyata iti arthaḥ /

113 김재권(2013), 앞의 책, pp.105~106.
114 김재권(2013), 앞의 책, p.106.

알라야식에 의지하는 추중(麤重, dauṣṭulya)을 완전히 멸하는 것에
의해 알라야식이 지멸한다.[115]

(b) 2종류의 추중을 멸하는 것에 의해 소의가 전의(轉依, parāvṛtti)
한다. k.29cd

소의가 전의한다는 것을 나타내기 위해 '소의가 전의한다'라고 말한
다. 이때 소의란 일체의 종자를 가지는 알라야식이다.[116] (밑줄은
필자)

상기의 (a)기술은 아라한의 지위에서 알라야식에 의지하는 추중을
완전이 멸하는 것에 의해 알라야식이 지멸(=轉依)한다고 설명한다.
이때 추중은 안혜의 견해에 따르면 번뇌의 종자를 의미하는 점에서
전의는 성문聲聞 등의 전의로 간주되는 해탈신으로 해석한다. 반면에
(b)기술에서 2종류의 추중은 안혜의 견해에 따르면 번뇌장과 소지장
의 추중, 즉 번뇌장과 소지장(二障)의 종자로 설명된다. 이때 전의는
(a)의 기술과 달리 두 가지 장애의 종자가 멸하는 것을 의미하는
점에서 법신으로 설명되고 있다.[117]

---

115 TrBh(L22): tasya vyāvṛttir arhatve / k.5a

　　tasyāṃ hy avasthāyām ālayavijñānāśritadauṣṭhulyaniravaśeṣaprahāṇād
　　ālayavijñānaṃ vyāvṛttaṃ bhavati /

116 TrBh(L43-44): āśrayasya parāvṛttir dvidhādauṣṭhulyahānitaḥ // k.29cd //
　　tasya jñānasyānantarāśrayasya parāvṛttir bhavatīti jñāpanārtham āha /
　　āśrayasya parāvṛttir iti / āśrayo 'tra sarvabījakam ālayavijñānaṃ /

117 TrBh(L44).; 早島 慧(2010),「『唯識三十論』における二種の轉依」,『印仏研』122,
　　pp.128~131.

요컨대 (a)와 (b)의 기술에서 제시된 전의는 각각 성문과 보살로
구분되고, 이때 추중을 의미하는 종자도 각각 (a)번뇌의 종자와 (b)번
뇌장·소지장의 종자를 나타내는 점에서 그 차이를 명확히 드러내고
있다.

이러한 번뇌장·소지장이라는 말은 『대비바사론』에도 나오지만,
이것을 인무아人無我·법무아法無我와 관련시켜 체계화한 것은 유가행
파이다. 본래 소지장은 오염되지 않은 무지(不汚染無知)의 성질로,
습기는 번뇌장의 습기를 의미했다. 하지만 나중에는 번뇌장과 소지장
의 습기라고 표현되듯이, 번뇌장과 소지장에도 습기라는 표현을 사용
한다.[118]

결국 번뇌장·소지장을 단멸하는 것은 인무아人無我·법무아法無我
를 증득하는 것이고, 그것이 대승의 보살도를 실천하는 목적이다.
사실 성문의 길로 제시되는 번뇌장을 단멸하는 것도 실존적 괴로움을
해결하기 위해 반드시 필요하다. 하지만 대승의 보살은 번뇌의 종자를
단멸하여 획득되는 성문의 열반에도 머무르지 않고(=無住處涅槃),
대승보살도의 실천을 위해 번뇌장·소지장의 종자까지 완전히 단멸하
는 것을 목적으로 한다.[119]

이상으로 초기경전의 번뇌설에서 유부의 번뇌론을 거쳐 반야중관과
유식사상에 이르기까지 초기불교의 번뇌론의 기본개념을 비롯하여,

---

[118] 舟橋尚哉(1965), 「煩惱障所知障と人法二無我」, 『仏敎學セミナー』1, pp.52~
53
[119] 舟橋尚哉(1965), 위의 책, pp.65~66.

유부의 번뇌론을 둘러싼 학파적 그 견해 차이를 간략하게 조망해보았다. 전반적으로 볼 때, 인도불교에서 번뇌의 문제는 업이나 수행론과 매우 긴밀한 관계에서 형성된 것으로 보이며, 이러한 입장에서 번뇌론의 체계도 학파적인 입장에 따라 견해 차이를 보이는 것으로 이해된다.

교리적으로 보면 초기불교와 유부의 번뇌론은 4제의 맥락에서 고제와 집제의 관계, 즉 유전문의 구조에서 다루어지거나 12연기의 맥락에서 '무명·애·취'의 지분 등과 관련되어 설명되는 점은 상당히 유사한 것으로 보인다. 한편 유부는 초기경전에 설해진 7수면에 근거하여 98수면설을 새롭게 내세운 것은 매우 독특한 견해로 보인다.

이에 비해 반야중관은 자신의 독특한 번뇌론을 새롭게 내세우기보다는 유부가 내세우는 번뇌와 업 등에 관한 논의를 반야의 공관에 따라 비판적으로 검토하는데 그친 것으로 보인다. 특히 용수의 『중론』에 제시된 번뇌와 업이 생멸하는 구조를 고려하면, 반야중관은 『반야경』의 '일체법무자성'이라는 반야의 공관의 따른 공무소득空無所得의 자내증의 경지나 이제적인 차원에서 언설과 분별을 완전히 떠난 '희론적멸'의 필경공畢竟空의 승의에 방점을 둔 설명방식으로 이해된다.

반면에 유식학파는 『유가론』에서 유부의 98수면설을 교리적으로 발전시키고 더욱 체계화한 128수면설이나 독특한 3종의 잡염설을 내세우는 점에서 그 특징을 명확히 드러낸다. 나아가 유식학파는 반야중관의 승의에 방점을 둔 '희론적멸' 혹은 '공무소득'의 필경공의 입장과는 달리 공성을 무분별지의 대상인 진여나 법계와 등치시키는 등 이를 긍정적으로 설정하여 재해석하고 있다. 요컨대 유가행파는 교리적으로『반야경』의 공관에 근거하여 설정된 이제의 핵심구조를 내재화한 삼성설의 교리체계를 통해 '번뇌와 업'의 문제를 허망분별에 기반 한 〈입무상방편상〉이나 알라야식의 전의의 사상 구조로 설명하는 점에서 그 특징을 보여준다.

결국 초기불교에서 설일체유부를 거쳐 반야중관과 유식사상에 이르기까지 번뇌와 업의 문제와 관련하여 관통하고 있는 가장 기본적인 사상 골격은 붓다의 깨달음을 통한 자내증의 경지가 내재화된 '연기사상'으로 보인다. 나아가 교리적으로는 '4제 ⇒ 2제 ⇒ 3성'의 구조로 전개되는 과정에서 부파나 학파적인 입장에 따라 번뇌와 업의 문제가 철학적·수행론적인 맥락에서 다각적으로 전개된 것으로 보인다.

약호 및 참고문헌

AN: Aṅguttara Nikāya, PTS.

DN: Dīgha Nikāya, PTS.

MN: Majjhima Nikāya, PTS.

SN: Saṃyutta Nikāya, PTS.

Sn: Suttanipāta, PTS.

Ud: Udana, PTS.

T: Taisho Shinshu Daizokyo.

AKBh(P): Abhidharmakośa-bhāṣya(Vasubandhu), ed. by Prahlad Pradhan, 1967.

AKVy(W): Abhidharmakośavyākhyā(Yaśomitra), ed. by Unrai Wogihara, 1989.

BBh(W): Yogācāra-bhūmau Bodhisattvabhūmi, ed. by Unrai Wogihara, 1936.

MMK(P): Mūlamādhyamikakārikās(Nāgārjuna), ed. by Louis de la Vallée Poussin, 1970.

MVBh(N): Madhāntavibhāga-bhāṣya(Vasubandhu), ed. by Gajin Nagao, 鈴木學術財団, 1964.

MVT(Y): Madhāntavibhāga-ṭīkā(Sthiramati), ed. by Susumu Yamaguchi, 破塵閣,1934(rep. 鈴木學術財団, 1966).

Pv(D): Pañcaviṃśatisāhasrikā prajñāpāramitā, ed. by N. Dutt.

TrBh(L): *Triṃśīkāvijñaptimātrasiddhi*, ed. by Sylvain Lévi, rep. 山喜房佛書林, 1925.

安井廣濟(1961), 『中觀思想の研究』, 法藏舘.

早島理(1982), 『講座・大乘仏教8-唯識思想』, 春秋社.

梶山雄一(2001), 『八千頌般若經』I, 中公文庫.

瓜生津隆眞(2004), 『龍樹—空の論理と菩薩の道』, 大法輪閣.

奧住 毅(2005), 『中論註釋書の研究』, 大藏出版社.

櫻部 建(1955), 「九十八隨眠說の成立について」 『大谷學報』127.

_____(1996), 『存在の分析〈アビダルマ〉』(仏教の思想2, 1967初版), 中央公論社.

舟橋尙哉(1965), 「煩惱障所知障と人法二無我」, 『仏教學セミナー』1.

中村了權(1969), 「原始仏教における煩惱論」, 『印仏硏』35.

氏家昭夫(1970), 「唯識思想における雜染と淸淨の問題」, 『密敎文化』93.

高崎直道(1975), 「客塵煩惱−如來藏思想と煩惱論」, 『煩惱の硏究』, 淸水弘文堂.

佐藤義博(1982), 「煩惱について−原始仏教を中心として−」, 『印仏硏』61.

池田練太郎(1979), 「『俱舍論』隨眠品における煩惱論の特質」, 『仏教學』7.

_____(1980), 「不定法(aniyatā dharmāḥ)の槪念−『俱舍論』作者の意図−」, 『印仏硏』56.

_____(1986), 「『俱舍論』にみられる二種類の煩惱說」, 『印仏硏』44.

西村實則(1990), 「『俱舍論』にみる「煩惱」「隨眠」「隨煩惱」」, 『印仏硏』76.

齋藤明(1998), 「空と言葉:『中論』第二十四章 第七偈の解釋をめぐって」, 『宗教硏究』316(1).

陳 素彩(2001), 「說一切有部における upakleśa・kleśa・paryavasthānaの關係」, 『インド哲學仏教學研究』8.

淸水俊史(2010), 「初期仏教における煩惱と業の滅」, 『印仏硏』122.

早島 慧(2010), 「『唯識三十論』における二種の轉依」, 『印仏硏』122.

梶 哲也(2018), 「說一切有部における煩惱群について」, 『印仏硏』144.

김재성(2010), 「초기불교의 번뇌」, 『인도철학』29.

김경희(2011), 「說一切有部における煩惱說」, 『印仏硏』125.

김재권(2009), 「초기유가행파의 존재론의 형태와 그 의의−삼성과 이제의 관계를 중심으로−」, 『인도철학』27.

_____(2013), 「초기 유가행파의 〈입무상방편상〉의 구조와 그 사상적 의의」, 『인도철학』37.

_____(2016), 「초기 유식사상의 구조적 변화와 그 의의−이제와 삼성의 구조적 관계를 중심으로−」, 『동아시아불교문화』26.

안성두(2002), 「『유가사지론』에 있어서 '煩惱雜染'(kleśa-saṃkleśa)」, 『종교연구』26.

_____(2003), 「유가사지론에 있어 '128종 隨眠(anuśaya)'說의 성립과 그 특징」,

『인도철학』12.

_____(2010), 「불교에서 욕망과 자아의식」, 『철학사상』36.

윤종갑(2014), 「반야중관 경론에서의 번뇌론」, 『동아시아불교문화』20.

물고기의 꿈, 그리고 깨어남

오용석(원광대학교 마음인문학연구소 연구교수)

선은 번뇌를 끊어야 할 대상 혹은 닦아야 할 실체로 간주하는 것을 극도로 경계한다. 반대로 마음이 가진 속성을 이용해 새로운 번뇌, 수렴된 번뇌로서 알 수 없는 '그것'에 몰두할 것을 제시한다. 알 수 없는 '그것'에 대한 궁금증이 커질수록 수행자의 자질구레한 번뇌는 수렴되고 선지식은 선문답, 법문 등을 통해 수행자의 집착을 일격에 부수는 계기를 선사한다. 그러나 선이 붓다가 선언한 인간에 대한 절대적인 신뢰에서 출발했듯이, 우리 역시 선에서 제시한 절대적인 명제인 무심과 자비의 관계에서 출발할 수 있다. 즉 타자를 있는 그대로 수용하고, 반응하고 돕는 행위가 무심 자체이고, 깨달음 자체라는 것이다. 그렇지 않고 만약 무심을 번뇌가 끊어진 청정심으로 추상화하여 추구하는 것은 무심을 절대화시키는 행위일 뿐 무심의 실천은 아니다. 이런 맥락에서 선불교에서 번뇌는 극복해야 할 대상이지 부정해야 할 것은 아니다. 번뇌는 우리 중생의 상태를 반영하는 하나의 매개로 등장하는 것이며, 우리는 이것을 이용해 자비로 나아갈 수 있다. 자비의 실천이 무심이다.

1. 선불교에서 번뇌를 대하는 방식

선불교에서 번뇌는 크게 두 가지로 나누어 볼 수 있겠다. 중생의 번뇌, 깨달음을 추구하는 수행자의 번뇌. 우리 각자는 이 가운데 어떤 번뇌 속에서 살아가고 있을까? 수행자 역시 번뇌에서 해탈하지 못하면 중생이기 때문에 중생의 번뇌에 속한다고 볼 수 있지만, 그들의 번뇌는 해탈의 도정을 향해 가고 있기에 번뇌 망상에 매몰되어 살아가는 사람들과는 구분될 수 있을 것이다. 그러나 해탈하지 못하면 생사, 즉 생로병사에서 벗어나지 못한다.

생사는 인간이라면 누구나 겪을 수밖에 없는 필연적인 삶의 조건이다. 특히 이 가운데 '죽음'은 큰 두려움과 고통으로 다가온다. 우리는 영원히 살 것처럼 살아가지만 결국 죽어감의 과정 안에 있다. 이렇듯 삶과 죽음은 단절 혹은 분절이 아니라 하나이며 결코 다르지 않다. 죽음이라는 인간의 실존적 절망은 피할 수 없는 고통이 된다. 석가모니가 그러했고, 그를 이은 수많은 각자覺者들 역시 인간이라면 피할 수 없는 생사의 고통을 극복해야 할 번뇌로 간주했다.

그러면 선불교에서 번뇌는 어떻게 이해되고 섭수되었을까? 선불교의 각자들은 어떻게 인간의 실존적 번뇌를 이해하고 그로부터 해탈하기 위해 노력했던 것일까? 그들은 석가모니의 충실한 법의 계승자이면서도 새로운 관점을 통해 인간 정신의 개혁을 꿈꾸었던 자들이다. 선불교는 전통불교의 형해화形骸化를 인간에 대한 절대적인 신뢰와 관점의 전환을 통해 극복하고 새로운 정신혁명의 가능성을 보여주었다. 본 글은 인간의 실존적 번뇌와 그에 대한 극복을 선불교적 관점에서 서술하고자 한다. 일지—指의 다음과 같은 선불교에 대한 해석은 선이 가진 특징을 고스란히 보여준다.

선의 목표를 신성한 지혜를 자각하는 자각성지自覺聖智, 마음의 깨달음을 스스로 증득하는 내심자증內心自證이라고 하더라도 그것은 결국 인간의 삶 안에서 이루어진다. 번뇌도 해탈도 모두 인간의 실존인 것이다. 아무리 범부라고 할지라도 마음의 깨달음을 증득한 범부라면 그것으로 좋은 것이다. 그러므로 선은 무엇보다도 가장 먼저 자신의 실존을 감당하는 것을 가르친다. 선의 수행에서 가장 중요한 것은 강인하고 유연한 정신력과 체력이다. 선은 절대 나약하고 성급한 사람들의 것이 아니다. 달마도를 보라. 왜 그렇게 험상궂은 산적 두목처럼 그려지고 있는 것인가. 훌륭한 달마도에는 선의 달인만이 가질 수 있는 정신적 기력이 예리하게 묘사되어 있다. 즉 기력이 문제인 것이다. 아무리 선의 계보와 어록에 정통해 있더라도 선의 심연에 가로 놓인 생사일대사生死—大事를 관통할 수 있는 기력이 없다면 참된 선의 달인이 아니다. 선의 달인들은 모두 순수하고 강인한 기력을 갖고 있었다. 그래서 그들의 삶도, 죽음도 깨끗하다. 죽음조차도 그들은 재미있는 단막극처럼 연출한다.[1]

위의 글을 통해 우리는 두 가지 관점에서 선의 특징을 이해할 수 있다. 첫째는 번뇌와 해탈을 인간의 실존으로 이해하는 것이고, 둘째는 생사의 관문을 관통하는 선의 기력이다. 선에서 인간의 실존, 즉 번뇌와

---

1 일지, 『월정사의 전나무숲길』, 문학동네, 1994, pp.97~98.

괴로움을 문제 삼는다는 것은 선에 대한 이해가 인간의 문제를 근본으로 한다는 것이며, 순수하고 강인한 기력은 생사의 문제를 마주하는 선사들의 담대함과 실천력을 의미한다. 그러면 선사들은 어떻게 인간의 실존적인 번뇌를 그토록 강인하면서도 담박하게 건너뛸 수 있는 것일까? 먼저 마조도일馬祖道一이 천화遷化하던 장면을 살펴보자.

정원貞元 4년 정월正月, 마조는 건창建昌의 석문산石門山에 올랐다. 숲속을 가볍게 거닐다가 동굴이 허물어져 평평해진 것을 보고는 시자侍者에게 말했다. "다음 달 나의 육신은 땅으로 돌아갈 것이다." 산에서 돌아와 얼마 안 있어 병이 생겼다. 원주院主가 와서 물었다. "스님, 요즘은 어떻게 지내시고 계십니까?" 마조가 말했다. "일면불日面佛, 월면불月面佛!" 2월 1일, 목욕을 마치고 결가부좌한 채로 입적했다.[2]

위의 글에서 생사라는 인간의 실존적 문제가 "일면불, 월면불"을 통해 담담히 해소되는 모습이 보여진다. 생로병사라는 인간의 실존적 문제는 "일면불, 월면불"을 통해 그 간극이 사라진다. 마조는 그토록 고요하면서도 당당하게 인간의 실존에 마주섰고 그 강을 건넜다. 선불교의 달인들은 이처럼 생과 사, 중생과 부처 등으로 이분되는 삶의 방식을 철저히 거부하고 자유인이 되었다. 이러한 선불교의

---

2 『馬祖道一禪師廣錄』(X69, p.2b), "師於貞元四年正月中 登建昌石門山 於林中經行 見洞壑平坦 謂侍者曰 吾之朽質 當於來月歸玆地矣 言訖而回 旣而示疾 院主問 和尙近日尊候如何 師曰 日面佛月面佛 二月一日沐浴 跏趺入滅."

특징은 흔히 우리가 '번뇌'라고 부르는 실존적 고통을 다른 방식으로 소화하고 있음을 보여준다. 이러한 특징 중 가장 눈에 띄는 것은 선불교의 번뇌를 대하는 방식이다.

선불교에서 인간의 근본문제인 생사를 절대적인 초극의 문제로 삼고 있는 것은 분명하지만 '번뇌'를 크게 문제 삼지 않는다. 선불교는 인간의 마음을 세밀하게 분석하여 마음의 문제를 해결하는 것이 아니라 마음 자체가 갖는 특징을 활용해 번뇌를 무화無化시킨다. 그리고 이러한 과정 안에서 등장하는 것이 바로 '불성佛性', '자성自性', '법法', '도道', '본래면목本來面目', '일심一心', '한 물건(一物)' 등으로 표현되는 알 수 없는 '이것'이다. 결국 선불교는 '번뇌' 자체를 문제 삼기보다 번뇌를 궁극적인 진리 당체로 추상화시켰다고 볼 수 있다. 다음과 같은 문답은 선어록에서 무수히 등장한다.

한 스님이 물었다. "달마는 인도에서 왜 왔습니까?" 돌연 한 대 때리더니 마조가 말했다. "내가 너를 때리지 않았다면, 제방의 선지식이 비웃었을 것이다."[3]

상당하자 한 스님이 물었다. "무엇이 불법의 큰 뜻입니까?" 선사가 불자拂子를 세워 들자 그 스님이 바로 '할'을 하였다. 선사가 문득 후려쳤다.[4]

---

3 『馬祖道一禪師廣錄』(X69, pp.4c~5a), "問 如何是西來意 祖便打曰 我若不打汝 諸方笑我也."

4 『鎮州臨濟慧照禪師語錄』(T47, p.496c), "上堂 僧問 如何是佛法大意 師竪起拂子

178

한 스님이 물었다. "무엇이 현玄 가운데 현입니까?" 선사가 물었다. "현한 지가 얼마나 되느냐?" 학인이 말하길 "현한 지가 오래됩니다." 선사가 말하길 "노승을 만났기 망정이지, 하마터면 현 때문에 이 바보가 죽을 뻔했구나."[5]

한 스님이 물었다. "어떻게 해야만 모든 경계에 혹하지 않습니까?" 선사가 한 발을 내려뜨리자 그 스님이 얼른 신발을 내밀었다. 선사가 발을 거두어들이자 그 스님은 말이 없었다.[6]

여기서 주목할 것은 질문을 하는 수행자들의 질문 내용이다. 그들은 모두 '달마가 서쪽에서 온 까닭'으로 대변되는 '도'가 무엇인지 묻는다거나 미혹의 경계에 빠지지 않는 방법을 묻고 있다. 선 수행자들의 주된 관심은 '번뇌'에 대한 교리적 이해나 탐구가 아니라 어떻게 하면 번뇌에서 벗어날 수 있는가가 전부였다. 이러한 그들의 태도는 불법의 핵심과 맞닿아 있다. 붓다가 『맛지마니까야』의 「말룽끼야뿟따에 대한 작은 경」[7]에서 강조했던 것처럼, 선의 수행자들과 선사들은 어떻게

僧便喝 師便打."

5 『趙州和尚語錄』(J24, p.359a), "問 如何玄中玄 師云 玄來多少時也 學云 玄來久矣 師云 賴遇老僧泊合玄殺這屢生."

6 『趙州和尚語錄』(J24, p.359b), "問 如何得不被諸境惑 師垂一足僧便出鞋 師收起足 僧無語."

7 "말룽끼야뿟따여, 어떤 사람이 독극물이 진하게 칠해진 독화살을 맞았다고 하자. 그의 친구들이나 동료들이나 친지들이나 친척들이 와서 그를 외과의사에게 데리고 갔다. 그런데 그가 '나는 나를 쏜 사람의 이름과 성이 무엇인지 알아야

번뇌로부터 벗어날 수 있는지가 최대의 관심사였고 일대사—大事였다. 이에 선사들은 번뇌로부터 해탈하는 새로운 방식을 제안하였다. 다음의 이야기는 선불교에서 나타나는 번뇌와 그로부터의 해탈 여정을 보여준다.(이것은 본인의 창작이다)

2. 꿈에서 깨어난 물고기

아름다운 강이 고요히 흐르고 있었다. 그 강에는 많은 물고기들이 모여 살고 있었다. 그런데 그 많은 물고기 가운데 조금 남다른 물고기가 있었다. 다른 물고기들은 그냥저냥 물밑을 헤엄치며 즐겁게 먹고 놀고 새끼를 낳고 살아가는 것에 만족했지만, 그 물고기는 만족할 수 없었다.(이 물고기의 이름을 발심 물고기라고 해두자) 발심 물고기는 늘 강 밖의 세상이 그리웠다. 강 속은 답답하다고 느꼈고, 강 밖으로 나가야 진정한 자유가 있을 것이라고 생각했다.

화살을 뽑을 것이다'라고 말했다고 하자. '나는 나를 쏜 사람의 키가 큰지 작은지 중간인지 알아야 화살을 뽑을 것이다'라고 말했다고 하자. … 말룽끼야뿟따여, 이 사람은 그러한 사실을 알기도 전에 죽을 것이다. 이와 같이 말룽끼야뿟따여, 만약 어떤 사람이 '세계는 영원하다든지, 세계는 영원하지 않다든가, 세계는 유한하다든가, 세계는 유한하지 않다든가, 영혼은 육체와 같다든가, 영혼은 육체와 다르다든가, 여래는 사후에 존재한다든가, 여래는 사후에 존재하지 않는다든가, 여래는 사후에 존재하기도 하고 존재하지 않기도 한다든가, 여래는 사후에 존재하는 것도 아니고 존재하지 않는 것도 아니다든가' 하는 것에 대하여 설명을 얻고서야 비로소 나는 여래 밑에서 청정한 삶을 영위할 것이라고 한다면, 그는 여래로부터 그 설명을 얻기 전에 죽어갈 것이다."(전재성 역주, 『맛지마니까야 전집』, 한국빠알리성전협회, 2014, pp.715~716).

어느 날, 발심 물고기는 진정한 자유를 찾기 위해 물속을 헤엄치면서 고뇌에 빠져 있었다. 그의 주된 관심은 자유와 해탈이었고 물 밖으로 나가는 것이었다. 그때 한 물고기를 만났다.(그의 이름을 해탈 물고기라고 하자) 이 물고기는 그야말로 자유롭게 물속에서 헤엄치며 고요와 만족을 즐기고 있었다. 해탈 물고기는 고민에 빠져 흐느적거리는 발심 물고기에게 물었다.

"젊은 물고기여! 그대는 무엇 때문에 고뇌하고 있는가?" 발심 물고기가 대답했다. "전해 내려오는 이야기에 의하면 물 밖은 우리가 살고 있는 강과 비교할 수 없을 정도로 넓고 아름답다고 하던데요. 혹시 물 밖으로 나가보신 적이 있으신가요?" 해탈 물고기는 말했다. "그래 있단다. 하지만 그곳은 네가 생각하는 그런 곳이 아닐 수 있다." 발심 물고기는 말했다. "저를 그곳으로 데려다 주세요! 어떤 희생이라도 감수할께요!" 해탈 물고기는 조용히 미소 지으며 말했다. "그래, 그전에 내가 네게 마법을 걸어야겠구나!" 해탈 물고기는 긴 수염을 내밀어 발심 물고기의 머리를 톡톡 건드렸다. 그러자 어느 순간 발심 물고기는 깊은 잠에 빠졌고 꿈을 꾸기 시작했다.

여느 때와 같이 발심 물고기는 진정한 자유를 찾아 강 속을 이리저리 헤엄치며 다니고 있었다. 들려오는 이야기에 따르면 물 밖으로 나가면 정말로 자유로운 세계가 펼쳐진다는 것이었다. 그때 어디선가 사람들의 소리가 들리기 시작했다. 그리고 얼마 안 있어 발심 물고기가 가장 좋아하는 지렁이 한 마리가 눈앞에서 춤추고 있는 것이 보였다. 그러자 발심 물고기는 지렁이를 덥석 물었다. 그런데

어찌된 일인지 그의 몸은 크게 공중으로 떠올라 땅바닥에 심하게
내동댕이쳐졌다. 그 순간 발심 물고기는 낚시 바늘로 인한 심한
고통과 갈증 그리고 숨 막힘에 휩싸였다. 그는 온몸으로 괴로움을
느끼며 거의 죽어갈 듯한 고통에 몸부림쳤다. 그러나 그를 잡은
사람은 마음씨 착한 낚시꾼(해탈 물고기의 변신)이었다. 착한 낚시꾼
은 고통에 몸부림치는 작고 여린 물고기를 놓아주기로 하였다.
그리고 말했다. "이제 너의 집으로 돌아가 자유롭게 살아라!" 발심
물고기는 강 속으로 내동댕이쳐졌다. 맑고 시원한 강물이 그의
몸에 닿는 순간 그의 모든 고통은 일순간에 사라졌다. 그는 비로소
물속에서 진정한 자유를 느꼈다. 그리고 문득 잠에서 깨어났다.
그리고 그는 다시는 자유를 찾아 헤매지 않았다. 그는 찾아야 할
자유가 따로 있지 않다는 것을 깨달았다. 그는 본래 자유였기 때문
이다.

〈물고기의 꿈, 그리고 깨어남〉

위의 이야기에는 세 종류의 물고기가 등장한다. 첫 번째 물고기는 그럭저럭 생존을 목적으로 살아가는 물고기들로 보통의 무명 중생을 상징한다. 이들은 자신과 세계에 대한 별다른 의문 없이 그저 생존과 번영을 위해 살아간다. 이들에게 자신과 세계는 단단한 실체로 경험된다. 두 번째 물고기는 발심 물고기이다. 이 물고기는 발심한 수행자를 상징한다. 이들은 진정한 자유를 찾아 길을 떠난다. 그들은 스스로 자유롭다는 자각을 하지 못하고 절대적인 해탈과 자유를 찾기 위해 모험을 감내한다. 세 번째 물고기는 해탈 물고기이다. 이 물고기는 선의 달인, 즉 선지식善知識을 상징한다. 선지식들은 발심한 물고기를 꿈에서 깨게 하는 법을 알고 있다. 그들은 발심 물고기들이 미끼를 물게 하여 꿈에서 깨어나게 한다. 그리고 이 이야기에서 빼놓을 수 없는 것이 있다. 바로 '미끼'이다. 해탈 물고기가 발심 물고기에게 던진 '미끼', 그것이 바로 선불교에서 말하는 새로운 '번뇌'에 해당한다.

그런데 여기서 말하는 번뇌는 보통의 무명 중생이 갖는 번뇌와 다르다. 왜냐하면 이 번뇌는 발심한 수행자들의 번뇌이기 때문이다. 이들의 번뇌는 진리 당체를 깨닫고자 하는 번뇌로 '불성', '자성' 등을 깨치고자 하는 번뇌이다. 그러면 위의 이야기를 통해 나타난 상징을 중심으로 선불교에서 바라보는 번뇌와 그로부터의 해탈 여정을 논의하여 보자.

1) 발심 물고기의 번뇌와 '불성'이라는 미끼

선불교의 기본적인 전제는 인간에 대한 절대긍정이라고 할 수 있다. 이러한 사유의 전환은 선불교가 기존의 불교를 통해서 얻은 직관과 확신을 전제로 인간이 가진 마음의 본성을 절대적으로 긍정한 결과이다. 이것은 전통불교가 단계적인 과정을 통해 해탈과 자유를 추구했던 것을 역으로 추체험追體驗하는 혁명적 발상이다. 마치 수학 문제를 풀 때 답을 아는 상태에서 거꾸로 문제 풀이의 과정을 알아내는 방식과 비슷하다. 그래서 선불교에서는 인간의 번뇌 자체에 대한 탐구보다는 붓다가 이미 드러내 보여준 인간에 대한 압도적인 신뢰를 전제하고, 그로부터 인간의 문제를 탐구하는 연역적 방법을 사용한다. 그래서 마조는 다음과 같이 말했다. "본래부터 있는 것은 지금도 있다. 그러므로 도를 닦거나 좌선할 필요가 없다. 이것이 바로 여래청정선이다."[8] 여기서 본래부터 있는 것은 우리의 '불성'을 말한다. 불성은 본래부터 있기 때문에 '지금'을 떠나지 않는다. 그리고 지금은 우리의 실존적 삶 혹은 현재 숨을 쉬고 살아가는 인간 자체를 말하는 것으로 청정한 마음의 본성이다. 혜능은 이러한 마음의 본성을 다음과 같이 말하였다.

모든 경서 및 문자와 소승과 대승과 십이부의 경전이 다 사람으로 말미암아 있게 되었나니, 지혜의 성품에 연유한 까닭으로 능히 세운 것이니라. 만약 내(我)가 없다면 지혜 있는 사람과 모든 만법이 본래 없을 것이다. 그러므로 만법이 본래 사람으로 말미암아 일어난 것이요, 일체 경서가 사람으로 말미암아 '있음'을 말한 것을 알아야 하느니라. … 그러므로 알라. 깨치지 못하면 부처가 곧 중생이요, 한 생각 깨치면 중생이 곧 부처니라. 그러므로 알라. 모든 만법이

---

8 『馬祖道一禪師廣錄』(X69, p.3b), "本有今有 不假脩道坐禪 不脩不坐 卽是如來清淨禪."

다 자기의 몸과 마음 가운데 있느니라. 그럼에도 어찌 자기의 마음을 좇아서 진여의 본성을 단박에 나타내지 못하는가?『보살계경』에 말씀하기를 "나의 본래 근원인 자성이 청정하다."라고 하였다. 마음을 알아 자성을 보면 스스로 부처의 도를 성취하나니, 당장 활연히 깨쳐서 본래의 마음을 도로 찾느니라.[9]

혜능은 깨치지 못하면 부처가 곧 중생이요, 한 생각 깨치면 중생이 곧 부처라고 말한다. 깨달음을 기준으로 중생과 부처를 말한 것은 중생과 부처가 본래 다르지 않음을 강조하기 위해서이다. 선불교에서 번뇌는 깨달음을 통해 무화되는 무자성의 공성이기에 번뇌를 닦아나가는 방식으로는 궁극적인 해결책이 될 수 없다. 그러므로 깨달음이라는 전변 혹은 비약이 없으면 선불교의 전제는 완성되기 어렵다. 순간적인 비약, 즉 돈오는 우리 마음 자체가 공성空性이기 때문에 가능한 것이다. 그러므로 돈오의 닦는 것과 닦음의 결과는 동시에 이루어진다. 마치 사자가 새끼를 낳으면 처음부터 완전한 사자인 것과 같으며, 봄에 대나무가 생겨날 때 생장이 단박 이루어지는 것과 같다. 이것은 마치 거울의 자성이 비어 있어 만 가지 상을 비출 수 있는 것처럼 우리

---

9 성철 편역, 『돈황본 육조단경』, 장경각, 2004, pp.173~175. 인용된 원문은 다음과 같다. 『南宗頓敎最上大乘摩訶般若波羅蜜經六祖惠能大師於韶州大梵寺施法壇經』(T48, p.340b), "一切經書及文字 小大二乘 十二部經 皆因人置 因智惠性故 故然能建立 我若無世人 一切萬法本亦不有 故知萬法本從人興 一切經書因人說 有 … 故知不悟 卽佛是衆生 一念若悟 卽衆生是佛 故知一切萬法 盡在自身心中 何不從於自心頓見眞如本性 梵網菩薩戒經云 本源自性淸淨 識心見性 自成佛道 維摩經云 卽時豁然 還得本心."

마음의 본성이 비어 있기 때문이다. 마음이 비어 있기 때문에 번뇌망상 역시 실체가 없다. 그러므로 선에서의 깨달음은 바로 지금 이 자리에서 부처를 이루는 것이다.[10]

그렇다면 선불교에서 번뇌란 무엇을 말하는 것일까? 실체 없는 번뇌라면 깨달음이 무슨 소용이며, 또 수행은 무엇이란 말인가? 아니 반대로 궁극적인 경지와 번뇌라는 실존의 간극은 무엇을 통해 극복될 수 있을 것인가 묻지 않을 수 없다.

깨침을 기준으로 번뇌와 해탈, 중생과 부처를 말하는 것이 선불교의 입장이라면 '번뇌'는 하나의 실존적 계기가 될 수 있다. 번뇌와 해탈은 실체가 있는 것이 아니라 연기적 관계에 의해서만 존재할 수 있기 때문이다. 그래서 선에서는 새로운 방식의 '번뇌', 인간의 실존을 철저히 담금질하지 않으면 안 될 새로운 전제로서 알 수 없는 '이것'을 제안한다. 이때 '이것'은 깨달음의 전제이면서도 끊임없이 추구해야 할 하나의 절대적 명제로서 등장하기에 새로운 형식의 번뇌가 될 수 있다. 그래서 선불교의 수행자들은 인간의 모든 실존적 번뇌와 고통을 알 수 없는 '이것'으로 승화시켜 그것을 탐구한다. 선 수행자들의 관심은 온통 '이것'으로 추상화된 궁극적인 무엇을 추구하고, 그러한 탐구의 과정으로 선지식을 찾아 법을 묻는 행각行脚을 해나간다. 따라서 선 수행자들의 궁극적인 것에 대한 '물음'은 사변적이거나 피상적이지 않다. 그들의 물음은 오로지 실존적인 문제들이 집약되고 응축된 것으로 인간에 대한 순수한 신뢰와 스승에 대한 절대적 귀의를 전제로

---

10 오용석, 『선명상과 마음공부』, 공동체, 2019, p.110.

발화되는 것이다. 그래서 선문답에서 선사들의 대답보다도 중요한 것이 질문자의 태도와 발심의 상태이다. 그러나 선사들의 입장에서 보면 수행자들의 불성에 대한 탐구와 집중은 하나의 과정에 불과하다. 선사들의 역할은 우선 수행자들이 그들이 던져 놓은 '미끼'를 강렬하게 물게 하는 데 의미가 있기 때문이다. 다음과 같은 두 가지 이야기는 이미 발심한 수행자가 선지식을 찾아가는 기량과 아직 발심하지 않은 수행자를 발심하게 하는 선지식의 모습을 보여준다.

용담龍潭의 법을 이었고, 낭주朗州에서 살았다. 휘는 선감宣鑑이요, 성은 주周씨이며, 검남劍南 서천西天 사람이다. 날 때부터 훈채葷菜를 먹지 않았고, 어릴 때부터 매우 영리하였다. 20세가 되자 스승을 맞이하여 그해 구족계를 받고, 율장을 정교하게 연구하였으며, 또한 해탈의 상종相宗에 있어서는 단연코 독보적이었다. 그는 항상 이런 말을 했다. "한 터럭이 큰 바다를 삼키되 바다의 성품은 줄지 않고, 작은 터럭을 바늘 끝에 던지면 바늘의 예리함은 움직이지 않는다. 그러나 배울 것과 배우지 않을 것은 오직 자신만이 알 뿐이다." 마침내 천하에 행각을 떠나 제방의 종사를 찾았으나 이르는 곳마다 제접하는 방법이 모두 변변하지 못했다. 나중에 용담이 석두石頭의 두 잎사귀 중 하나라는 것을 듣고, 옷깃을 여미고 찾아갔다.[11]

---

11 『祖堂集』(B25, p.406a), "德山和尙嗣龍潭 在朗州 師諱宣鑒 姓周 劍南西川人也 生不熏食 幼而敏焉 卅歲從師 依年受具 毗尼勝藏 靡不精硏 解脫相宗 獨探其妙 每日 一毛呑巨海 海性無虧 纖芥投針鋒 鋒利不動 然學與非學 唯我知焉 遂雲遊

황삼랑이 어느 날 대안사大安寺에 이르러 마루 앞에서 통곡을 하니, 양亮 좌주가 물었다. "무슨 일로 통곡하십니까?" 황삼랑이 대답했다. "좌주 때문에 웁니다." "나 때문에 울다니, 무슨 뜻입니까?" "황삼랑이 마조께 의지해 출가해서 가르침을 받자마자 문득 깨달았다는 말을 들으셨을 터인데, 여러분 좌주들은 공연한 이야기나 지껄여서 무엇을 하시렵니까?" 좌주가 이 말에 발심하여 곧 개원사開元寺에 가니, 문지기가 대사에게 말했다. "대안사의 양 좌주가 와서 대사를 뵙고자 하고, 또 불법을 묻고자 합니다."12

첫 번째 일화는 덕산선감德山宣鑑과 관련된 것이다. 덕산은 용담숭신龍潭崇信을 찾아갈 때 이미 발심해 있었다. 그는 계율과 법상종을 깊이 있게 연구하였지만 결국 진정으로 배워야 할 것은 실존적 문제의 해결이라는 것을 직감한 것이다. 이러한 덕산의 발심은 그의 마음이 궁극적 진리를 향해 열려 있는 것으로, 세간의 번뇌로 인한 고민이 아니라 어떻게 하면 번뇌로부터 해탈할 수 있는지에 대한 것이었다. 그의 고민과 번뇌는 알 수 없는 진리 당체에 대한 것이었다. 두 번째 일화는 황삼랑黃三郎이 양亮 좌주를 발심시키는 과정을 보여준다. 황삼랑의 통곡은 교학적인 탐구에 머물러 있던 양 좌주를 발심시키기

海內 訪謁宗師 凡至擊揚 皆非郢哲 後聞龍潭則石頭之二葉 乃攝衣而往焉."

12 『祖堂集』(B25, p.561a), "黃三郎有一日到大安寺廊下便啼哭 亮座主問 有什摩事啼哭 三郎曰 啼哭座主 座主云 哭某等作摩 三郎曰 還聞道黃三郎投馬祖出家纔蒙指示便契合 汝等座主說葛藤作什摩 座主從此發心 便到開元寺 門士報大師曰 大安寺亮座主來 欲得參大師 兼問佛法."

에 충분하였다. 황삼랑은 양 좌주에게 불법의 궁극은 교리적 이해나 공허한 지적 탐구에 머물지 않은 실존적 체험으로 나아가야 한다는 것을 통곡이라는 행위를 통해 분발시켰다. 그리고 황삼랑을 통해 발심한 양 좌주는 마조를 찾아가 법을 묻는다.

선지식들은 수행자들이 참으로 발심하지 못하였으면 발심하게 하고, 이미 발심해 있다면 문답이나 행위를 통해 바로 청정한 본성을 깨달을 수 있도록 한다. 이런 의미에서 선 수행자들의 번뇌는 아무런 자각 없이 삶을 허비하는 무명 중생의 번뇌와 구분된다. 그들은 인간에 대한 절대적인 신뢰를 기반으로 궁극적인 '그것'을 위해 온몸을 불사른다. 이런 의미에서 선 수행자들에게 발심은 새로운 번뇌를 일으키고, 다시 그것을 타파해 나가는 일종의 변주곡과도 같다. 그들에게 발심은 진정한 수행의 시작이면서도 궁극적 본성에 다가가는 과정이다. 이처럼 선 수행자에게 발심은 수행의 시작과 끝을 관통하는 핵심 기제이다. 규봉종밀의 발심에 대한 다음과 같은 대답은 선불교에서 발심이 갖는 특징을 잘 보여준다.

열째 질문에서 말했다. "화상께서는 무엇으로 인해 발심하셨고, 무슨 법을 흠모하여 출가하셨습니까? 지금은 어떤 수행을 하시며, 어떤 법미法昧를 얻으셨고, 어떤 경지에 이르셨습니까? 지금은 마음에 머무르십니까, 마음을 닦으십니까? … 장경 4년 5월에 사제성史制誠은 삼가 묻습니다." 선사가 대답했다. "사대가 망가지는 허깨비 같은 줄 알고, 육진이 허공 꽃 같은 줄 알며, 내 마음이 부처의 마음임을 깨닫고, 본 성품이 법의 성품임을 보는 것이 발심이다. 마음이 머무를 곳이 없음을 아는 것이 수행이요, 머묾이 없되 역력히 아는 것이 법미이다. 법에 머물러 생각을 움직이니, 이것은 마치 사람이 어둠 속에 들면 보이는 것이 없는 것과 같다. 지금 머무는 바가 없고 물들지 않고 집착하지 않으니, 마치 사람이 눈이 있고 일월의 광명이 있어 갖가지 물건을 보는 것 같은데, 어찌 정성定性의 무리와 같다 하겠는가? 이미 집착한 바가 없거늘 어찌 처소와 계급을 말하랴. 같은 해, 같은 달 2일에 종밀은 삼가 말한다."[13]

규봉종밀은 발심을 크게 두 가지 관점에서 설명한다. 우선 발심은 무상에 대한 철저한 통찰을 근본으로 한다는 것이다. 발심은 우리의 몸과 마음이 무상하고 괴롭다는 것을 정면으로 응시하는 과정이다. 이런 의미에서 발심은 실존적 번뇌로부터의 도피가 아니라 그것의 근본을 밑바닥까지 응시해 내는 용기와 인내를 필요로 한다. 또한 발심은 우리 마음의 본래성품에 대한 철저한 긍정 자체이다. 우리 마음이 부처이며, 법의 성품 자체가 부처라는 것을 깨닫는 것이 발심이라는 것이다. 이러한 종밀의 발심에 대한 이해는 선 수행자의 발심이 갖는 실존적 무게와 의미 그리고 가치를 대변한다.

---

13 『祖堂集』(B25, p.414a), "第十問曰 和尙因何發心 慕何法而出家 今如何修行 得何法味 所行得至何處地位 今住心耶 修心耶 … 長慶四年五月日 史制誠謹問 師答曰 覺四大如坏幻 達六塵如空花 悟自心爲佛心 見本性爲法性 是發心也 知心無住 卽是修行 無住而知 卽爲法味 住著於法 斯爲動念 故如人入闇 卽無所見 今無所住 不染不著 故如人有目及日光 明見種種法 豈爲定性之徒 旣無所住著 何論處所階位 同年同月二日 沙門宗密謹對."

발심한 선 수행자는 번뇌를 무찌르기 위해서 수행하는 것이 아니라 인간 자체에 대한 근원적 신뢰를 회복하는 방법으로서 본래면목을 탐구한다. 이러한 과정 안에 그들의 탐욕과 성냄과 어리석음은 모두 본래면목을 깨치고자 하는 열망과 노력 속에서 가라앉는다. 그러나 여전히 큰 번뇌는 남아 있다. 바로 알 수 없는 '이것'이라는 번뇌이다. 그러면 선사들은 어떻게 그들을 번뇌로부터 구원하려는 것일까? 이어서 해탈 물고기가 발심 물고기를 깨우치는 솜씨에 대하여 살펴보자.

2) 해탈 물고기, 발심 물고기를 낚다

선 수행자의 발심은 그 자체가 수행이다. 선에서는 발심과 수행을 따로 나누지 않는다. 선 수행자는 발심이라는 과정을 통해 생로병사의 고통과 실존적 번뇌를 깨달음을 구하는 행위로 승화시킨다. 그리고 이러한 수행의 과정에는 각고의 노력과 자발성이 중요한 변수로 작용한다. 선의 깨달음은 소극적 기다림이나 수동적 귀의로 이루어지는 것이 아니라 인간의 본성에 대한 깊은 신뢰와 능동적 태도가 바탕이 된다. 그래서 선 수행자들은 어떤 일이라도 감내할 수 있는 인내를 갖고 있다. 그들에게 수행이란 몸적인 행위로서 관념적인 추구에 그치지 않는다. 사실 선의 수행자들이야말로 관념적 추구와 논리적 이해로 진리를 재단하는 것을 가장 경계한다. 그들에게 발심이란 수행의 시작이 아니라 실존적 체험 없이는 불법의 존재 근거를 설명할 수 없다는 간절한 몸부림에 해당한다. 그것은 오욕에 의한 번뇌가 아니라 거꾸로 오욕을 가라앉히는 번뇌이고 새로운 도약을 암시하는 응축된 번뇌로 수렴된다. 임제의 다음과 같은 고백은 선 수행자의 발심이 갖는 특징을 보여준다.

함께 도를 닦는 벗들이여! 출가수행자는 다른 무엇보다도 진리를
구하는 것을 소중하게 생각해야 한다. 산승山僧은 지난날 계율에
대해서 마음을 두고 탐구했으며, 또한 경과 논에 대하여 연구하였
다. 그러나 뒤에 이것은 세상의 고통을 일시적으로 치료하는 약이
요, 불법의 근본 자리를 표현하는 하나의 언구에 지나지 않음을
알고 일시에 다 던져버린 후, 바로 도를 묻고 참선을 시작하였다.
그 뒤에 대선지식을 만나서 비로소 도의 눈이 분명해졌으며, 비로소
천하의 대선지식들의 견처를 꿰뚫어보고 그릇된 것과 바른 것을
잘 알게 되었다. 이것은 어머니가 낳아 줌으로써 바로 안 것이
아니라 체구연마體究練磨한 결과 어느 날 아침에 스스로 깨달은
것이다.[14]

대덕들이여! 우물쭈물 헛되이 세월을 보내서는 안 된다. 지난날
산승도 견처가 없었을 때는 빛이라고는 없는 절망 속에서 이리저리
깨달음을 찾아 방황했었다. 광음光陰을 헛되이 보낼 수 없어서
가슴속은 타오르고 마음은 갈팡질팡하여 이곳저곳에서 가르침을
찾아 물었었다. 그러한 후에 힘을 얻어 비로소 오늘과 같이 여러분과
더불어 이야기를 할 수 있게 된 것이다. 도를 닦는 벗들이여! 권하노

---

14 『鎭州臨濟慧照禪師語錄』(T47, p.500b), "道流 出家兒且要學道 祇如山僧往日曾
向毘尼中留心 亦曾於經論尋討 後方知是濟世藥表顯之說 遂乃一時抛却 卽訪道
參禪 後遇大善知識 方乃道眼分明 始識得天下 老和尙知其邪正 不是娘生下便會
還是體究練磨一朝自省."

니 옷과 밥의 안일을 위해 신도들의 비위를 맞추면서 구차하게 살아가지 말라. 이 세상의 모든 것은 무상하고 부질없어서 쉽게 지나가 버리고 선지식은 만나기 어려운 줄 알아야 한다. 이것은 마치 우담발라優曇鉢羅 꽃이 삼천 년 만에 한 번 피어나는 것과 같이 드문 일이다.[15]

선 수행자에게 발심의 과정은 그 자체가 고뇌의 과정이다. 그리고 그것은 선지식을 찾는 것으로 귀결된다. 선은 개인의 당당한 각고분투刻苦奮鬪와 체구연마體究練磨를 특징으로 하면서도 선지식과의 만남을 중시한다. 그리고 이 둘은 흡사 모순처럼 보이기도 한다. 그러나 선불교가 이심전심以心傳心과 직지인심直指人心을 강조한다는 측면에서 본다면 이러한 모순을 이해할 수 있다. 선의 역사에서 스스로 발심하여 깨달음을 얻은 경우도 있지만 대부분은 선지식을 통하여 깨닫기 때문이다. 더 나아가 설사 혼자서 깨쳤다고 하더라고 선지식의 감변勘辨과 인가認可 없는 깨달음은 크게 중시되지 않는다. 그러면 무슨 이유로 선에서는 선지식을 중시하는 것일까?

가장 큰 이유는 어떠한 개인적 체험이라고 하여도 객관적이지 못할 수 있기 때문이다. 그래서 객관적인 시야를 확보할 수 있는 장치가 필요하다. 선의 역사에서는 이러한 문제를 '선지식'이라는 실존적 계보를 통해 증명하였고, 이것은 법통法統을 통해 전승되었다. 또한 깨달음

---

15 『鎭州臨濟慧照禪師語錄』(T47, p.502c), "大德 莫因循過日 山僧往日未有見處時 黑漫漫地 光陰不可空過 腹熱心忙 奔波訪道 後還得力 始到今日共道流如是話度 勸諸道流莫爲衣食 看世界易過 善知識難遇 如優曇花時一現耳."

은 다른 사람들과의 관계 속에서만 의미를 갖는다는 점을 보여준다. 깨달음은 개인적 차원이 아닌 역사적 사건으로 승화되어야 한다. 그리고 그러한 전제로서 선지식의 감변과 인가는 신뢰와 객관성을 담보한다. 선의 궁극적인 깨달음이 개인의 해탈에만 머물지 않는 대승적 시야를 견지하기 위해서라도 선지식과의 만남은 중요하다. 그래서 선 수행자들은 그들의 눈을 밝혀줄 선지식을 찾고 그들과 진리에 대하여 문답하는 과정 자체를 수행으로 삼은 것이다. 이런 의미에서 선 수행자들의 진리에 대한 물음은 관념적일 수 없다. 그들의 질문은 온 생명의 무게를 짊어지는 발심 위에서 진행된다.

임제는 위의 설법에서 참된 스승을 찾기는 삼천 년 만에 한 번 피어나는 우담발라를 만나는 것처럼 어렵고 드문 일이라고 말한다. 이것은 선지식의 숫자가 적다는 의미라기보다는 참된 발심 자체가 어렵다는 의미로도 이해할 수 있다. 즉 진정으로 발심하면 참된 선지식을 만날 수 있다는 것이다. 선 수행자들의 발심 정도는 '불성'으로 추상화된 진리 당체에 대한 궁금증과 인간의 본성에 대한 절대적 신뢰를 통해 드러난다. 물론 선의 달인들은 이러한 발심 수행자들을 기다린다. 다음과 같은 백장의 삼구투과三句透過는 발심한 수행자가 깨달음을 얻는 과정을 잘 보여준다.

부처님의 가르침은 모두 처음선, 중간선, 마지막선 세 구절로 연결 되어 있다. 처음에는 그에게 좋은 마음을 내도록 하는 것이며, 중간엔 좋다는 마음마저 타파해야 하며, 그런 뒤에는 비로소 마지막 선이라 하는 것이다. 예컨대 "보살은 보살이 아니다. 그래서 보살이

194

라 한다", "법은 법이 아니며, 법 아님도 아니다."라 하니, 같은
말이다. 여기서 한 구절만을 설명하면 중생들은 지옥에 빠지며,
세 구절을 한꺼번에 설명하면 스스로 지옥에 들어갈 것이니, 그것은
부처님과는 상관없는 일이 된다. 지금의 '비추어 깨달음'이 자기
부처라는 것까지 설명하면 처음 선(初善)이며, 지금의 '비추어 깨달
음'에 붙들고 머물지 않는다면 중간 선(中善)이며, 붙들고 머물지
않는다는 생각마저도 내지 않는다면 이는 마지막 선(後善)이다.
이상과 같다면 연등 부처의 뒤 부처에 속하니 범부도 아니고 성인도
아니다. 그렇다고 부처는 범부도 아니고 성인도 아니라고 잘못
말하지 말라.[16]

백장이 제시한 삼구의 초선初善은 '좋은 마음을 내도록 하는 것'이다.
좋은 마음은 다름 아닌 '불성', '법', '도', '자성', '마음이 부처이다'
등을 말하는 것으로 선지식은 문답을 통해 수행자가 발심하도록 하여
이에 매달리게 한다. 선 수행자는 선지식과의 만남을 통해 궁극적
진리에 대한 목마름을 느끼며 그것이 무엇인지 알고자 한다. 이것은
마치 앞 장의 이야기에서 발심 물고기가 물 밖으로 나가기 위해 헤매다
가 미끼를 발견하고 덥석 무는 것과 같다. 다음으로 중선中善은 '좋다는

16 백련선서간행회, 『마조록·백장록』, 장경각, 2002, pp.111~112. 인용된 원문은
다음과 같다. "夫教語皆三句相連初中後善 初直須教渠發善心 中破善心 後始名
好善 菩薩卽非菩薩 是名菩薩 法非法非非法 總與麼也 若祇說一句 令衆生入地
獄 若三句一時說 渠自入地獄 不干教主師 說到如今感覺是自己佛是初善 不守住
如今感覺是中善 亦不作不守住知解是後善 如前屬然燈後佛 祇是不凡亦不聖 莫
錯說佛非凡非聖."

마음마저 타파하는 것'이다. 이것은 초선에서 말한 궁극적인 당체에 대한 집착을 부수는 것이다. 선지식은 수행자가 궁극적 진리라고 생각하는 것을 흔들어버린다. 이를 위해 선지식은 수행자의 궁극적인 질문에 대하여 다양한 방편을 구사한다. 수행자의 근기와 상태에 따라 자유자재하게 수행자가 붙들고 있는 법상을 타파하는 것이다. 이것은 마치 낚시꾼이 발심 물고기를 낚아채 땅바닥에 내동댕이치는 것과 같다. 그러나 선지식은 여기서 멈추지 않는다. 다시 후선後善으로 나아간다. 후선은 수행자가 중선에도 머무르지 않도록 하여 모든 단견斷見과 상견常見의 두 가지 견해에 걸림 없도록 하는 것이다. 이것은 마치 낚시꾼이 발심 물고기를 물속으로 돌려보내 준 것과 같다. 수행자는 선지식이 제시하는 삼구三句를 통하여 비로소 부처에도 집착하지 않고 번뇌에도 집착하지 않는다. 이러한 선지식의 방편을 조주의 법문을 통해 조금 더 살펴보자.

또 5조 스님의 문하에 599명의 대중이 있어 모두가 불법을 알고 있었는데, 오직 노盧 행자 한 사람만이 불법을 알지 못했다. 그는 그저 부처님들이 세상에 나오신 것은 오로지 사람들로 하여금 도를 알게 한 것일 뿐, 다른 일을 위한 것이 아니라고 말하였다. 또 강서江西 화상께서는 '마음이 곧 부처'라 하셨는데, 이 또한 일시적으로 문답한 말에 불과하다. 밖을 향해 구하는 병을 멈추기 위함이며, 빈주먹과 단풍잎으로 아기들의 울음을 멈추게 하려는 말씀일 뿐이다. 그러므로 말하기를 "마음도 아니요, 부처도 아니요, 중생도 아니다." 하였더니, 지금도 많은 사람들은 마음을 부처라

하고, 지혜를 도라 하며, 보고 듣고 느끼고 아는 것 모두를 부처라 한다. 만일 이렇게 안다면 연야달다演若達多가 머리를 가지고 있으면서도 머리를 찾는 꼴이다. 설사 알았다 하더라도 역시 그대들의 본래불本來佛은 아니다. 만일 마음이 곧 부처라 한다면 토끼나 말에 뿔이 돋은 것 같고, 만일 마음도 아니요 부처도 아니라고 한다면 소나 염소가 뿔이 없는 것 같다. 그대들의 마음이 부처라면 다른 존재를 긍정할 필요가 없고, 그대들의 마음이 부처가 아니라면 다른 존재를 부정할 필요도 없다. 있음과 없음은 서로가 유무의 형상을 이루는 것인데, 어느 것을 도라 할 것인가? 그러므로 마음을 결정코 알면 결코 부처가 아니고, 지혜를 결정코 알면 결코 도가 아니다.[17]

위의 법문에서 조주는 먼저 육조혜능인 노盧 행자 한 사람만이 불법을 알지 못했다고 말한다. 이것은 혜능만이 진정한 발심을 했다는 것을 의미한다. 불법에 대한 판단과 견해가 많으면 많을수록 아는 것이 많아지지만 이러한 앎은 참다운 발심을 방해하기 때문이다. 혜능처럼 아무것도 모르는 마음만이 발심으로 이어진다. 또한 조주는

---

17 『祖堂集』(B25, p.595a), "又如五祖大師下 有五百九十九人盡會佛法 唯有盧行者 一人不會佛法 他只會道 直至諸佛出世來 只教人會道 不爲別事 江西和尙說卽心 卽佛 且是一時間語 是止向外馳求病 空拳黃葉止啼之詞 所以言 不是心 不是佛 不是物 如今多有人喚心作佛 認智爲道 見聞覺知 皆云是佛 若如是者演若達多 將頭覓頭 設使認得 亦不是汝本來佛 若言卽心卽佛 如兔馬有角 若言非心非佛 如牛羊無角 你心若是佛 不用卽他 你心若不是佛 亦不用非他 有無相形 如何是 道 所以若認心決定 不是佛 若認智決定 不是道."

'마음이 곧 부처'라는 말 등이 '빈주먹과 단풍잎으로 어린아이의 울음을
멈추게 하는 말'이라고 역설한다. 그런데 여기서 중요한 것이 '어린아
이'의 비유이다. 어린아이는 '빈주먹'을 보면서도 그것이 비어 있다는
것을 알지 못한다. 심지어 엄마가 단풍잎을 장난감이라고 해도 의심하
지 않는다. 만약 어린아이가 빈주먹이 비어 있다는 것을 알고, 단풍잎이
장난감이 아니라는 것을 안다면 울음을 그쳤을까? 아마 그치지 않고
새로운 것을 요구하거나 진짜 좋은 것을 달라고 떼를 썼을 것이다.

발심한 수행자는 '어린아이'처럼 순수해야 한다. 비록 궁극적 진리를
갈구하지만 그를 안내하는 선지식을 절대적으로 믿고 의지해야 한다.
그래야 삼구를 투과하여 번뇌에서 벗어날 수 있다. 만약 선지식의
가르침을 의심하거나 이미 아는 지견으로 선지식을 대하면 삼구를
투과할 수 없다.

조주 역시 백장과 마찬가지로 초선과 중선을 넘어 후선을 말한다.
그래서 "만일 마음이 곧 부처라 한다면 토끼나 말에 뿔이 돋은 것
같고, 만일 마음도 아니요 부처도 아니라고 한다면 소나 염소가 뿔이
없는 것 같다."라고 하였다. 왜냐하면 있음과 없음은 서로 의지하여
유무의 형상을 이루는 것이기 때문이다. 아무리 좋은 것이라고 하여도
부정되고, 좋은 것을 부정한 것도 다시 부정된다. 부처와 부처 아닌
것을 넘어서야 하고, 좋은 것과 좋은 것을 부정하는 것도 넘어서야
한다. 그래서 마음을 부처로 알면 결코 부처가 아니고, 지혜를 도라고
하면 결코 도가 아니게 된다. 마조는 이러한 삼구의 뜻을 더욱 절묘하게
표현하였다.

스님이 말했다. "즉심즉불卽心卽佛이 무엇인지 말씀해 주십시오."
마조가 말했다. "우는 아이를 달래는 말이다." "울음을 그치면 어떻
게 합니까?" "비심비불非心非佛이다." "다른 이에게는 뭐라고 하실
겁니까?" "물건이 아니라고 할 것이다." "바로 그 사람을 만나면
어쩌실 겁니까?" "대도大道를 깨닫게 하지!"[18]

'즉심즉불'도 부정되고 '비심비불'도 부정된다. 이러한 뜻을 아는
선 수행자라면 대도를 단번에 깨달을 것이다. 그러나 만약 선 수행자가
삼구를 투과하지 못하면 어떻게 될까? 그러한 수행자는 이러지도
저러지도 못하는 상태로 계속 살아가면서 선지식을 찾는다. 선문답을
통해 언하言下에 낙처를 알면 중도의 정견에 바로 계합되지만, 그렇지
못하면 계속해서 묻고 참구해야 한다.

선문답이 주를 이루었던 당대唐代의 선과는 다르게 송대宋代에 와서
는 이러한 발심과 깨달음의 과정이 화두를 타파하는 수행으로 전환된
다. 화두를 중심으로 하는 수행은 스스로의 내면에 은산철벽銀山鐵壁과
같은 알 수 없는 마음의 벽을 세워 공부를 해나가는 것이다. 이러한
간화선은 모든 생사의 번뇌를 화두로 수렴하여 의정을 깨뜨리는 것을
중시한다. 당대唐代의 선자들이 알 수 없는 '그것'으로 번뇌를 수렴하여
새로운 번뇌를 건립했다면, 화두를 들고 수행하는 사람들은 모든
실존적 번뇌를 화두로 수렴하여 화두에 대한 의정을 깨뜨리게 된

---

18 『馬祖道一禪師廣錄』(X69, p.4c), "僧問 和尙爲甚麽說卽心卽佛 祖曰 爲止小兒啼
日啼止時如何 祖曰 非心非佛 曰除此二種人來 如何指示 祖曰 向伊道不是物
曰忽遇其中人來時如何 祖曰 且敎伊體會大道."

것이다. 당대이든 송대이든 현대이든 선 수행자들의 실존적 번뇌는 알 수 없는 '그것'으로 수렴되고 응축되어 왔을 뿐, 기본적인 내용은 크게 다르지 않다고 할 수 있다. 간화선의 창시자인 대혜종고의 다음과 같은 설법은 시사하는 바가 크다.

> 이미 오는 곳을 알지 못하고 또 가는 곳을 알지 못하니 곧 마음이 어리석고 어둡다는 것을 알게 되니, 바로 어리석고 어두울 때라도 역시 다른 것은 아닙니다. 다만 여기에서 화두를 살펴보십시오. 어떤 스님이 운문 스님에게 묻기를 "무엇이 부처입니까?" 하니 운문 스님이 "똥 닦는 막대기다."라고 하였습니다. 이 화두를 들어서 살펴간다면 홀연히 기량이 다할 때 문득 깨달을 것입니다. 문자를 찾고 과거의 사례를 끌어 증명하거나 제멋대로 추측하고 헤아려서 주석하고 해설하는 일은 절대로 하지 마십시오. … 의정이 깨지지 않으면 삶과 죽음이 서로 뒤섞여 엇갈리지만, 의정이 부서지면 생사심이 끊어집니다. 생사심이 끊어지면 부처라는 견해와 법이라 는 견해가 없어집니다. 부처라는 견해와 법이라는 견해도 없는데, 하물며 중생이라는 견해와 번뇌라는 견해를 일으키겠습니까?[19]

여기서 주의해서 보아야 할 곳이 "의정이 깨지지 않으면 삶과 죽음이

---

19 『大慧普覺禪師語錄』卷28(T47, p.930b), "旣不知來處 又不知去處 便覺心頭迷悶 正迷悶時亦非他物 只就這裏看箇話頭 僧問雲門 如何是佛 門云 乾屎橛 但擧此 話 忽然伎倆盡時 便悟也 切忌尋文字引證 胡亂搏量註解 … 疑情不破 生死交加 疑情若破 則生死心絶矣 生死心絶 則佛見法見亡矣 佛見法見尚亡 況復更起衆生 煩惱見耶."

서로 뒤섞여 엇갈리지만, 의정이 부서지면 생사심이 끊어집니다."라는 부분이다. 이것은 화두에 대한 의정이 깨어져야만 생사의 고통에서 벗어날 수 있다는 의미로서, 다른 측면에서 말하면 화두 자체도 하나의 번뇌에 해당한다고 볼 수 있다. 번뇌가 타파되어야 생사에서 벗어날 수 있듯이 화두를 타파해야 중생이니 법이니 하는 모든 견해에서 벗어나 진정한 자유인이 될 수 있다는 것이다. '화두'는 그 자체가 모든 분별을 넘어섰다는 의미에서 실상이지만, 실상을 깨치지 못한 수행자에게는 율극봉栗棘蓬, 금강권金剛圈 등으로 경험되는데, 이런 의미에서 일종의 번뇌인 것이다. 그러나 보통의 번뇌가 집착과 괴로움을 불러일으키는 생사로 향하는 번뇌라면, 화두에 대한 의정은 생사의 벽을 깨부수는 번뇌이다.

여기서 선불교의 번뇌에 대한 중요한 특징이 드러난다. 그것은 번뇌로부터 벗어나는 기제로 번뇌를 이용한다는 점이다. 선에서는 번뇌 망상을 억제하는 방식을 통해서는 번뇌를 초월할 수 없다는 것을 잘 알고 있었다. 제법은 실상 자체인데 분별심 때문에 중생과 부처, 번뇌와 보리 등이 만들어진다. 따라서 실상 자체에 근접하는 방법은 불이법不二法의 중도이어야 한다. 그리고 이를 위해 필요한 것은 번뇌를 억제 혹은 제거해야 할 대상으로 보지 않는, 반대로 번뇌의 특징을 활용하는 방편 수행이다.

선의 달인들은 번뇌로부터 벗어나려는 행위 자체가 일종의 번뇌라는 것을 알고 있었다. 따라서 이런 방식으로 번뇌 망상을 대하면 영원히 번뇌 망상에서 자유로워질 수 없다는 점도 간파했다. 그래서 번뇌 망상 스스로 자기 해체를 하지 않을 수 없는 역설의 방식을 제안했다.

이런 맥락에서 선불교는 역설의 역사이다. 선은 역설의 수사와 사유구조로 점철되어 있다. 물론 이러한 역설의 가장 큰 특징은 자기 잠식이며 자기 해체이다. 그리고 이를 위해 필요한 것이 깨달음으로 추상화된 알 수 없는 '그것'에 대한 궁금증과 열망이다.

이러한 선의 특징을 형사와 도둑의 비유를 통해 설명하여 보자. 아주 똑똑한 도둑이 있었다. 형사는 이 도둑을 잡으려고 했지만 번번이 실패했다. 그러자 형사는 새로운 계책을 생각해 냈다. 그것은 형사가 도둑으로 가장하여 도둑과 친구가 되는 것이다. 형사는 도둑의 친구가 되었고 결국 도둑의 모든 수법을 알게 되었다. 도둑이 새로운 도둑질을 형사에게 가르쳐줄 때마다 도둑의 수법은 점점 드러났고 결국 잡히게 되었다. 마찬가지로 발심한 수행자가 깨달음, 불성, 화두 등에 매달릴수록 번뇌의 자기 해체 가능성은 더 높아진다. 진리를 찾아 헤맬수록 실체적 자아는 더욱 좌절된다. 화두에 대한 의정처럼 알 수 없는 것을 알려는 행위는 행위의 주체로서 갖는 실체에 대한 허상을 깨뜨린다. 화두에 대한 의정이 깊어질수록 화두에 대한 앎 혹은 지견이 증가하는 것이 아니라 반대로 더욱더 알 수 없는 상태로 빠져든다. 선에서는 바로 이러한 알 수 없는 마음을 무분별 또는 무심이라고 불렀다. 무분별은 단순히 분별하지 않는 것이 아니라 분별 자체에 사로잡히지 않는 상태이다. 사로잡히지 않을 때에야 분별과 분별 아닌 것의 이분법적 구조를 뛰어넘게 된다. 그러나 분별을 없애기 위한 무분별을 실체로 내세우면 여전히 분별 속에서 헤매기 쉽다. 알 수 없는 마음이 깊어져 수행자의 기량이 더 이상 아무런 힘도 쓸 수 없을 때 선사의 일갈—喝이나 기연機緣은 번뇌를 넘어서게 하여

무분별로 이끈다. 그리고 이때 제법의 실상을 꿰뚫어보는 중도의
정견이 생겨나는 것이다. 이런 맥락에서 발심한 선 수행자의 길은
좌절과 고난의 길이기도 하다. 그러면 선에서는 어떻게 번뇌로부터의
해탈을 말하고 있는지 무분별의 관점에서 논의하여 보자.

3. 번뇌와 무분별

선에서는 인간이 가진 모든 번뇌가 분별로 인한 것이라고 한다. 여기서
분별은 취하고 버리고, 좋고 싫음에 집착하는 등 세상을 이분법적으로
나누어 앎을 형성하는 것이다. 우리 인간의 본성은 공空 자체이기
때문에 있음과 없음으로 대변되는 모든 실체화에 대한 집착을 초월해
있지만 나누고 쪼개는 분별로 인해 그러한 원만함을 잃어버린다.
황벽은 『전심법요』에서 다음과 같이 말하였다.

> "망념이 자신의 마음을 가로막는다는데 무엇으로써 망념을 없애야
> 합니까?" "망념을 일으키고 그것을 없애는 것 또한 망념이 되느니라.
> 망념은 본래 뿌리가 없지만, 다만 분별 때문에 생긴다. 네가 다만
> 범·성의 두 곳에 알음알이를 내지 않는다면 자연 망념은 없어지는
> 것이니, 다시 그것을 어떻게 떨쳐버리겠느냐? 털끝만큼도 의지하
> 여 집착함이 없으면, 이른바 '내가 두 팔을 다 버렸으니 반드시
> 부처를 이루리라'고 한 것이 되느니라."[20]

---

20 『黃檗山斷際禪師傳心法要』(T48, p.383a), "問妄能障自心 未審而今以何遺妄 師
云 起妄遺妄亦成妄 妄本無根 祇因分別而有 爾但於凡聖兩處情盡 自然無妄更擬

황벽의 대답은 크게 세 가지로 나눌 수 있다. 첫째, 망념을 일으키고 다시 그것을 없애려는 것 역시 망념이다. 둘째, 망념은 본래 실체가 없다. 셋째, 분별을 버리면 망념은 자연히 없어진다. 첫 번째 대답은 망념을 버리려는 어떠한 의도적인 것도 망념이기 때문에 망념을 대치하려는 노력 자체가 무의미함을 보여준다. 둘째의 대답은 망념 자체는 실체가 없기에 망념을 실체시해서는 안 된다는 것이다. 이것은 첫 번째의 대답과 관련이 있는데, 첫 번째의 망념을 버리려는 태도는 망념에 대한 실체화에 근거해 있기 때문이다. 셋째의 대답은 망념을 없애는 방법에 대한 것이다. 망념은 실체가 없다는 것을 깨닫기 전까지 사라지지 않는데, 그것을 사라지게 하는 방법을 제시한 것이다. 그리고 그것은 다름 아닌 '범·성의 두 곳에 알음알이를 내지 않는 것' 등과 같이 상대적 분별을 해체하는 것을 통해 이루어진다. 그러면 이러한 무분별을 '앎'의 관점에서 다시 살펴보자. 무분별은 아무런 '앎'이 없는 것인가, 아니면 어떠한 '앎'이 존재하는 것인가? 이와 관련해서 감산덕청(憨山德淸, 1546~1622)의 다음과 같은 이해는 무분별이 가진 특징을 잘 보여준다. 그는 『노자도덕경해老子道德經解』에서 다음과 같이 말하였다.

억측臆測과 망견妄見의 경우는 본래 단순히 알지 못하는 것이어서 자의적인 판단을 앎으로 여기는 것이다. 어떤 이가 성인의 앎 없음을 세인의 단멸한 앎으로 여긴다면 나무나 돌의 단순 무지와 같을 것이다. 이 두 가지(억측과 망견)는 모두 진지眞知가 아니라 단지

若爲遣他 都不得有纖毫依執 名爲我捨兩臂必當得佛."

앎의 병이 되기에 족할 뿐이다. 그러므로 "진지를 알지 못하는 것은 병이다."고 말했다. 만약 참으로 이 두 가지가 앎의 병이 된다는 것을 안다면, 지견知見이 갑자기 사라져 앎 없음의 경지를 지을 수 있고 자의적인 앎과 망령된 앎이라는 병이 없어지게 된다. 그러므로 "오직 병을 병으로 알기 때문에 병이 없다."고 말했다. 성인은 다만 자의적이고 망령된 앎이 없으므로 앎 없음이라 칭한 것이지 끊어진 단멸무지가 아니다. 그러므로 "성인은 병이 없다."고 말했다. 이 단계의 공부에는 다시 별다른 현묘한 공부법은 없다. 오직 병이라면 그 망령된 앎과 자의적인 앎이 병이니 쓰지 않는 것이다. 이 때문에 앎의 병 가운데 떨어지지 않으니 '앎 없음(無知)'이라 이름한다. 이 앎 없음이 바로 진지眞知이다. 만약 이와 같은 진지라면 종일토록 알게 되어도 아는 것이 없다. 그것은 실로 성인은 스스로 아는 밝음이니 범인이 어찌 쉽게 알겠는가? 이것이 쉽게 알고 쉽게 행하는 까닭이지만 세인은 알 수 없고 행할 수 없다. 옛사람은 "'앎'이라는 한 글자는 모든 묘함의 문이고, '앎'이라는 한 글자는 모든 화의 문이다."고 했다. 그러나 성인의 앎 없음의 경지는 반드시 앎을 빌려서 들어가야 한다. 만약 앎 없음을 깨닫는다면 망령된 앎은 저절로 사라진다. 이에 '앎'이라는 한 글자는 모든 묘함의 문이다. 만약 앎 있음에 집착함으로써 앎 없음을 구하려 한다면, 반대로 앎에 대한 장애를 증가시킬 것이다. 이에 모든 화의 문이 될 것이다. 바로 이것이 이 가운데 있는 앎의 병이다. "지부지상知不知上"에서 첫 번째 '앎(知)'이 바로 도에 들어가는 요체이다. 영가현각永嘉玄覺이 말했다. "앎은 다만 앎일 뿐이다." 이

구절은 가장 쉬우면서도 밝히기 어렵다. 배우는 자는 일상의 공부에
서 마땅히 이를 좇아 들어가야 한다.[21]

감산은 크게 세 가지 관점에서 성인의 '앎(知)'에 대하여 설명하고
있다. 첫째, 억측臆測과 망견妄見은 단순히 알지 못하는 무지無知로서
성인의 무지無知와 다르다. 따라서 성인의 무지 혹은 무분별은 나무나
돌과 같은 단멸한 앎이 아니다. 둘째, 성인의 진지眞知를 회복하는
길은 별다른 방법이 있는 것이 아니라 억측과 망견이 앎의 병이 된다는
것을 알면 된다고 말한다. 이것은 억측과 망견은 실체가 없기에 그것을
실체시하는 방법으로 제거할 수 없다는 의미로 볼 수 있다. 셋째,
'성인의 앎 없음의 경지는 반드시 앎을 빌려서 들어가야 한다'는 것이다.
감산은 성인의 '앎 없음'이라는 경지 역시 그 자체가 실체로서 존재하지
않는다는 점을 강조한다. 그래서 '앎(知)'은 때로는 모든 묘함의 문이

---

21 감산덕청 주석, 심재원 역주, 『노자도덕경, 그 선의 향기』, 정우서적, 2011,
  pp.463~466. 인용된 원문은 다음과 같다. "若夫臆度妄見 本所不知 而强自以爲
  知 或錯認無知爲斷減 同於木石之無知 此二者皆非眞知 適足爲知之病耳 故曰
  不知知病 若苟知此二者爲知之病 卽知見頓亡 可造無知之地 而無强知妄知之病
  矣 故曰 夫惟病病 是以不病 聖人但無强妄之知 故稱無知 非是絶然斷減無知也
  故曰 聖人不病 此段工夫 更無別樣玄妙 唯病其妄知强知是病而不用 是以不墮知
  病之中 而名無知 此無知 乃眞知 苦如此眞知 卽終日知而無所知 斯實聖人自知
  之明 常人豈易知知哉 此所以易知易行 而世人不能知不能行也 故云 知之一字 衆
  妙之門 知之一字 衆禍之門 然聖人無知之知 必假知而入 若悟無知 卽妄知自泯
  此乃知之一字 衆妙之門也 若執有知以求無知 卽反增知障 此乃衆禍之門 正是此
  中知之病也 知不知上 最初知字 正是入道之要 永嘉云 所謂知者 但知而已 此句
  最易而難明 學者日用工夫 當從此入."

되기도 하고, 모든 화의 문이 되기도 한다. 중요한 것은 분별의 작용인 억측과 망견에 사로잡히지 않는 것이다. 망견과 억측을 실체로 보지 않을 때 비로소 망견과 억측으로 인한 집착은 사라진다. 이러한 감산의 견해는 앞에서 말한 황벽의 설법 내용과 크게 다르지 않다. 그러면 이러한 무분별을 현대적으로 해석해 보자. 뇌파 바이오피드백 분야의 선구자이며 심리학자인 레스 페미의 인간의 의식 활동에 대한 다음과 같은 분석은 무분별의 특징을 이해하는 데 도움을 준다.

이와 마찬가지로 의식도 다음의 세 가지로 주로 구성되어 있다고 할 수 있다. (1) 주의 (2) 주의의 내용 (3) 주의와 주의 내용의 관찰자. 이 각각의 요소들은 뇌의 전기 리듬을 통해 나타난다. 주의의 내용은 뇌의 감각부위(예를 들면 시각을 담당하는 부위)에서 나타나고, 주의(의식)는 뇌의 감각부위를 제외한 나머지 부위의 활동을 통해 확인된다. 그런데 이들 부위 사이의 활동에 위상차가 있으면 주의의 내용들 간에도 차이가 생겨난다. 뇌 부위 사이의 활동이 같은 위상에 있으면 이 차이는 사라지고 두 요소는 통일된 하나가 되지만, 두 부위의 위상이 다르다면 그 경계 지점에 일종의 간섭 패턴이 나타난다. 이것이 바로 '관찰자로서의 나 또는 자아'가 생겨나는 메커니즘이다. 뇌파 활동의 위상이 부위별로 다른 상태가 우리로 하여금 자신을 주의와 주의의 내용, 곧 주변 환경으로부터 분리시킬 수 있게 해준다. 동물은 반사적으로 분리를 일으키지만, 오직 인간만은 의식적인 분리가 가능하다. 좁은ー분리형 집중에서 는 이러한 자아감이 가장 두드러지게 드러난다. 그러나 넓은ー합일형

주의양식으로 옮겨가면, 주의와 주의 내용과 자기 자신이 하나가 됨으로써 뇌의 동조 상태가 일어나고, 그것은 자아의식의 발현을 감소시켜 준다. 주의와 주의의 내용에 관련된 뇌 활동이 같은 위상에서 일어나면 이 둘 사이의 접점에 간섭패턴이 생기지 않기 때문에 의식적인 구분은 사라진다. 주의와 주의 내용 사이의 구분이나 분리가 생기지 않는다. 모든 것이 하나가 되고, 자아는 사라진다.[22]

레스 페미는 뇌파의 진동수를 통해 인간의 자아감이 생겨나는 원리를 설명한다. 자아의 인식은 주의(의식)와 주의 내용이 서로 다른 위상을 갖게 됨으로써 생겨난다는 것이다. 마치 연못에 돌멩이 두 개를 던지면 각각의 중심에서 동심원이 번져 나가다가 두 종류의 동심원이 만나는 곳에 제3의 간섭패턴이 생겨나는 것과 같다. 이것을 다른 비유를 들어 설명해 보자. 눈앞에 어떤 사람이 있다고 해보자. 그 사람을 아는 것은 의식의 활동이다. 그런데 그 사람이 내가 싫어하는 모자를 쓰고 있다. 그 모자를 보자마자 불편한 감정이 일어나며 심지어 그 모자를 쓴 사람도 싫어지기 시작했다. 의식은 감각적 인식으로 파악된 데이터를 통해 싫고 좋고 하는 분별을 형성하여 집착하는 자아를 형성하는 것이다. 만약 내가 특정 모자에 대한 호오가 없다면 앞에 있는 사람에 대하여 싫어하는 마음을 내지 않았을 것이다. 이처럼 우리가 만들어내는 집착은 '차이'를 실체화하여 생겨난다고 볼 수 있다. 거꾸로 말해 차이와 분별을 넘어서면 집착이 사라져 무심의 경지에 이를 수 있다는 것이다. 그러면 육조혜능이 말한 무상無相,

---

22 레스 페미, 이재석 옮김, 『오픈포커스 브레인』, 정신세계사, 2010, pp.212~213.

무념無念, 무주無住를 통해 무분별을 조금 더 설명해 보자. 돈황본
『육조단경』에서는 다음과 같은 내용이 등장한다.

> 선지식들아, 나의 이 법문은 예부터 모두가 생각 없음(無念)을
> 세워 종宗으로 삼으며, 모양 없음(無相)으로 본체를 삼고, 머무름
> 없음(無住)으로 근본을 삼느니라. 어떤 것을 모양이 없다고 하는가?
> 모양이 없다고 하는 것은 모양에서 모양을 떠난 것이다. 생각이
> 없다고 하는 것은 생각에 있어서 생각하지 않는 것이요, 머무름이
> 없다고 하는 것은 사람의 본래 성품이 생각마다 머무르지 않는
> 것이다. 그러나 지나간 생각과 지금의 생각과 다음의 생각이 생각생
> 각 서로 이어져 끊어짐이 없나니, 만약 한 생각이 끊어지면 법신이
> 곧 육신을 떠나느니라. 순간순간 생각할 때에 모든 법 위에 머무름이
> 없나니, 만약 한 생각이라도 머무르면 생각마다에 머무는 것이므로
> 얽매임이라고 부르며, 모든 법 위에 순간순간 생각이 머무르지
> 아니하면 곧 얽매임이 없는 것이다. 그러므로 머무름이 없는 것으로
> 근본을 삼느니라.[23]

---

23 성철 편역, 『돈황본 육조단경』, 장경각, 2004, pp.127~128. 인용된 원문은
다음과 같다. 『南宗頓教最上大乘摩訶般若波羅蜜經六祖惠能大師於韶州大梵
寺施法壇經』(T48, p.338c), "善知識 我此法門 從上以來 頓漸皆立無念爲宗 無相
爲體 無住爲本 何名無相 無相者 於相而離相 無念者 於念而不念 無住者 爲人本
性 念念不住 前念 今念 後念 念念相續 無有斷絶 若一念斷絶 法身卽離色身
念念時中 於一切法上無住 一念若住 念念卽住 名繫縛 於一切法上 念念不住
卽無縛也 是以無住爲本."

혜능은 무념無念, 무상無相, 무주無住가 선종의 종宗, 체體, 본本, 즉 근본 종지에 해당한다고 말한다. 혜능은 무분별의 원리를 상相, 주住, 염念을 통해 해체하여 설명하고 있다.

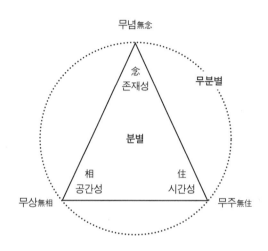

〈무념, 무상, 무주를 통해 본 무분별의 구조〉

여기서 상相은 모양, 모습 등을 말하는 것이고 현상계가 존재하는 방식이다. 현상계는 무상無常하기 때문에 다양한 서로 다른 차이를 만들어내는데 이것이 상이다. 이러한 상은 공간성을 갖는다. 우리 눈에 보이고 감각되어지는 모든 상相은 서로 다른 모양이 있기 때문에 서로 다르게 인식된다. 그리고 주住는 집착, 즉 '머문다'는 것을 말한다. '머문다'는 것은 상相을 고정적으로 인식하는 것으로 시간성을 상징한다고 볼 수 있다. 그러나 모든 상은 실체가 없는 무상無相인데 우리는 시간에 대한 집착인 '머묾'을 통해 상을 고정시킨다. 마지막으로 염念은 생각을 말하는 것으로 마음의 작용이다. 생각은 언어를 통해 구성되는 것으로 인간의 존재적 실체를 대변한다. 그러나 마음은 따로 실체가 있어서 존재하는 것이 아니라 마음의 작용을 통해 현상現象할 뿐이다. 문제는 이러한 마음을 고정불변의 상으로 인식하고 변화를 거부하는 데 있다. 즉 분별은 시간, 공간, 존재를 고정된 사태로 파악하고 그것을 끊임없이 분절시키는 속성을 갖는다.

그러면 위의 세 가지 '무無'에 대한 해석을 "모양이 없다고 하는 것은 모양에서 모양을 떠난 것이다. 생각이 없다고 하는 것은 생각에 있어서 생각하지 않는 것이요, 머무름이 없다고 하는 것은 사람의 본래 성품이 생각마다 머무르지 않는 것이다. 그러나 지나간 생각과 지금의 생각과 다음의 생각이 생각생각 서로 이어져 끊어짐이 없나니, 만약 한 생각이 끊어지면 법신이 곧 육신을 떠나느니라."라는 부분을 중심으로 조금 더 분석하여 보자. 여기서 혜능은 무상無相을 단순히 상相을 부정하는 것으로 보지 않는다. 나머지 무주無住와 무념無念 역시 마찬가지이다. 혜능은 모양에서 모양을 떠나는, 생각에서 생각을 떠나는 식의 표현을 하고 있다. 이것을 어떻게 이해하면 좋을까? 필자는 이 부분이 비유비무非有非無의 중도실상을 나타낸 것으로 보았다. 이를 표로 나타내면 아래와 같다.

〈『단경』에 나타난 무상, 무념, 무주와 비유비무非有非無의 관계〉

	無相	無念	無住
非無	모양에서(於相)	생각에 있어서(於念)	사람의 본래 성품(爲人本性)
非有	모양을 떠남(離相)	생각하지 않음(離念)	생각마다 머무르지 않음(念念不住)

이러한 분석을 통해 혜능의 세 가지 무無가 가진 특징을 크게 두 가지로 파악할 수 있다. 첫째, '무無'는 '없음' 혹은 '단순 부정'의 의미가 아니다. 여기서 무無는 중도를 드러내는 방식으로 이해할 수 있다. 혜능은 무분별이 중도를 통해서만 드러날 수 있음을 천명한 것이다. 둘째, 집착이 일어나는 구조를 보여준다. 괴로움의 원인이 되는 집착은 우리 마음이 번뇌에 계박되어 있는 상태이다. 그것은 일어나는 상相과 생각(念)을 고정불변으로 규정하는 마음의 습관에 의해 생겨난다. 진념眞念과 진상眞相은 아무런 실체가 없이 텅 비어 있는 공한 것인데 집착은 고정된 상을 통해 머무르려고 한다. 그래서 혜능은 "모든 경계에 물들지 않는 것을 생각이 없는 것이라고 하나니, 자기의 생각 위에서 경계를 떠나고 법에 대하여 생각이 나지 않는 것이니라. 일백 가지 사물을 생각하지 않고서 생각을 모두 제거하지 말라. 한 생각 끊어지면 곧 다른 곳에서 남(生)을 받게 되느니라."[24]라고 말하였다. 혜능은 생각을 없애려고 하는 것 자체가 비유비무의 중도에 어긋난다고 본 것이다. 사람의 본래 성품이 생각마다 머무르지 않는 것이기에 생각을 제거하려는 것은 오히려 생각이라는 경계에 물들게 되기 때문이다. 핵심은 생각이든 상이든 법이든 어떤 경계에도 물들지 않는 것이지 경계를 없애는 것이 아니다.

선불교에서 번뇌는 분별에 의해 생겨난다고 본다. 여기서 분별은

---

[24] 성철 편역, 『돈황본 육조단경』, 장경각, 2004, pp.129~130. 인용된 원문은 다음과 같다. 『南宗頓教最上大乘摩訶般若波羅蜜經六祖惠能大師於韶州大梵寺施法壇經』(T48p. 338c), "於一切境上不染 名爲無念 於自念上離境 不於法上生念 莫百物不思 念盡除却 一念斷卽無 別處受生."

일어나는 모든 경계에 대하여 물든 마음을 말하는 것으로 이로부터 떠난 것을 무분별이라고 한다. 그러나 무분별은 분별에서 분별을 떠난 것으로 분별 자체에 대한 부정이라기보다 분별에 집착된 마음으로부터의 떠남이다. 분별이 괴로움을 불러일으킨다는 측면에서 번뇌는 버리고 떠나야 할 것이지만 이것은 생각이나 감정 등 마음의 작용 자체를 부정하라는 의미는 아니다. 오히려 부정할수록 집착은 더 커지고 번뇌는 치성한다. 선불교의 달인들은 이러한 마음의 본성을 꿰뚫어보았고, 거꾸로 그것의 특성을 활용하여 집착에서 벗어나는 방법으로 선문답, 화두 등을 제시한 것이다. 부처에 집착할수록 부처에서 멀어지고, 깨달음에 집착할수록 깨달음에서 멀어진다. 그래서 그들은 번뇌를 직접적으로 부정하는 방법보다는 번뇌를 창조적으로 이용하는 수행법을 고안한 것이다. 모든 번뇌를 궁극적 본성으로 추상화시켜 다시 그것을 타파하는 구조, 생사의 모든 번뇌를 깨달음에 대한 번뇌로 추상화시켜 다시 그것을 넘어서게 하는 번뇌의 수행법을 제안하였다. 이런 의미에서 선 수행자의 번뇌는 일종의 성스러운 번뇌, 해탈로 나아가는 번뇌라고 할 수 있다.

4. 번뇌는 극복될 뿐 부정되지 않는다

지금까지 선불교의 번뇌를 크게 두 가지 관점에서 논하였다. 첫 번째는 아직 발심하지 못한 사람들이 갖는 생사의 번뇌이다. 대부분의 중생들은 생로병사의 고통 속에서 삶을 이어간다. 그들에게 삶은 마찰이고, 즐거움과 괴로움의 굴레이며, 생존과 번영의 갈림길이다. 두 번째는 발심한 선 수행자들의 번뇌이다. 이들은 생사의 모든 번뇌를 궁극적인 진리에 대한 열망으로 승화시킨다. 그들에게 번뇌란 '알 수 없는 것'에 대한 갈망과 추구로 점철된다. 그들은 진리를 위해 몸과 마음을 기꺼이 바칠 준비가 되어 있는 자들이다. 이들이 겪는 고뇌의 과정은 괴로움의 확장이나 망상분별의 확대가 아니라 거꾸로 이러한 흐름을 역류하는 반전의 번뇌이다.

선지식들은 선 수행자들이 가장 궁극적인 것에 빠져들도록 유인한다. 선 수행자들의 열망이 깊어질수록 반전의 계기는 더욱더 커진다. 물론 이 모든 과정은 선지식들이 가진 기량과 역량에 좌우된다. 선지식들은 발심한 수행자들이 가진 응축된 번뇌를 선문답이나 화두 의심을 통해 극복하도록 한다. 그리고 이를 위해 발심한 선 수행자들은 어떤 분별이나 판단에 휘둘리지 않는 '오직 모를 뿐'의 마음 상태를 갖고 있어야 한다. 이러한 '모를 뿐'의 상태는 어떠한 견해나 개념에 사로잡히지 않고 철저하게 개방된 마음의 상태이다. 이러한 마음의 상태는 우리의 의식을 근원적 문제에 대한 탐구와 호기심으로 이끌어 마음을 판단 중지의 상태에 이르도록 한다. 마음은 개방되어 활발하게 작용하고 있으나 어떠한 개념에도 사로잡히지 않았기에 민감하게 반응한다. 근원적 문제에 대한 궁극적인 관심은 우리의 의식을 더 높은 수준으로 계발시켜 주는 기제가 된다.[25] 니체의 다음과 같은 말은 선 수행자들이 가는 길을 상징적으로 보여준다고도 할 수 있다.

---

25 오용석, 『명상, 깨어있는 만큼의 세계』, 공동체, 2020, pp.236~237.

그곳에서 나는 또한 초인이라는 말을 길 가다 주웠으며, 인간은 극복되어야 할 그 어떤 존재라는 것을 알았다. 그곳에서 인간은 다리일 뿐 목적이 아니고, 새로운 아침놀에 이르는 길로서 행복에 겨워 자신의 정오와 저녁을 찬양한다는 것을 알았다.[26]

니체는 '초인'이라는 말은 길 가다 주운 것이라고 말한다. '초인'은 그 자체로 실체가 있는 것이 아니라 초인이 아닌 평범한 사람들에 의해 가립假立된 개념이다. 선 수행자들이 추구하는 '불성' 역시 마찬가지이다. 불성은 깨치지 못한 중생을 깨치게 하기 위한 미끼에 불과하다. 만약 불성을 실체적인 것으로 여긴다면 불성과는 더욱 멀어진다. 불성이 불성을 깨칠 수는 없기 때문이다. 그래서 백장은 "한 생각 한 생각이 유·무 등 모든 법에 매이지 않는다면 예나 지금이나 부처가 사람이고 사람이 부처일 뿐이다. 이것이 삼매정三昧定이기도 하니, 정을 가지고 정에 들어갈 필요가 없고, 선禪을 가지고 선을 생각할 필요도 없으며, 부처를 가지고 부처를 찾을 필요가 없다."[27]라고 말하였다.

또한 니체는 인간은 극복되어야 할 어떤 존재라고 역설한다. 이것은 인간의 존재 이유는 인간이 가진 한계를 극복하는 데 의미가 있는

---

26 프리드리히 니체, 장희창 옮김, 『차라투스트라는 이렇게 말했다』, 민음사, 2018, p.351.

27 백련선서간행회, 『마조록·백장록』, 장경각, 2002, p.115. 인용된 원문은 다음과 같다. "如今一念一念不被一切有無等法管 自古自今 佛祇是人 人祇是佛 亦是三昧定 不用將定入定 不用將禪想禪 不用將佛覓佛."

것이지 번뇌 망상으로 자신과 세계를 분절시켜 한계 짓는 데 있지 않다는 점을 시사한다. 인간은 우리 주변의 시각 혹은 자신이 규정한 방식으로 정의될 수 없는 탈존재적 존재이다. 이는 인간의 삶이란 규정된 척도를 만들거나 이미 만들어진 척도 속에서 삶의 본질을 찾을 수 없음을 의미한다. 임제의 다음과 같은 설법은 니체의 말과 크게 다르지 않게 읽을 수 있다.

> 오늘 산승의 견처를 말하자면 다른 특별한 일들이 없다. 다만 평상시처럼 옷을 입고 밥을 먹으며 아무런 일 없이 시간을 보낼 뿐이다. 제방에서 모여온 그대들은 모두 유심有心으로 부처를 구하고 해탈을 구하여 삼계三界를 벗어날 것을 구한다. 어리석은 이여, 삼계를 나와서 어디로 가려고 하느냐? 부처와 조사는 그저 붙여진 이름일 뿐이다. 그대들은 삼계가 무엇인지 알고 싶은가? 그대가 지금 법을 듣는 심지가 바로 삼계이다. 그대의 탐내는 한 생각이 욕계인 것이다. 그대의 화내는 한 생각이 색계인 것이며, 그대의 어리석은 한 생각이 무색계인 것이다. 이것은 모두 그대들 마음이라는 집에 있는 가구와 같은 것이다. 삼계는 스스로 '내가 삼계다'라고 말하지 않는다. 도를 닦는 벗들이여! 나의 눈앞에서 여러 가지를 분별하여 외계를 헤아리려는 사람이야말로 스스로 삼계를 구별하여 부르는 것이다.[28]

---

28 『鎭州臨濟慧照禪師語錄』(T47, p.500c), "約山僧見處無如許多般 秖是平常著衣 喫飯 無事過時 爾諸方來者皆是有心求佛 求法 求解脫 求出離三界 癡人 爾要出 三界 什麽處去 佛祖是賞繫底名句 爾欲識三界麽 不離爾今聽法底心地 爾一念心

임제의 말을 빌리자면 어리석은 자들만이 삼계를 나와서 어디론가 가려고 한다. 즉 어리석은 자들만이 우리가 살고 있는 지금 이 자리를 '번뇌'로 규정하고 벗어나려고 한다는 것이다. 그러나 니체가 말했듯이 인간은 극복되어야 할 어떤 존재이지 부정되거나 거부될 존재는 아니다. 차라투스트라가 행복에 겨워 자신의 정오와 저녁을 찬양할 수 있는 것은 초인이나 인간이라는 분별을 내려놓을 때 가능한 것이듯, 선사들이 부처와 조사를 부정함은 부처와 조사라는 집착에서 벗어나 본래의 자유를 누리라는 간절한 외침으로 방종의 자유를 합리화하기 위한 것은 아니다. 그래서 선에서는 번뇌를 극복되어야 할 대상으로 보는 것이지 제거하고 부정해야 할 것으로 보지 않는다.[29] 물론 이러한 통찰은 인간에 대한 절대적인 신뢰를 전제하지 않고는 발화될 수 없는 확신의 발로이다. 그러나 우리는 여기서 선불교에서 말하는 번뇌로부터의 자유가 무엇을 위한 것인지 새삼 놓쳐서는 안 된다. 황벽의 다음과 같은 설법을 살펴보자.

붓다는 갠지스 강의 모래에 비유하여 설법하셨다. 갠지스 강의 모래는 모든 붓다, 보살, 제석, 범천이 밟고 지나갈지라도 조금도 기뻐하지 않는다. 또한 소, 양, 벌레들이 밟고 지나갈지라도 모래는

貪是欲界 爾一念心瞋是色界 爾一念心癡是無色界 是爾屋裏家具子 三界不自道 我是三界 還是 道流 目前靈靈地照燭萬般酌度世界底人與三界安名."

29 본 글에서 '극복'은 대상을 부정하는 것이 아닌 새로운 차원으로 나아가는 것을 의미한다. '부정'은 대상과의 관계를 이원화시킨 상태에서 출발하는 것이지만, 극복은 대상을 수렴하여 승화시킨다는 의미를 갖는다.

조금도 노하지 않는다. 진귀한 보배와 향료가 쌓여 있다고 할지라도 모래는 탐내지 않으며, 똥오줌의 악취에도 모래는 싫어하지 않는다. 이런 마음이 곧 무심의 마음이다. 일체의 형상을 초월하여 중생과 제불이라는 어떠한 차별도 없다. 다만 무심할 수 있으면 바로 궁극적인 깨달음이다. 도를 배우는 사람이 바로 무심할 수 없으면 수많은 시간에 걸쳐 수행하여도 도를 이룰 수 없다. 삼승의 공행功行에 걸려 구속되면 해탈할 수 없다.[30]

우선 황벽이 무심을 갠지스 강의 모래로 비유하고 있음에 유의할 필요가 있다. 강변의 모래는 부드러워 누가 지나가도 흔적을 남기지만 아무도 차별하지 않는다. 심지어 더러운 오물이 버려지거나 값비싼 향료 같은 것들이 쌓여 있어도 싫어하거나 반기지도 않는다. 강가의 모래는 모든 사물에 그대로 반응할 뿐 자기를 고집하지 않는다. 여기서 황벽은 무심을 단단한 대리석이나 다이아몬드 같은 것으로 묘사하지 않았다. 단단한 것은 자기동일성을 갖고 있기에 타자와 호응하거나 반응하지 않기 때문이다. 이런 의미에서 무심은 단순히 번뇌가 사라진 청정한 마음의 상태가 아니라 대상과 반응할 수 있는 살아 있는 활동성을 갖는다. 앞에서 혜능이 말했듯 그것은 단순한 상相이나 염念의 부정이 아닌 상相과 염念의 활동을 하지만, 그것에 머물지 않는 특성을

---

30 『黃檗山斷際禪師傳心法要』(T48, p.380a), "佛說是沙 諸佛菩薩釋梵諸天步履而 過 沙亦不喜 牛羊蟲蟻踐踏而行 沙亦不怒 珍寶馨香沙亦不貪 糞尿臭穢沙亦不惡 此心卽無心之心 離一切相 衆生諸佛更無差別 但能無心 便是究竟 學道人若不直 下無心 累劫修行終不成道 被三乘功行拘繫不得解脫."

보여준다. 이런 의미에서 무심은 자비의 실천을 의미한다. 이러한 자비를 황벽은 "붓다의 자비는 인연 없는 중생에게도 베풀어지기 때문에 위대한 자비라고 한다. 자慈란 이루어야 할 붓다가 있다는 견해를 내지 않는 것이며, 비悲란 제도해야 할 중생이 있다는 견해를 내지 않는 것이다."[31]라고 하면서 무연자비無緣慈悲로 묘사하였다. 이와 관련하여 혜능의 다음과 같은 설법은 무념이 어떻게 행行으로 이어지는지 보여준다.

어떤 것을 무념이라고 하는가? 무념법이란 모든 법을 보되 그 모든 법에 집착하지 않으며, 모든 곳에 두루하되 그 모든 곳에 집착하지 않고 항상 자기의 성품을 깨끗이 하여 여섯 도적들로 하여금 여섯 문으로 달려가게 하나, 육진 속을 떠나지도 않고 물들지도 않아서 오고감에 자유로운 것이다. 이것이 곧 반야삼매이며, 자재해탈이나 무념행이라고 이름하느니라. 온갖 사물을 생각하지 않음으로써 항상 생각이 끊어지도록 하지 말라. 이는 곧 법에 묶임이니 곧 변견이라고 하느니라. 무념법을 깨친 이는 만법에 다 통달하고, 무념법을 깨친 이는 모든 부처의 경계를 보며, 무념의 돈법을 깨친 이는 부처의 지위에 이르느니라.[32]

---

31 『黃檗斷際禪師宛陵錄』(T48, p.386a), "佛慈悲者無緣 故名大慈悲 慈者不見有佛可成 悲者不見有衆生可度."

32 성철, 『돈황본 육조단경』, 장경각, 2004, pp.179~180. 인용된 원문은 다음과 같다. 『南宗頓教最上大乘摩訶般若波羅蜜經六祖惠能大師於韶州大梵寺施法壇經』(T48, p.340c), "何名無念 無念法者 見一切法 不著一切法 遍一切處 不著一切處 常淨自性 使六賊從六門走出 於六塵中不離不染 來去自由 即是般若三昧 自

무념법이란 결국 무념행이다. 그리고 무념행은 붓다의 대자비인 무연자비의 실천이다. 이런 맥락에서 황벽이 무심을 갠지스 강의 모래에 비유한 것은 단순한 언어적 수사에 불과한 것이 아니다. 황벽이나 혜능이 말한 무심의 마음은 자비의 실천을 전제로 제시된 것이다. 물론 우리는 이것을 거꾸로도 독해할 수 있다. 즉 어떠한 차별도 없는 자비의 실천이 무념이라는 것이다. 황벽은 한발 더 나아가 이러한 무념이야말로 궁극적인 깨달음이라고 말한다. 이를 달리 말하면 선 수행에서 추구하는 궁극적인 깨달음은 다름 아닌 자비의 실천을 의미한다. 선불교의 십우도十牛圖 가운데 맨 마지막에 해당하는 입전수수入塵垂手가 보여주는 상징 역시 자비의 구체적인 실천행을 보여준다. 자비는 고요히 앉아서 자비의 마음을 연습하는 차원이 아닌 구체적인 삶과 관련되며 지혜를 통해서만 꽃필 수 있다.[33] 갠지스 강의 모래처럼 타자들과 공감할 수 있는 마음을 갖는 행위 자체가 무심인 것이지, 타자와 반응하지 않는 고립된 청정의 마음이 아니다. 만약 타자와 무관한 청정심을 추구하면 중도실상의 이치에서 벗어난다.

5. 자비의 실천으로 번뇌에서 해탈하기

선불교는 붓다가 표명했던 명제인 인간에 대한 압도적인 신뢰를 기반으로 출발하였다. 그들의 수행은 무명 중생이 부처가 되려는 몸부림이

在解脫 名無念行 莫百物不思 當令念絶 卽是法縛 卽名邊見 悟無念法者 萬法盡通 悟無念法者 見諸佛境界 悟無念頓法者 至佛位地."

[33] 오용석, 『명상, 깨어있는 만큼의 세계』, 공동체, 2020, pp.196~197.

아니라 부처인 중생이 본래 부처임을 확인해 나가는 과정이다. 그래서 고통을 일으키는 번뇌를 직접 분석하고 해체하기보다는 그 근저에 있는 바탕에 주목한다. 물론 그 바탕은 다름 아닌 본래 성불이다. 마치 우리가 꿈을 꿀 때 꿈속에서 아무리 꿈의 내용을 분석하더라도 꿈에서 깨어날 수 없듯이 스스로 부처라는 자각을 통해 중생이라는 미망에서 벗어나는 것이다. 따라서 부처인 중생이 부처가 되는 길은 스스로 부처임을 확인하는 신뢰와 수행 속에서 이루어진다. 그리고 이때의 수행은 번뇌가 가진 자기 분열의 속성에 휘말리지 않으면서 번뇌의 속성을 꿰뚫는 역설의 수행이다.

이러한 맥락에서 선불교에서 번뇌를 끊어야 할지 혹은 보듬어야 할지 자명해진다.

선불교에서는 번뇌를 끊어야 할 대상 혹은 닦아야 할 실체로 간주하는 것을 극도로 경계한다. 반대로 마음이 가진 속성을 이용해 새로운 번뇌, 수렴된 번뇌로서 알 수 없는 '그것'에 몰두할 것을 제시한다. 알 수 없는 '그것'에 대한 궁금증이 커질수록 수행자의 자질구레한 번뇌는 수렴되고 선지식은 선문답, 법문 등을 통해 수행자의 집착을 일격에 부수는 계기를 선사한다. 그러나 선이 붓다가 선언한 인간에 대한 절대적인 신뢰에서 출발했듯이, 우리 역시 선에서 제시한 절대적인 명제인 무심과 자비의 관계에서 출발할 수 있다. 즉 타자를 있는 그대로 수용하고, 반응하고 돕는 행위가 무심 자체이고, 깨달음 자체라는 것이다. 그렇지 않고 만약 무심을 번뇌가 끊어진 청정심으로 추상화하여 추구하는 것은 무심을 절대화시키는 행위일 뿐 무심의 실천은 아니다. 이런 맥락에서 선불교에서 번뇌는 극복해야 할 대상이지 부정하거나 끊어야 하는 대상은 아니다. 번뇌는 우리 중생의 상태를 반영하는 하나의 매개로 등장하는 것이며, 우리는 이것을 이용해 자비로 나아갈 수 있다. 즉 자비의 실천이 무심이다. 이 단순한 명제가 역대의 선지식들이 우리에게 던져 준 삶의 방식임을 잊어서는 안 될 것이다.

참고문헌

『大慧普覺禪師語錄』(T47)

『鎭州臨濟慧照禪師語錄』(T47)

『黃檗山斷際禪師傳心法要』(T48)

『黃檗斷際禪師宛陵錄』(T48)

『南宗頓敎最上大乘摩訶般若波羅蜜經六祖惠能大師於韶州大梵寺施法壇
　　經』(T48)

『馬祖道一禪師廣錄』(X69)

『祖堂集』(B25)

『趙州和尙語錄』(J24)

전재성 역주, 『맛지마니까야 전집』, 한국빠알리성전협회, 2014.

강신주, 『한 공기의 사랑, 아낌의 인문학』, 한국교육방송공사, 2011.

감산덕청 주석, 심재원 역주, 『노자도덕경, 그 선의 향기』, 정우서적, 2011.

대혜종고, 장순용 옮김, 『참선의 길』, 고려원, 1997.

백련선서간행회, 『마조록·백장록』, 장경각, 2002.

_____, 『선림보전』, 장경각, 1990.

성철 편역, 『돈황본 육조단경』, 장경각, 2004.

수불, 『간화심결: 간화선 수행, 어떻게 할 것인가』, 김영사, 2019.

이리야 요시타카, 박용길 옮김, 『마조어록』, 고려원, 1989.

일지, 『월정사의 전나무숲길』, 문학동네, 1994.

오용석, 『선명상과 마음공부』, 공동체, 2019.

_____, 『명상, 깨어있는 만큼의 세계』, 공동체, 2020.

야나기다 세이잔, 일지 옮김, 『임제록』, 고려원, 1988.

월운 스님 역주, 『조당집』, 동국역경원, 2008.

레스 페미, 이재석 옮김, 『오픈포커스 브레인』, 정신세계사, 2010.

프리드리히 니체, 장희창 옮김, 『차라투스트라는 이렇게 말했다』, 민음사, 2018.
한자경, 『마음은 이미 마음을 알고 있다』, 김영사, 2019.

강신주, 「유아론적 시간의식을 넘어서－레비나스로부터 장자로」, 『동양철학』 27,
　　한국동양철학회, 2007.
박석, 「깨달음의 패러다임의 전환」, 『한국정신과학학회지』 1(1), 한국정신과학학
　　회, 1997.
박문기, 「선수행법의 비교고찰」, 『한국불교학』 25, 한국불교학회, 1999.
조성택, 「'깨달음의 사회화'에 관련한 몇 가지 고찰」, 『불교학연구』 24, 불교학연구
　　회, 2009.
오용석, 「선 수행에 나타난 분심憤心과 자비에 대한 소고」, 『불교학연구』 49,
　　불교학연구회, 2016.
＿＿＿, 「간화선에서 '알 수 없음'과 '알고자 함'에 대한 고찰」, 『선학』 48, 한국선학
　　회, 2017.

서양철학에서는 번뇌 망상이란 문제를 어떻게 보았는가?

박찬국(서울대학교 철학과 교수)

인간은 끊임없이 번뇌에 시달리면서 번뇌에서 벗어난 상태를 지향한다. 번뇌를 벗어나기 위해서 사람들이 취하는 방식에는 크게 두 가지가 있다. 그 하나는 번뇌는 부나 명예, 인기, 이성의 사랑에 대한 욕망이 충족되지 않았기 때문에 생긴다고 보면서 그러한 욕망을 충족시킴으로써 번뇌를 해결하려는 길이다. 이에 반해 번뇌에서 벗어나는 다른 길은 세간적인 가치들에 대한 욕망을 제어하거나 그러한 욕망으로부터 온전히 벗어나는 길이다.

불교와 마찬가지로 플라톤과 아리스토텔레스, 아우구스티누스와 토마스 아퀴나스, 칸트, 키르케고르, 하이데거에 이르는 서양철학의 주요한 흐름은 이 후자의 길을 대변한다. 이러한 흐름에서는 인간은 자기중심주의적인 욕망으로부터 벗어나는 것을 통해서 번뇌 망상으로부터 벗어날 수 있다고 본다. 이러한 철학적 흐름에서 지속적으로 인간과 함께 신적인 존재가 문제되었던 것도 바로 그 때문이다. 신적인 존재는 자기중심적인 욕망에서 벗어나 보편적인 이성과 사랑을 구현하고 있는 존재이기 때문이다. 이 글에서는 서양철학의 주요한 철학자들이 번뇌와 망상이란 문제에 대해서 어떻게 생각했는지를 고찰한 후, 키르케고르의 『죽음에 이르는 병』을 토대로 하여 번뇌 망상의 구체적인 양태들과 번뇌 망상을 극복할 수 있는 길에 대해서 고찰했다.

1. 죄악심중 번뇌치성의 존재인 인간

일본 정토진종의 창시자인 신란은 인간 존재의 절망적인 유한성을 "죄악심중罪惡深重 번뇌치성煩惱熾盛"이라는 말로 표현했다.[1] 인간의 죄악은 헤아릴 수 없을 정도로 무거우며, 번뇌는 끊임없이 들끓는다는 것이다. '죄악심중'이라고 말할 때, 신란은 인간이 단순히 보편적인 윤리규범이나 법을 어기는 경향이 있다고 말하는 것이 아니다. 인간의 마음뿐 아니라 몸의 세포 하나하나에까지 자기중심주의가 뿌리 깊이 내리고 있어서 우리의 생각 하나하나, 행동 하나하나가 모두 죄악으로 물들어 있다는 것이다.

우리는 자신이 남들보다 우월한 존재라고 생각하면서 남들이 자신보다 잘나거나 잘되는 꼴을 보지 못한다. 남의 행복을 빌고 그의 기쁨을 함께하기보다는 남을 시기하고 질투한다. 신란이 말하는 '죄악심중'의 상태란 아애我愛라는 자신에 대한 애착과 아만我慢이라는 자신에 대한 교만에 사로잡혀 있는 상태다. 우리는 아애와 아만에 사로잡혀 세상이 자신의 뜻에 따르기를 바란다. 세상으로 하여금 자신을 섬기게 하고 자신을 찬양하게 만들고 싶어 한다. 그러나 세상은 그렇게 호락호락하지 않다. 물리적인 자연은 자신의 법칙에 따라 움직일 뿐 우리 뜻에 따라 움직이지 않으며, 다른 인간들과 생물들도 니체 식으로 말하면 자기를 보존하고 강화하는 것에 몰두할 뿐 우리를 배려하지는 않기 때문이다. 따라서 우리는 세상과 끊임없이 갈등을 빚으면서 온갖

---

1 신란, 「탄이초歎異抄」, 『전서』 II, p.773(길희성, 『일본의 정토사상』, 민음사, 2011, p.50에서 재인용).

번뇌에 사로잡혀 몸과 마음을 괴롭힌다. 이것이 바로 신란이 번뇌치성
이란 말로 가리키는 사태다.

'번煩'이라는 것은 몸을 괴롭히는 것이고, 뇌惱는 마음을 괴롭히는
것이다.[2]

번뇌는 일차적으로 정신적인 번뇌와 고뇌를 가리키는 말이지만
이러한 정신적인 번뇌와 고뇌는 육체까지도 상하게 한다. 번뇌가
심하면 머리도 아프고 소화도 안 되며 심한 경우에는 암에 걸리기도
하는 것이다. 정신적인 고뇌가 육체적인 고통을 훨씬 더 능가하는
경우도 많다. 이 경우 사람들은 정신적인 고통을 잊기 위해서 육체적인
고통을 자초하기도 한다. 자신의 머리를 벽에다 찧기도 하며 자살이라
는 극단적인 선택을 하기도 하는 것이다. 신란은 죄악심중하고 번뇌치
성한 인간 삶의 현실을 아래와 같이 묘사하고 있다.

… 화택火宅과 같은 무상無常한 세계에 사는 번뇌구족의 범부에게는
모든 것이 하나같이 거짓이요 잡소리며 진실이 없다.[3]

정토진종淨土眞宗에 귀의했건만
진실眞實한 마음은 얻기 어렵고
허가부실虛假不實한 나로서

---

2 신란, 『전서』 II, pp.628~629(길희성, 위의 책, p.81 이하에서 재인용).
3 신란, 『전집』 II, pp.792~793(길희성, 위의 책, p.72에서 재인용).

청정한 마음 또한 없구나.

겉으로는 사람마다
현명하고 선하고 정진하는 것처럼 보이지만
탐욕과 노여움과 거짓이 많은 고로
간사함이 가득 찼도다.[4]

'죄악심중 번뇌치성'이라는 인간 존재의 근본적인 유한성에 주목하면서 신란은 우리 인간은 스스로의 힘으로는 번뇌 망상의 불길로부터 벗어날 수 없다고 보았다. 우리는 아미타불에 전폭적으로 귀의하여 아미타불로부터 오는 구원을 기다려야만 한다는 것이다. 불교는 흔히 인간이 수행을 통해서 자신을 죄악과 번뇌로부터 구제할 수 있다고 주장하는 '자력 종교'라고 불린다. 그러나 신란의 정토종은 우리에게 자력 구원에의 의지를 버리고 자신을 아미타불의 은총에 전적으로 내맡길 것을 촉구한다. 인간이 스스로의 힘으로 자신을 구원하겠다는 생각 자체가 죄악심중하고 번뇌심중한 자신의 유한성을 무시하는 오만의 발로라는 것이다.

'죄악심중 번뇌치성'이라는 말은 진지하게 자신을 변화시키기 위해 노력한 적이 있는 사람이라면 누구나 공감할 수밖에 없는 말이다. 아무리 뿌리 뽑으려고 해도 망상은 끊임없이 올라와 우리를 번뇌에 사로잡히게 한다. 일시적으로 청정한 마음 상태가 찾아오기도 하지만 조금만 경계를 게을리 해도 마음은 다시 오염된다.

---

4 신란, 「정상말화찬正像末和讚」, 『전집』 II, p.527(길희성, 위의 책, p.73에서 재인용).

신란은 우리의 죄악은 수많은 전생에 걸쳐서 축적된 업에 의한 것이기에 근절하기 극히 어렵다고 보았다. 길희성이 말하듯이, 신란의 이러한 견해는 그리스도교의 원죄설에 가깝다.[5] 인간의 근본적인 죄악성을 강조하면서 신란은 타력 종교라고 불리는 그리스도교에 근접하게 되는 것이다. 길희성은 신란의 생애와 관련해서는 아직 많은 문제가 밝혀지지 않고 있지만 다음 한 가지만은 확실하다고 말하고 있다.

신란은 그의 삶 전체를 통하여 뿌리 뽑기 어려운 자신의 죄악성을 항시 의식하며 살았다는 사실이며, 이와 동시에 자비로운 본원을 통하여 이미 그의 구원을 성취해 놓은 아미타불에 대한 무한한 감사의 마음으로 살았다는 사실이다.[6]

'서양철학에서는 번뇌라는 문제를 어떻게 보았는가'를 주제로 하는 글을 서양철학자도 아닌 신란의 정토종에 대한 이야기부터 시작하는 것은 의외라고 생각할지 모르겠다. 그러나 죄악심중 번뇌치성이라는 신란의 말이야말로 우리 인간의 근본적인 유한성을 절절하게 드러낸 말이라고 생각되어 이 글을 관통하는 실마리로 삼고 싶었다. 플라톤에서부터 아리스토텔레스, 아우구스티누스와 아퀴나스, 칸트, 헤겔, 키르케고르, 하이데거 등으로 이어지는 서양철학의 주요한 흐름도 우리 인간은 어리석음이나 죄에 의한 번뇌 망상으로 끊임없이 시달리고 있다고 본다. 따라서 그러한 흐름에서도 가장 중요한 문제는 번뇌

---

5 길희성, 위의 책, p.74 참조.
6 길희성, 위의 책, p.71.

망상으로 가득한 삶을 어떻게 하면 초월할 수 있는가라는 문제였다. 그러한 흐름에서 항상 번뇌 망상에서 초월해 있는 신이라는 무한한 존재와 신과 인간의 관계라는 문제가 지속적으로 다루어졌던 것도 바로 그 때문이었다.

플라톤이 말하는 선의 이데아나 아리스토텔레스가 말하는 부동不動의 원동자原動者로서의 신, 아우구스티누스나 아퀴나스, 그리고 키르케고르가 전제하는 그리스도교적인 신, 칸트가 말하는 요청으로서의 신 등은 어리석음과 죄와 고통으로부터 벗어나 있는 존재다. 이러한 철학자들은 인간의 궁극적 구원은 이러한 존재와의 합일이나 이러한 존재가 내미는 구원의 손길에 달려 있다고 본다.

2. 시간적인 존재로서의 인간과 번뇌 망상

'번뇌 망상'이란 말에서 보듯 흔히 번뇌라는 말은 망상이라는 말과 함께 쓰인다. 이 말은 번뇌는 망상에서 생긴다는 사실을 의미할 뿐 아니라 망상 자체가 번뇌라는 사실도 의미한다. 세상이나 타인에 대한 부정적인 생각에는 불쾌한 기분이 수반된다. 물론 타인이 망하는 것을 보고 고소해할 경우 우리는 그 순간에는 기분이 좋을지 모른다. 그러나 이러한 기분의 근저에는 타인보다 자신이 뒤떨어지지 않을까 하는 불안이라는 어두운 기분이 깔려 있다. 이에 반해 긍정적인 생각에는 긍정적인 기분이 수반된다. 번뇌가 망상과 이렇게 불가분의 관계가 있다는 것은 번뇌가 인간이 '생각하는 동물'이라는 점에서 비롯된다는 것을 의미한다. 생각이 많은 곳에 번뇌도 많다.

물론 그렇다고 해서 인간 이외의 동물들이 고통을 겪지 않는다는 것은 아니다. 인간뿐 아니라 모든 동물은 생로병사의 고통을 겪는다. 그러나 동물은 생로병사의 고통을 묵묵히 받아들일 뿐, 인간처럼 생로병사의 고통에 정신적인 고통을 더하지는 않는다. 예를 들어 동물은 늙어 가고 있다는 것을 의식하지 못하는 반면에, 인간은 늙어 가는 것을 한탄하고 서러워한다. 죽음의 경우도 마찬가지다. 동물은 살아 있는 동안에는 자신이 죽는다는 사실을 의식하지 못하며 따라서 죽음을 두려워하지도 않는다. 이에 반해 인간은 아직 닥쳐오지도 않은 죽음을 두려워한다.

인간뿐 아니라 모든 생물이 고통 속에 있지만, 그중에서도 인간이 가장 큰 고통 속에 있는 것 같다. 쇼펜하우어가 말하고 있듯이 인간은 고통을 느낄 수 있는 능력이 가장 예민하게 발달해 있는 동물이다. 동물은 고통을 겪어도 고통에서 벗어나려고 몸부림을 칠 뿐, 자신이 왜 이런 고통을 겪어야 하는가라고 묻지 않는다. 또한 동물은 고통의 순간이 지나면 곧 잊어버린다. 동물은 과거의 트라우마에 시달리지 않으며 미래에 대한 불안에 시달리지 않는다. 동물은 순간에 빠져 있다. '순간을 즐겨라(carpe diem)'는 말이 유행하지만 동물이야말로 순간을 가장 잘 즐기는 것처럼 보인다.

인간이 번뇌 망상의 고통을 겪을 수 있는 것은 생각할 수 있는 능력을 갖고 있기 때문이다. 그리고 인간이 생각하는 존재라는 사실은 인간이 시간적인 존재라는 사실과 긴밀한 관계가 있다. 인간이 시간적인 존재라는 것은 다른 사물들처럼 단순히 시간 속에서 변해 가는 존재라는 것을 의미하지는 않는다. 그것은 인간이 과거와 미래 그리고 현재를 의식하면서 사는 존재라는 것을 의미한다. 인간의 거의 모든 번뇌는 사실은 과거와 미래에 연관되어 있다. 동물처럼 찰나 찰나에 빠져 있다면 인간은 그렇게 많은 번뇌에 시달리지 않을 것이다.

동물도 시간 속에 존재하지만 시간을 의식하지 못한다. 그들은 과거를 기억하지 않으며 미래를 예상하지 않는다. 동물에게는 과거에 대한 기억도 미래에 대한 예상도 없기에 과거의 과오에 대한 추억이나 회한도 없고, 미래에 대한 희망이나 불안도 없다. 동물에게는 어떤 의미에서는 현재의 순간만이 있으나, 현재라는 순간도 어디까지나 과거와 미래에 대한 의식을 전제한다는 점에서 사실은 현재도 없다.

또한 신이라는 존재가 있다면 신은 초시간적인 영원한 존재이기에 시간의식을 갖지 않을 것이다. 신에게는 과거에 대한 추억이나 회한도 없고 미래에 대한 희망이나 불안도 없고 영원한 현재만이 존재할 뿐이다. 이 점에서 서양 중세철학은 신의 영원성을 '중지해 있는 지금(nunc stans)'이라고 불렀다.

이러한 사실을 고려해 볼 때 시간의식을 갖는다는 점이야말로 인간을 신이나 동물을 비롯한 모든 존재자로부터 근본적으로 구별하는 것이다. 아우구스티누스뿐 아니라 베르그손과 후설 그리고 하이데거와 같은 철학자들이 시간의식을 인간 존재의 가장 근본적인 특성으로 보았던 것도 바로 이 때문이었다.

신과 인간, 동물과 식물 그리고 무기물로 이루어진 세계의 구조에서 인간만이 시간의식을 갖는다는 사태의 의미는 무엇인가? 하이데거는 인간은 산다는 것을 짐으로 여길 수 있는 존재(Lastwesen)라고 말했다. 인간의 본질적 특성인 시간의식과 삶을 짐으로 여길 수 있는 존재라는 사실은 불가분의 관계에 있다.

물론 인간에게뿐 아니라 동물에게도 삶은 짐이다. 모든 동물도 생존을 위해서 발버둥 쳐야 하기 때문이다. 그러나 동물은 인간처럼 삶을 짐으로 '느끼는' 것 같지는 않다. 동물도 인간처럼 삶을 짐으로 느낄 수 있다면, 삶의 짐을 어떻게 하면 가볍게 할 수 있을지를 고뇌하면서 삶의 짐을 가볍게 하는 많은 방법을 고안해 냈을 것이기 때문이다. 이 경우 동물의 삶은 인간의 삶처럼 역사적으로 변화하는 삶이 되었을 것이다.

동물의 세계는 본능적인 조절장치에 의해서 제한된 세계다. 이에 반해 인간의 경우는 본능이 약화되고, 이른바 생각하는 능력인 이성이 깨어남으로써 인간이 사는 세계는 본능에 의한 제약에서 벗어나게 되었다. 인간은 무한한 우주를 생각할 수 있고, 또한 아직 오지 않은 미래와 이미 지나가 버린 과거를 생각할 수 있다. 이와 함께 인간은 동물이라면 절대로 가질 수 없는 다양한 두려움에 사로잡힐 수 있다.

파스칼은 끝없이 펼쳐진 우주를 보면서 "이 무한한 우주 공간의 침묵이 나를 두렵게 한다."라고 말했다. 그러나 우리가 무한한 우주 공간보다도 더 두려워하는 것은 미래다. 우리는 미래를 예측하고 그것에 대비하려고 하지만, 미래가 우리의 기대에 항상 어긋날 수 있다는 사실을 잘 알고 있다. 따라서 우리는 자신과 자기 후손의 미래를 위해서 남의 것을 약탈하기까지 하면서 끊임없이 재산을 쌓고 자신이 속한 종족의 무궁한 번영을 위해서 다른 나라를 침략한다.

인간의 시간의식은 일차적으로는 미래에 대한 희망이나 불안 혹은 과거에 대한 긍지나 회한으로 나타난다. 그러나 우리는 미래에 대한 희망보다는 불안에, 과거에 대한 긍지보다는 회한에 더 자주 사로잡힌다. 이 경우 우리가 사로잡혀 있는 과거와 미래는 일차적으로 '나의' 과거이고 '나의' 미래다. 즉 과거란 일차적으로 내가 살았던 과거이고, 미래도 내가 개척해야 할 미래인 것이다. 따라서 시간의식은 '자아의식'과 밀접하게 결부되어 있다.

인간은 '나'를 의식하면서 '나'라고 말할 수 있는 존재, 즉 자아의식을 갖는 존재다. 인간이 이렇게 자아의식을 가질 수 있는 것은 인간이 과거 경험을 토대로 하여 자신의 미래를 스스로 개척해 나가야 하는 시간적 존재이기 때문이다. 인간은 세계 속에서 세계의 저항을 뚫고서 자신의 미래를 개척해 나가면서 세계와 대립해 있는 자신을 의식하게 되는 것이다. 물론 우리는 인류의 역사를 말하고 자연의 역사를 말하면서, 나를 포함하는 역사나 자연과 같이 나 자신을 넘어서는 보다 넓은 존재의 관점에서 시간을 생각할 수도 있다. 그러나 이것이 가능한 것도 인간 각자가 일차적으로 과거의 경험을 토대로 현재를 반성하고 미래를 기획하는 식으로 자신의 삶을 형성해 나가는 시간적인 존재이기 때문이다.

우리의 자아의식은 보통 자기 자신을 세상에서 가장 귀한 것으로 생각하는 자기중심주의로 나타난다. 우리에게는 뿌리 깊은 자기애가 존재한다. 아무리 사회적으로 무시 받는 사람이라도 세상에서 자신이 가장 소중한 존재이고 세계는 무너져도 자신은 살아남아야 한다는 생각을 갖고 있다. 우리는 이렇게 소중한 나를, 세계도 소중한 존재로 인정해 주기를 바란다. 다른 사람들은 나보다는 자신들을 더 소중하게 생각하고, 세계도 내 뜻대로 운행되지 않는다. 나는 다른 사람들과 세계에 의해서 언제든 별 볼 일 없는 존재로 짓눌려질 수 있다. 이러한 가능성에 대한 두려움이 우리 내면에 암암리에 항상 존재하면서 우리로 하여금 삶을 짐으로 느끼게 한다.

이런 짐은 우리가 인생의 중요한 길목에서 결국은 자기 혼자서 결단을 내려야 한다는 사실에 의해 가중된다. 그러한 결단을 내리는 과정에서는 부모를 비롯한 여러 사람이 도움을 줄 수 있지만 결국은 그 책임을 내가 짊어져야 한다는 것, 그리고 이러한 결단은 내가 원하지 않는 결과를 초래할 수 있다는 것, 바로 이러한 사실이 우리로 하여금 고독감과 무력감을 느끼게 만들고 삶이 우리를 짓누르는 듯한 느낌을 갖게 만든다.

이러한 고독감과 무력감은 죽음을 생각할 때 가장 심각하게 된다. 하이데거가 말하듯이 죽음은 우리 각자의 죽음으로서 누가 대신해 줄 수 없는 것이다. 따라서 우리는 죽음을 생각하면 홀로 죽음의 길을 걸어야 하는 자신을 생각하면서 고독감을 느끼게 된다. 또한 죽음은 우리가 가장 무력감을 느끼게 되는 사건이다. 우리는 죽음을 피하고 싶지만 죽음을 피할 도리가 없으며, 죽음은 언제든 찾아올 수 있다. 더 나아가 죽음을 생각하면서 우리는 고독감과 무력감뿐 아니라 허무감을 느끼게 된다. 죽음을 생각하면서 우리는, 어차피 죽음과 함께 모든 것이 흔적도 없이 사라질 것인데 무엇을 위해서 이렇게 발버둥치면서 살려고 하는가, 이 모든 몸부림이 무슨 의미가 있는가라는 생각에 사로잡히게 되는 것이다.

3. 번뇌 망상의 궁극적 극복과 영원한 현재

우리는 앞에서 인간은 삶을 짐으로 느낄 수 있는 유일한 동물이라고 말했다. 이렇게 삶을 짐으로 느낄 수 있다는 것은 구체적으로 말해서 우리가 삶에서 고독감과 무력감 그리고 허무감을 느낀다는 것을 의미한다. 고독감과 무력감 그리고 허무감은 우리를 힘들게 하는 부정적인 감정들로서 그 자체가 번뇌에 해당된다. 인간이 만들어낸 모든 문화적 산물, 종교와 예술 그리고 과학과 기술 등은 인생의 짐을 덜어주거나 없애주는 것, 다시 말해서 우리가 삶에서 느끼는 고독감이나 무력감, 허무감을 덜어주거나 해소하는 것을 목표한다.

시간의식을 갖는 인간이 영원과 영원한 존재를 생각하게 된 것도 바로 인생의 짐에서 벗어나기 위한 것이었다. 우리가 정녕 마음의 평안을 얻으려면 시간 속에서 생성 소멸하는 것들에 의지하는 처지에서 벗어나야 한다. 시간 속에서 생성 소멸하는 것은 무상한 것들이기에 우리에게 궁극적인 의지처가 될 수 없다. 언제까지나 내 편이라고 생각했던 사람도 언젠가는 나에게 무관심해지거나 나를 적대시할 수 있으며, 내 것이라고 생각하면서 의지했던 재산이나 명예나 지위와 같은 것들도 시간 속에서 사라질 허망한 것들에 불과하다. 오히려 어차피 사라질 것들에 대한 집착은 고독감이나 무력감 혹은 허무감을 심화시키고 우리를 번뇌의 수렁으로 끌어들인다.

따라서 인간이 고독감과 무력감 그리고 허무감에서 온전히 벗어날 수 있는 길은 시간의식과 자아의식을 넘어서 영원하면서도 모든 것을 사랑으로 감싸 안는 최대의 포괄자로서의 신적인 존재와 하나가 되는 것이다. 인류의 역사가 종교와 함께 시작하고 과학기술이 아무리 발달해도 종교와 영원에 대한 관심이 사라질 수 없는 이유가 바로 이 때문이다. 사람들은 영원한 존재인 신에 귀의함으로써 순간순간마다 인생의 부침에 흔들리지 않는 평온한 마음 상태를 확보하고자 했던 것이다.

이 경우 신이 영원하다는 것은 신이 시간 속에서 영구히 존재한다는 것을 의미하지는 않는다. 진시황처럼 죽지 않고 시간 속에서 영구히 존재하기를 원하는 사람들이 있지만, 신의 영원성은 시간적인 지속성을 넘어서는 초시간적인 것이다. 그것은 앞에서 말한 것처럼 차라리 영원한 현재와 같은 것이다. 따라서 영원한 존재인 신에 대한 관심은 단순히 삶을 무한히 연장시키고 싶은 욕구와는 무관하다. 그것은 오히려 인생의 부침이나 생사에 흔들리지 않고 항상 충만한 기쁨과 평화를 누리는 마음의 상태를 확보하고자 하는 욕구와 관련이 있다.

이러한 마음 상태 안으로 진입하는 것은 자기중심적인 자아의식을 넘어서는 것과 함께 가능하다. 우리는 앞에서 인간의 시간의식이 자아의식과 결부되어 있고, 인간이 자신의 뜻을 세계에서 관철시키면서 자신의 삶을 형성하려고 한다는 사실과 밀접한 연관을 갖는다는 사실을 보았다. 그러나 불교에서는 우리가 흔히 생각하는 자아란 사실은 수억 겁에 걸쳐서 형성되어 온 성격과 신체의 혼합물에 불과하다고 본다.

우리가 우리 자신의 자율적인 생각이나 행동이라고 생각하는 것도 시간의 변이에 상관없이 존재하는 어떤 실체적 자아에서 비롯되는 것이 아니라 수억 겁에 걸쳐서 형성되어 온 성격의 발로일 뿐이다.

이 점에서 불교에서는 우리가 시간 속에서 젊음의 상태에서 늙음의 상태로 나아가는 자아라는 하나의 실체가 있다고 생각하는 것은 무지에서 비롯된 것이라고 본다. 그러나 우리는 보통 성격과 신체로 이루어진 혼합물에 불과한 것을 하나의 통일적이고 지속적인 실체로 생각하면서 그것을 세계에 대해서 주장하면서 온갖 종류의 자기중심적인 욕망을 관철시키려고 한다. 그리고 우리의 마음은 그러한 욕망이 관철되면 기뻐하고, 그렇지 않으면 분노와 비탄을 느끼고 번뇌에 시달린다.

이렇게 세계와 대립된 협소한 자아를 하나의 허구로서 깨닫고, 그러한 자아에 대한 집착을 버릴 때 우리는 시간의식도 넘어서게 된다. 이 경우 우리는 시간의 변화 속에서 늙고 병들어 가는 신체가 속하는 나라는 실체가 존재하지 않는다는 사실을 깨닫고 있기에, '내'가 늙고 병들어 간다고 생각하지 않는다. 우리는 '태어난 나'도 없고 '늙는 나'도 없으며 '죽는 나'도 없다고 생각하게 되는 것이다. 따라서 우리는 생로병사에 대해서 초연한 자세로 임하게 되며, 이렇게 생사에 얽매이지 않는다는 점에서 생사를 여의게 된다. 우리는 생사의 부침과 그러한 생사의 부침을 의식하면서 아쉬워하는 시간의식을 벗어나면서 영원한 현재의 충만한 기쁨과 평화 가운데 존재하게 된다.

인간이 시간적인 존재로 존재하는 한에서는 번뇌 망상에서 벗어날 수 없기 때문에, 서양의 형이상학도 그러한 번뇌 망상에서 벗어나 있는 영원한 존재를 모색했다. 우리는 시간의식을 갖기에 죽음을 앞당겨 생각하면서 인생 전체와 우리가 집착하는 모든 것의 허망함을 느낄 수 있다. 그런데 인간이 이렇게 인생 전체의 허망함을 느낄 수 있는 것은 인간이 시간적인 생멸의 부침에 영향을 받지 않는 영원의 차원을 예감하고 있기 때문이기도 하다. 이는 데카르트가 말하듯 우리가 완전함의 이념을 이미 갖고 있기에 불완전함을 알 수 있는 것과 마찬가지다. 인간은 이러한 허망한 인생의 시간을 넘어서 영원의 차원을 이미 암암리에 감지하고 있기에 인생의 허망함도 느낄 수 있는 것이다.

이런 의미에서 플라톤이나 아우구스티누스 그리고 파스칼과 같은 사람들은 우리 인간은 영원에 대한 기억을 갖고 있다고 말하고 있다. 이러한 영원은 우리가 시간적인 부침 속에 존재하는 것들에 집착하는 한 우리에게 드러나지 않는다. 그러나 우리가 그러한 집착에서 벗어날 때 숨겨져 있던 영원의 차원이 자신을 드러낸다.

우리가 살펴볼 서양철학에서 말하는 영원도 불교가 말하는 영원한 현재와 통하는 면이 있다. 적어도 서양철학에서 말하는 신은 기복적이고 세속적인, 그리스도교에서 말하는 신처럼 인간이 기도하면 들어주는 신은 아닌 것이다. 불교는 깨달음에 이르는 다양한 길이 있을 수 있다고 본다는 점에서 다른 종교들보다 훨씬 더 열려 있고 개방적인 종교다. 불교 못지않게 서양의 대철학자들 역시 번뇌 망상을 어떻게 하면 극복할 것인가를 고민했고, 이러한 고민의 와중에서 불교도들도 귀를 기울일만한 중요한 통찰들을 제시했다고 생각한다. 이 점에서 필자는 불교의 가르침을 염두에 두면서 '서양철학에서 번뇌 망상이란 문제를 어떤 식으로 다루었는가'를 고찰하려고 한다.

인간의 불행은 대부분 번뇌 망상이란 형태로 나타나기 때문에 번뇌 망상의 문제는 불행과 행복이란 문제와 불가분의 관계에 있다. 서양철학에서 번뇌 망상이란 문제는 행복과 불행이라는 문제의 일환으로 고찰되었다. 또한 플라톤에서 헤겔에 이르는 서양철학의 주요한 흐름은 인간을 이성적 동물로 보면서 이성적으로 생각하고 행동할 경우에만 우리가 번뇌 망상에 시달리지 않고 행복을 누릴 수 있다고 보았다. 칸트 식으로 말해서 번뇌 망상은 이성의 잘못된 사용에서 비롯된다는 것이다. 따라서 서양철학에서 번뇌 망상이란 문제는 행복과 이성이란 문제와 불가분의 관계에 있다. 우리의 논의도 번뇌 망상이란 문제를 행복과 이성이라는 문제와 함께 고찰하는 식으로 전개될 것이다.

4. 서양철학의 역사와 번뇌 망상

1) 고대 그리스철학 - 플라톤과 아리스토텔레스를 중심으로

인간은 끊임없이 번뇌에 시달리면서 번뇌에서 벗어난 상태를 지향한다. 번뇌를 벗어나기 위해서 사람들이 취하는 방식에는 크게 두 가지가 있다. 그 하나는 번뇌는 부나 명예, 인기, 이성의 사랑에 대한 욕망이 충족되지 않았기 때문에 생긴다고 보면서 그러한 욕망을 충족시킴으로써 번뇌를 해결하려는 길이다. 이러한 해결은 그러나 다시 새로운 욕망과 번뇌를 낳는다. 우리의 욕망은 한이 없기에 과거에 갖고자 했던 세간적인 가치들을 아무리 많이 획득해도 보다 많은 것을 원하게 되는 것이다.

이에 반해 번뇌에서 벗어나는 다른 길은 세간적인 가치들에 대한 욕망을 제어하거나 그러한 욕망으로부터 온전히 벗어나는 길이다. 고대 그리스철학의 대표자라고 할 만한 플라톤과 아리스토텔레스가 인간이 번뇌 망상에서 벗어나는 방법으로 추천한 것은 자신의 욕망을 적절하게 통제할 수 있는 유덕한 인간이 되는 것이었다. 번뇌 망상에 시달리는 것은 세간적인 것들에 대한 욕망에 쉽게 사로잡히는 성격 때문이니, 이러한 성격을 욕망에 쉽게 흔들리지 않는 유덕한 성품으로 전환해야 한다는 것이다. 이에 반해 그리스도교라든가 불교는 세간적인 가치들에 대한 모든 욕망에서 벗어난 성스러운 인간을 지향한다.

플라톤에 의하면 인간의 마음은 이성, 기개 및 욕망이라는 세 부분으로 이루어져 있다. 이성은 생각할 수 있는 능력을 가리킨다. 욕정은 성욕과 식욕과 같은 신체적 욕망과 재물과 향락에 대한 욕망을 의미한다. 기개는 야심과 자긍심과 같은 것을 의미한다. 욕정이 추구하는 것은 감각적인 쾌락이고, 기개가 추구하는 것은 명예이며, 이성이 추구하는 것은 완전한 인간이라는 이상과 이것을 구현할 수 있는 지혜다.

이성은 마음의 기능 중 최상의 것이다. 육체적 욕망은 인간을 완전성을 추구하는 데서 탈선하게 만들 여지가 많은 것으로서 최하위의 것이다. 기개는 이성이 육체적 욕망을 통제하는 것을 도울 수도 있다는 점에서 중간적인 지위를 갖는다. 플라톤은 인간은 이성적으로 선이 무엇인지는 알아도 육체적 욕망에 사로잡힐 수 있다고 보았다. 오히려 많은 경우 이성은 육체적인 욕망을 실현하는 도구로 전락할 수도 있다. 이성은 재물을 늘릴 수 있는 방법을 개발하거나 육체적인 향락을 더 잘 즐길 수 있는 방법을 고안하는 도구에 불과한 것이 될 수 있다는 것이다. 따라서 플라톤은 이성을 도야하고 이성이 파악하는 선을 실현할 수 있는 의지력 내지 기개를 강화함으로써 육체적 욕망을 통제해야 한다고 생각했다.

그렇다고 해서 플라톤이 니체가 비난했던 것처럼 육체적인 욕망을 죄악시하는 금욕주의에 빠져 있었던 것은 아니다. 플라톤은 육체적인 욕망에 대한 억압과 부정을 주창하는 것이 아니라 욕망의 절도 있는 충족을 주창한다. 아울러 인간은 기개로부터 비롯되는 야심과 자긍심을 갖고 자신의 명예를 소중히 해야 한다. 이렇게 명예를 중시하는 사람은 육체적인 욕망의 노예가 되어 타인의 지탄을 받는 것을 경계한다. 그는 자신의 명예를 위해서 매사에 이성의 명령에 따르는 경향이 있다. 또한 자긍심과 명예욕은 뛰어난 것을 성취하도록 우리를 추동推動한다.

플라톤과 아리스토텔레스에서 보는 것처럼, 고대 그리스적인 윤리는 긍지를 중요한 덕으로 간주한다는 점에서 중세 그리스도교적인 윤리와는 크게 구별된다. 그리스도교적인 윤리는 긍지보다는, 죄인으로 고백하면서 신 앞에 무릎 꿇는 겸손의 덕을 더 중시한다. 이렇게 긍지를 중요한 덕으로 강조하는 플라톤과 아리스토텔레스의 윤리사상은 당시의 지배계급인 귀족이 지향하던 이상적인 인간상을 반영한다고 할 수 있다. 이들은 그리스도교나 계몽주의처럼 사해동포주의나 보편적인 사랑 같은 것을 인간이 실현해야 할 덕으로 보지 않았다. 계몽주의가 추가하는 자유, 평등, 박애라는 가치들은 그리스도교적인 가치들의 연장선상에 있다. 이 점에서 니체는 계몽주의는 그리스도교를 부정하더라도 그리스도교의 그늘에서 벗어나지 못했다고 보았다.

플라톤이 추구하는 이상적인 인간은 높은 지혜와 강한 긍지 그리고 건강한 신체를 갖춘 인간이다. 건강한 인격체에서는 마음의 세 가지 기능이 자신의 덕을 온전히 구현한다. 이성이 완전한 인간이라는 이상을 추구하면서 다른 두 기능을 온전히 자신의 통제 아래 두고 있을 경우 이성은 자신의 고유한 덕인 지혜를 실현한다. 마찬가지로 기개가 이성의 지도를 받으면서 죽음마저도 두려워하지 않으면서 영웅적 기능을 수행할 때 자신의 고유한 덕인 용기를 실현한다. 신체적 욕망이 이성의 통제 아래 자신의 기능을 수행할 때 자신의 고유한 덕인 '절제'를 실현한다.

플라톤은 이 세 가지 덕을 온전히 구현한 인간이야말로 번뇌 망상에서 벗어나 진정한 행복을 누릴 수 있다고 보았다. 그러나 이 세 가지 덕을 조화롭게 갖춘 인간은 드물며, 대부분의 인간은 마음의 세 가지 기능 중 하나가 보통 강하기가 쉽다. 따라서 플라톤은 인간을 세 가지 유형으로 나눈다. 우리는 이성만 발달한 사람을 생각할 수 있다. 이 사람은 지혜를 갖고 선한 것이 무엇인지는 잘 알고 있지만, 그것을 그 어떠한 장애와 저항에도 불구하고 실현할 수 있는 용기와 건강한 신체를 결여한 사람이다. 이런 사람은 머리로는 어떻게 살아야 할지를 잘 알고 있지만, 그 이상을 실현하지 못한 채 자신에 대한 실망과 환멸 그리고 자책이라는 번뇌에 시달리기 쉽다.

이성적인 능력이 부족하고 기개만 강한 사람은 성공과 명예만을 추구하기가 쉽다. 이런 사람은 자칫 명예의 노예가 되어 자신에 대한 긍지를 상실하고 대중의 장단에 맞추는 삶을 살게 된다. 이 경우 그는 대중이 찬양하면 기뻐하고 그렇지 않으면 의기소침에 빠지는 등 항상 불안한 마음 상태로 살게 된다. 오늘날 대중의 환호성에 기대 사는 연예인들 중 일부가 보여주는 것처럼, 그는 인기를 상실하게

되면 좌절하고 경우에 따라서는 극단적인 선택을 하게 되는 지경에
이른다.

아울러 이성과 기개가 부족하고 육체적 욕망만이 강한 사람은 재물
에 대한 탐욕에 사로잡히고 갖가지 향락을 좇는 삶을 살기 쉽다.
그러나 재물에 대한 탐욕은 쇼펜하우어가 말하듯 결코 충족될 수
없는 밑 빠진 독과 같으며 마실수록 목이 마른 바닷물과 같다. 아울러
어떠한 향락도 우리의 욕망을 완벽하게 충족시킬 수 없다. 우리는
보다 자극적인 향락을 찾게 되거나 권태에 빠지면서 끊임없이 번뇌에
시달리게 된다.

플라톤의 철학은 인간을 비롯한 모든 존재자가 자신의 이상적인
본질을 실현하려고 노력하고 있다고 보는 목적론에 입각하고 있다.
플라톤과 마찬가지로 아리스토텔레스도 진정한 행복은 인간이 자신의
본질인 이성을 도야하고 이성이 자신의 모든 정서와 욕망을 통제하게
함으로써 인격적으로 자신을 완성하는 데 있다고 본다. 이성적으로
사고하고 행동하는 것은 어쩌다가 한 번 일어나는 것이어서는 안
되고 습관이 되어야만 한다. 이성적으로 사고하고 행동하는 것이
습관이 되고 하나의 성품으로 자리잡게 된 사람이 유덕한 인간이다.

아리스토텔레스는 우리의 이성을 크게 실천적인 이성과 이론적인
이성으로 나누면서, 덕에도 실천적인 덕과 이론적인 덕이 있다고
본다. 실천적인 이성은 욕망을 통제하고 양극단을 피하여 중용에
따르는 이성이며, 이론적인 이성은 학문을 통해서 진리를 탐구하는
이성이다. 플라톤은 실천적인 이성과 이론적인 이성을 구별하지 않았
으며, 무엇이 선인지는 철학적인 토론을 통해서 알 수 있다고 보았다.

이에 반해 아리스토텔레스는 이론적인 이성과 실천적인 이성을 구별하면서, 어떤 구체적인 상황에서 어떤 행위가 올바른 행위인지는 이론적인 이성이 아니라 실천적인 이성을 통해서 알 수 있다고 보았다.

실천적인 이성이란 매 상황에서 중용을 파악하고 중용에 맞게 행동하는 이성이다. 중용은 지나침과 모자람 사이의 중용이다. 용기는 비겁함과 만용의 중용이며, 절제는 금욕과 방종의 중용이며, 관대함은 인색과 낭비의 중용이고, 긍지는 비굴함과 교만의 중용이다. 플라톤은 지혜, 용기, 절제의 덕이라는 3가지 덕만을 이야기했다. 그러나 인간이 처하는 상황은 다양하기 때문에 아리스토텔레스는 다양한 덕이 있을 수 있다고 보았다.

매 상황에서 중용을 실현한다는 것은 말은 쉽지만 실제로는 매우 어려운 것이다. 이는 각 상황에서 가장 적합한 행위, 즉 중용을 지키는 행위는 오직 하나만 있을 수 있는 반면에, 중용에서 벗어난 행위들은 무수히 많이 존재할 수 있기 때문이다. 따라서 실천적 이성이 고도로 발달한 슬기로운 자가 아니면 매 상황에서 잘못 행동하고서 번뇌에 빠지기 쉽다.

실천적 이성은 보편적인 법칙으로 정리하기 어려운 수많은 개별상황에 대한 경험에 입각한 직관적인 성격을 갖는다. 따라서 아리스토텔레스는 젊은 사람은 실천적 지혜를 갖기가 어렵다고 보았다. 물론 아리스토텔레스는 남들에 비해서 탁월한 실천적인 지혜를 갖고 태어난 사람들도 있다고 보았다.

아리스토텔레스가 말하는 실천적 이성은 파스칼이 말하는 섬세한 정신과 유사하다. 섬세한 정신은 자신이 처한 구체적인 상황의 전체를 직관적으로 이해한다. 이러한 구체적인 상황은 매 순간 달라지기 때문에 일반적인 이론체계에 의해서 온전히 파악될 수 없다. 예컨대 군사학에서 배운 일반 이론은 구체적인 전투상황에서는 사실상 쓸모없는 것일 수 있는 것이다. 이론적인 이성은 일반적인 원리와 법칙을 탐구한다. 이에 반해 섬세한 정신은 일반적인 이론에 얽매이지 않고 자신이 처해 있는 그때마다의 상황 전체를 한순간에 꿰뚫어보며 작위적인 기교 없이 자연스럽게 그리고 탄력적이고 부드럽게 행동한다.[7] 이론적인 이성과 실천적인 이성은 이렇게 근본적으로 다른 것이기 때문에 뛰어난 경제학자라고 해서 뛰어난 경영인이 되는 것은 아니며, 훌륭한 정치학자라고 해서 훌륭한 정치인이 되는 것은 아니다.

실천적 이성의 중요성을 강조하면서도 아리스토텔레스는 우리 인간이 가장 행복한 때는 학문을 할 때라고 보았다. 아리스토텔레스는 모든 인간은 지식에 대한 욕망을 갖고 있다고 보았다. 모든 인간은 세계가 변화무상하고 무수한 개체로 이루어져 있음에도 불구하고 일정한 질서를 갖고 있다는 사실을 경이로워하면서 그러한 질서를 파악하고 싶은 지적인 호기심을 갖고 있다는 것이다.

세계에 개입하지 않고 관조하는 학문을 통해 우리는 순수한 정신으로 존재하게 되면서 신적인 삶의 방식에 직접적으로 참여하게 된다. 학문을 할 때 우리는 끊임없이 변화하는 세간의 번잡한 일에서 벗어나 세계를 관조하는 신적인 평정을 누리게 되는 것이다. 아리스토텔레스는 신을 완전한 자기 자신에 대한 관조에 빠져 있는 존재라고 보았다.

---

7 미키 기요시, 윤원로, 『파스칼의 인간 연구』, 도서출판b, 2017, pp.164~167 참조.

따라서 인간이 가장 완전하고 고귀하게 되는 것은 완전한 세계의 질서에 대해서 관조하는 방식으로 신을 모방하는 것이다.

　오늘날 학문적인 탐구는 인간이 부딪히는 갖가지 문제를 해결하는 수단적인 것으로 간주되고 있다. 이에 반해 아리스토텔레스는 학문은 세계의 영원한 질서를 인식하는 것으로서 우리에게 최고의 궁극적인 행복을 가져다주기 때문에 다른 것의 수단이 될 수 없다고 본다.

　실천적 이성과 이론적 이성이 탁월하게 실현된 상태가 바로 행복이다. 이렇게 이성을 강조한다고 해서 아리스토텔레스가 감각적인 향유와 같은 것을 배척한 것은 아니다. 아리스토텔레스는 신체와 영혼은 서로 불가분의 통일체를 이루고 있다고 본다. 감각적인 향유 자체가 나쁜 것이 아니라 그것에 대한 지나친 탐닉이 나쁘다고 볼 뿐이다. 감각적 쾌락은 찰나적인 것이며 그것이 지나치면 곧 지겨움으로 전환된다. 아리스토텔레스는 먹고 마시고 성행위를 하는 데서 얻을 수 있는 쾌감도 그것이 절도 있게 추구되는 한 인간의 행복을 구성하는 중요한 요소라고 본다. 더 나아가 아리스토텔레스는 이렇게 어떤 것의 맛을 음미하면서 즐기는 것도 단순히 감각적인 활동으로만 보지 않고 이성이 작용하고 있는 것으로 본다.

　그러나 아리스토텔레스는 인간이 행복하기 위해서는 이론적인 이성과 실천적 이성의 탁월한 실현 그리고 절도 있는 감각적 향유라는 세 가지 요소 이외에 최소한 남에게 멸시받지 않을 정도의 사회적인 지위와 명예, 남에게 경제적으로 의존하지 않을 정도의 재산, 건강, 좋은 친구 등과 같은 외적인 것들도 중요하다고 보았다. 이 점에서 아리스토텔레스는 무욕과 무소유에서 행복을 찾은 디오게네스와 같은 견유학파와는 입장을 달리 한다. 전해오는 이야기에 따르면 아리스토텔레스는 옷차림이나 머리 스타일 등에도 상당히 신경을 썼다고 한다.

현대인들은 행복을 보통 물질적인 안락이나 쾌감과 동일시한다. 이에 반해 플라톤과 아리스토텔레스는 어떤 사람이 정말 행복한 인간인지는 그 사람이 이룩한 인격의 성숙에 따라서 평가되어야 한다고 본다. 마음이 평온하고 두려움이 없으며, 지속적이며 평온한 만족을 위해서 당장의 쾌락을 거부할 수 있는 신중하고 통찰력 있는 사람만이 번뇌 망상에 사로잡히지 않고 자신의 삶에 만족할 수 있다는 것이다.

플라톤과 아리스토텔레스의 윤리사상은 근대윤리학처럼 선이란 무엇인가를 따지는 것보다는 훌륭한 성품은 어떤 것이냐를 문제 삼았다. 그들은 훌륭한 성품을 갖춘 인간은 번뇌 망상에서 벗어난 행복한 인간이며, 이러한 인간은 선한 삶을 살 수밖에 없다고 보았다. 그들은 행복은 덕을 실현한 결과로 나중에 따라오는 보상과 같은 것이 아니라고 보았다. 덕이란 이성적으로 사고하고 행동하는 것이 습관이 된 상태이기에 덕을 갖춘 사람에게는 덕을 실현한다는 것이 힘든 일이 아니다. 오히려 그는 그렇게 덕을 실현하는 가운데서 행복을 경험한다.

칸트는 인생의 현실에서는 유덕한 인간이 불행한 인간이 될 수 있다고 보면서, 우리 인간은 덕과 행복을 조화시킬 수 있는 존재인 신이 존재하기를 희망할 수밖에 없다고 보았다. 이에 반해 플라톤과 아리스토텔레스는 덕과 행복은 서로 분리되는 것이 아니라 유덕한 자는 유덕함 그 자체로 인해 행복하다고 보았다. 덕을 구현한 사람, 다시 말해 이성적으로 사유하고 행동하는 것이 습관이 된 사람은 유덕하게 살지 않는 것을 오히려 불행으로 느낀다는 것이다.

2) 중세철학과 번뇌 망상 – 아우구스티누스와 토마스 아퀴나스를 중심으로
(1) 고대 그리스와 그리스도교의 사랑 개념의 차이

플라톤은 인간의 본성을 에로스라고 보았다. 에로스는 사랑을 의미하기는 하지만, 이 경우 사랑은 남녀 간의 관능적인 사랑을 의미하는 것이 아니라 완전한 이상에 도달하려는 정열을 의미한다. 인간은 완전한 이상을 추구하기에 불완전한 상태에서는 자신도 모르게 불안과 권태를 느끼게 된다. 그리스인들에게 사랑은 이렇게 불완전한 존재가 완전한 존재에 다가가려는 열망이다. 따라서 플라톤은 "우리가 완전한 신이었다면 사랑하지 않았을 것이다."라고 말했다. 신은 가장 완전한 존재이기에 자신보다 완전한 어떤 것을 열망하지 않으며, 그런 것을 열망할 정도로 결핍되어 있지 않기 때문이다.

아리스토텔레스도 플라톤과 마찬가지로 모든 사물이 가장 완전한 존재인 신을 향해서 나아간다고 본다. 인간을 비롯한 지상의 모든 존재자가 신에 대해서 갖는 태도는 신에 대한 짝사랑이다. 우리는 신의 완전함과 아름다움에 홀려서 그것과 하나가 되고 싶어 한다. 그러나 완전한 신은 불완전한 우리에게는 아무런 관심이 없다. 어떤 것에 관심을 갖는다는 것은 그것에 끌린다는 것인데, 완전한 존재가 불완전한 존재에 끌릴 수는 없기 때문이다. 어떤 것에 관심을 갖는 자는 자신이 관심을 갖는 것에서 자신에게 결여되어 있는 무언가 훌륭한 것을 보기 때문에 그것에 끌리게 된다. 그러나 완전한 자는 그 자체로 완전하여 아무 것도 결핍되어 있지 않기 때문에 다른 것들에 끌리지 않는다.

플라톤은 모든 사물이 지향하는 본질적 형상을 이데아라고 불렀고,

이러한 이데아들 중 최고의 이데아를 선의 이데아라고 불렀다. 이러한 선의 이데아가 플라톤에서는 최고의 존재인 신에 해당한다고 볼 수 있다. 이러한 선의 이데아와 아리스토텔레스의 신은 세상에 아무런 관심이 없이 자신 안에 머물러 있는 존재다. 따라서 플라톤과 아리스토텔레스의 신은 그리스도교의 신처럼 불완전한 존재들에게 자비를 베푸는 신이 아니다.

그럼에도 그것은 자신의 완전한 아름다움으로 모든 존재자를 매료시키면서 자기 자신에게 참여하도록 자극한다. 이는 우리가 짝사랑하는 상대가 우리에게 아무런 관심이 없으면서도 우리를 자신 쪽으로 끊임없이 향하게 하는 것과 동일하다. 이런 의미에서 아리스토텔레스는 신을 부동의 원동자라고 불렀다. 그 자신은 전혀 움직이지 않으면서도 다른 모든 것을 움직이게 하는 자라는 것이다.

인간은 완전한 것에 대한 관념을 가지고 있기에 다른 어떤 존재자들보다도 완전한 것에 대한 강한 열망을 갖고 있다. 따라서 에로스는 강력한 힘으로 인간으로 하여금 무엇인가 아름답고 완전한 것을 쫓도록 몰아댄다. 그러나 이러한 충동이 이성에 의해서 인도되지 않을 때 그것은 부나 명예, 아름다운 이성異性과 같은 것들을 완전한 존재로 착각하는 우상숭배에 빠지기도 한다. 인간은 무상하고 유한한 것들을 영원하고 완전한 것처럼 숭배하고 그것들에 집착하면서 그것들에서 평안과 즐거움을 느끼려고 하는 것이다. 이러한 우상숭배는 그 집착의 강렬함으로 인해 우리가 기대했던 행복보다는 예기치 못했던 치열한 번뇌를 야기하기 쉽다.

그리스철학에서와 달리 그리스도교에서 사랑은 완전한 것을 향한 열망으로서의 에로스가 아니다. 오히려 그것은 완전한 존재가 불완전한 존재에 대해서 갖는 무조건적이고 무한한 자비로서의 아가페다. 그리스도교의 신은 아리스토텔레스의 신처럼 순수정신으로서 자신을 관조하는 것에 빠져 있는 신이 아니라 자신의 지복을 한없이 나누어주는 '사랑'의 신이다. 플라톤과 아리스토텔레스는 세계는 원래부터 영원히 존재하는 것으로 보았던 반면에, 그리스도교는 세계도 신이 자신의 흘러넘치는 무한한 사랑으로부터 창조한 것으로 본다.

그리스도교의 신은 사랑의 신이지 이성의 신이 아니기 때문에, 이성적인 학문을 통해서 파악될 수 없다. 플라톤에서 그리스도교의 신에 해당되는 것은 최고의 이데아인 '선의 이데아'이지만, 플라톤은 이러한 '선의 이데아'를 철학적인 문답을 통해서 파악할 수 있다고 보았다. 그리고 아리스토텔레스는 우리는 학문을 통해서 신을 모방한다고 보았다. 그러나 그리스도교의 신은 학문이 높은 자가 가장 가깝게 다가갈 수 있는 존재가 아니라 자신의 죄를 참회하는 마음이 맑은 사람이 경험할 수 있는 존재다.

이 점에서 그리스도교는, 이성은 자신의 한계를 인정하고 신 앞에서 조용히 무릎을 꿇어야 한다고 본다. 인간 존재의 불안과 비참함을 궁극적으로 극복하는 데 이성은 아무런 도움도 주지 못한다. 이성은 겸허하게 신앙에 길을 양보해야 한다. 이런 의미에서 그리스도교의 신은 파스칼이 말했던 것처럼 철학자의 신이 아니라 아브라함의 신, 이삭의 신, 야곱의 신이다.

플라톤과 아리스토텔레스에서 신은 이성적인 성격을 띠었기 때문에 이성적인 덕을 온전히 구현한 자가 완전한 인간으로 간주되었다.

이에 반해 그리스도교에서 완전한 인간은 신처럼 모든 인간이 고귀한 존엄성을 갖는다고 보면서 무조건적인 사랑을 실천하는 자다.

역사적으로 볼 때 인간의 자기 이해는 항상 신에 대한 이해를 통해서 규정되었고 그 역逆은 아니었다. 신을 어떤 존재로 이해하느냐에 따라서 인간의 자기 이해는 달라져 왔다. 그리스도교는 신을 자신 속에 자족하고 있는 존재로 보지 않고 모든 것에 무조건적인 사랑을 베푸는 존재로 이해한다. 신에 대한 이러한 이해와 함께 인간은 자신을 신의 사랑을 받는 고귀한 인격으로 간주할 수 있었다.

신에 대한 이해가 변하면서 행복에 대한 이해도 변하게 된다. 아리스토텔레스는 학문이야말로 최고의 행복인 신적인 행복을 직접적으로 구현하는 길로 보았다. 이에 반해 그리스도교는 우리가 자신의 편협한 에고(ego)에 대한 집착에서 온전히 벗어나 인간을 비롯한 모든 존재자에 대한 사랑으로 가득 차게 되는 것을 최고의 행복으로 간주한다.

그리스도교에서는 인간과 신 사이에 넘어설 수 없는 거리가 존재한다고 본다. 인간은 자신이 자기중심주의에 빠져 있는 죄인임을 고백하면서 신의 용서와 은총을 기다려야 한다. 그러나 이렇게 참회와 함께 신의 구원에 자신을 내맡기는 사람은 신의 무한한 사랑을 경험하면서 충만한 지복을 경험하게 된다. 이렇게 신의 은총을 받은 사람은 자신이 항상 유한하고 죄에 빠질 가능성이 있는 존재라는 것을 자각하면서 교만에 빠지지 않는다. 그는 자신이 다른 사람들보다도 우월하다고 느끼지 않으며 다른 사람들에게 항상 겸손하다.

그리스도교는 이렇게 인간과 신 사이의 넘어설 수 없는 거리가 존재한다고 보면서도 신은 우리 인간의 마음에 존재한다고 말한다.

그것은 우리 안에 존재하지만 우리는 보통 세간사에 정신을 빼앗겨 있기 때문에 우리에게 숨겨져 있을 뿐이다. 파스칼은 이렇게 말한다.

신의 왕국은 우리 안에 있다. 곧 보편적인 선도 우리 안에 있다. 이 둘은 우리 자신이면서 우리가 아닌 것이다.[8]

따라서 우리가 신을 향해서 나아갈 때 이러한 운동은 외부를 향해서 나아가는 것이 아니라 사실은 자신의 가장 깊은 내면으로 되돌아가는 것이다. 따라서 신을 사랑하는 것은 자신을 사랑하는 것이고 신의 보편적인 사랑으로 충만한 사람이 되는 것이다.

이런 의미에서 바울은 이렇게 말한다.

살아 있는 것은 내가 아니다. 예수 그리스도가 내 안에 살아 있다.[9]

예수 또한 말한다.

이 일을 이루는 것은 내가 아니다. 내 안의 아버지가 자기의 일을 하신다.[10]

우리가 아래에서 살펴볼 아우구스티누스, 토마스 아퀴나스, 파스

---

8 파스칼, 『팡세』(브륀슈빅 판본), 485번(미키 기요시, 위의 책, p.114에서 재인용).
9 『갈라디아서』 2: 20(미키 기요시, 위의 책, p.132에서 재인용).
10 『요한복음』 14: 10(미키 기요시, 위의 책, p.132에서 재인용).

칼, 키르케고르도 신은 다른 존재자들처럼 인간의 외부에 있는 것이 아니라 우리의 마음에 존재한다고 말한다.

(2) 아우구스티누스와 토마스 아퀴나스

위에서 살펴본 그리스도교의 기본사상에 입각하여 아우구스티누스는 신에 대한 직관(Visio Dei)만이 인간에게 모든 번뇌에서 벗어난 궁극적인 평안을 가져다줄 수 있다고 본다. 이 경우 신에 대한 직관이란 신의 현존을 온몸과 마음으로 직접적으로 경험하면서 평화와 기쁨으로 가득 차는 사건이다. 신에 대해서 아우구스티누스는 "우리의 영혼은 당신 속에서 휴식하기 전까지는 항상 불안 속에 있다."라고 말한다. 신은 탄생에서 죽음에 이르는 우리 인생의 불안한 운동에 최후의 확실한 통일성과 공고함을 부여한다. 아울러 그것은 자기 내면에 있는 신의 의지에 따라서 생각하고 행동한다는 것을 의미한다. 아우구스티누스는 세상에 대한 지식들이 아무리 많고 정교해도 그것들은 삶에 행복을 가져다주지 못하는 망상일 뿐이라고 보았다.

신에 대한 직관은 본인의 노력만으로는 주어지지 않고 신의 은총에 의해서만 주어진다. 또한 아우구스티누스는 인간은 원죄에 의해서 철저하게 이기적인 존재로 타락했다고 보았다. 따라서 그는 인간은 이성을 통해서 보편적인 선 자체를 인식할 수 없고 자신에게만 좋은 것을 알 뿐이라고 보았다. 인간이 이기적인 자아를 벗어나 보편적인 선을 구현하는 것도 신의 은총을 통해서만 가능하다는 것이다.

아우구스티누스와 마찬가지로 토마스 아퀴나스 역시 인간은 신에 대한 직관을 통해서만 모든 번뇌에서 벗어나 궁극적인 행복을 누릴 수 있다고 본다. 그리고 신에 대한 직관은 신의 은총을 통해서만 주어진다고 본다. 그러나 아우구스티누스와는 달리 아퀴나스는 인간의 이성은 보편적인 선 자체와 자신에게만 좋은 것을 구별할 수 있다고 보았다. 따라서 소크라테스나 플라톤처럼 신의 은총을 경험하지 않은 사람들도 이기적인 선을 넘어서 보편적인 선을 인식하고 구현할 수 있으며 훌륭한 삶을 살 수 있다.

더 나아가 아퀴나스는 신에 대한 직관은 신의 은총에 의해서 주어지지만, 인간의 이성은 모든 번뇌 망상에서 벗어난 궁극적인 행복을 지향하기 때문에, 이성에도 신에 대한 직관을 향하는 자연적 성향이 존재한다고 본다. 이는 궁극적인 행복은 신에 대한 직관에 의해서만 주어지기 때문이다. 물론 신의 은총을 통해 신의 현존을 경험하는 사람들은 항상 충만한 기쁨 속에 살기에 신의 현존을 경험하지 못한 사람들에 비해 훨씬 더 선한 삶을 살게 된다. 번뇌 망상에서 벗어나 충만한 행복 속에서 사는 사람만이 자신의 이익을 따지지 않고 타인들에게도 자신의 행복을 나누어줄 수 있다. 그러나 신의 현존을 경험한 사람들이 지향하는 덕은 이성이 지향하는 덕들과 대립하지 않고 그것들을 완성한다.

아퀴나스는 이렇게 신의 은총에 의해서 주어지는 덕이 이성이 추구하는 덕들을 완성하기 때문에, 덕들 사이에는 위계질서가 존재한다고 본다. 신의 은총에 의해서 주어지는 믿음과 희망 그리고 특히 사랑은 성스러운 덕들로서 모든 덕 중에서 최고의 지위를 갖는다. 이와 함께 인간이 추구하는 다양한 가치들 사이에도 위계질서가 성립한다. 성스러운 것은 아름다운 것 위에, 아름다운 것은 유익한 것 위에, 유익한 것은 감각적 쾌감을 주는 것 위에 존재하며, 공공의 행복은 개인의 행복 위에 존재한다.

성스러운 것과 아름다운 것 중에서 어떤 것을 택할 것인가가 문제되는 상황에서는 우리는 성스러운 것을 택해야 하며, 일시적으로는 감각적 쾌감을 주더라도 전체적으로 보아 나 자신이나 가족 혹은 주위 사람들에게 해가 될 것 같은 행위는 하지 않아야 한다. 공공의 행복과 개인의 행복이 서로 갈등하는 상황에서는 공공의 행복을 우선해야 한다. 인간은 이렇게 높은 가치를 지향하는 본성적인 성향이 존재하기에 높은 가치와 낮은 가치 사이에서 낮은 가치를 택할 경우에는 자신에 대한 후회나 환멸이나 죄책감을 경험하게 된다.

물론 그렇다고 해서 아퀴나스가 감각적인 쾌감이나 특정한 개인에게 유익한 것을 그 자체로 악한 것으로 보면서 배격하는 것은 아니다. 어떠한 가치도 그 자체로는 선이다. 따라서 우리에게 감각적인 쾌감을 주는 것이나 개인에게만 유익한 것도 그것이 보다 높은 가치들의 실현을 방해하지 않는 한 충분히 허용될 수 있다. 토마스 아퀴나스에서 악은 이러한 가치들의 위계질서를 전도하는 것이며, 번뇌는 가치들 간의 위계질서를 전도시키는 망상과 그에 따른 행위에서 비롯된다. 예를 들어 감각적인 쾌락을 추구하는 행위가 가치들의 위계질서 내에서 자신이 갖는 상대적인 정당성을 절대적인 것으로 주장할 때, 인간은 그 찰나에는 행복을 느낄지 몰라도 궁극적으로는 번뇌에 시달리게 된다.

3) 근대철학과 번뇌 망상

중세에는 신적인 계시가 철학적 사고의 지침이 되었다. 신적인 계시를 담은 성서에 의하면 존재자는 인격적인 창조신에 의해서 창조되었고 그에 의해 보존되고 주재된다. 근대에 들어와 인간은 신에 의지하지 않고 자신의 이성적인 능력에 의거함으로써 자신의 힘으로 자신의 문제를 해결하고자 한다.

　이렇게 인간이 자신의 이성적인 능력만을 신뢰할 수 있는 것으로 보면서 이성에 대한 견해도 달라진다. 플라톤과 아리스토텔레스 그리고 아우구스티누스와 아퀴나스로 대표되는 서양 고중세철학에서 이성은 관조에 의해서 세계의 질서를 반영하는 것으로 간주된다. 이에 반해 근대철학에서는 이성은 세계를 관조하는 것이 아니라 자아 자신에게 원래부터 존재하는 명증적인 관념들을 연역적으로 전개하거나 감각기관에 주어지는 감각 자료들을 종합하는 것으로 보는 것이다.

　예를 들어 데카르트와 스피노자 그리고 라이프니츠로 대표되는 합리론에서는 가장 확실한 학문인 수학에서 보듯이, 이성은 자기 자신에게 원래부터 존재하는 확실하게 참된 관념들을 연역적으로 전개함으로써 세계를 인식하는 것으로 간주된다. 로크와 버클리 그리고 흄으로 대표되는 경험론에서는 이성은 자신에게 주어지는 감각 자료들에서 유사하거나 서로 근접해 있는 것들을 연상 작용에 의해서 서로 결합함으로써 세계를 구성하는 것으로 간주된다. 또한 칸트에서 이성은 스스로가 정립한 인식의 규칙에 따라서 감각 자료들을 종합함으로써 세계를 구성하는 것으로 간주된다.

　이 점에서 합리론과 경험론 그리고 칸트의 철학은 크게 보면 계몽주의적 입장을 취하고 있다고 할 수 있다. 계몽주의는 인간이 믿어야 할 것은 이성뿐이며 이성만이 우리에게 자연의 진리와 인간이 어떻게 살 것인지에 대한 지침을 줄 수 있다고 본다. 계몽주의는 더 나아가 우리가 신의 말씀으로 전해 내려온 것도 무비판적으로 따라야 하는 것이 아니라, 오히려 그것을 이성의 법정에 세우고 과연 그것이 타당성을 갖는지를 검토해야 한다고 주장한다.

감각적인 경험을 중시하는 경험론은 언뜻 보기에는 계몽주의적인 신념과는 거리가 있어 보인다. 그러나 경험론도 이성의 힘 자체를 무시하지는 않는다. 그것은 이성이 이른바 신의 말씀이나 우리에게 전승되어 오는 갖가지 편견이나 선입견보다는 감각적인 경험을 판단의 토대로 삼을 것을 요구하는 것이다. 경험론 역시 우리가 의지할 수 있는 것은 신의 말씀보다도 감각적 경험에 입각한 이성적인 판단이나 추론이라고 보고 있는 것이다.

계몽주의는 과학과 기술의 발전을 통해서 홍수와 가뭄과 같은 자연재해나 질병 등을 극복할 수 있다고 믿었으며, 또한 인간에 대한 인간의 지배와 폭력을 자유롭고 정의로운 사회의 건설을 통해서 극복할 수 있다고 믿었다. 이를 위해 계몽주의는 자연을 지배할 수 있는 도구적 이성과 인간 간의 관계를 조화롭게 만드는 윤리적 이성을 발전시켜야 한다고 본다.

인간이 자신의 이성적 능력을 실현함으로써 번뇌와 망상으로부터 벗어날 수 있다고 믿는다는 점에서 계몽주의는 플라톤과 아리스토텔레스와 같은 고대 그리스의 정신을 계승한다고 할 수 있다. 그러나 계몽주의는 그리스도교가 주창하는 모든 인간의 존엄성이라는 이념과 사해동포주의적인 사랑이라는 이념을 계승한다. 프랑스 혁명에서 주창되었던 것처럼 계몽주의는 자유, 평등, 박애라는 원리가 지배하는 사회를 지향하는 것이다. 다만 이러한 사회를 계몽주의는 피안이 아니라 지상에 구현할 수 있다고 본다.

계몽주의의 이념을 가장 정치하게 전개한 사람은 칸트라고 할 수 있다. 따라서 여기서는 칸트가 어떤 식으로 번뇌 망상을 극복하고자 했는지를 고찰하고자 한다. 플라톤과 아리스토텔레스와 마찬가지로 칸트도 모든 번뇌 망상은 이성적인 능력을 제대로 사용하지 못한 데서 비롯되었다고 본다. 특히 칸트는 신이나 영혼의 불멸을 둘러싼 기존의 형이상학적인 논의들이 이성적인 능력을 제대로 사용하지 못한 데서 비롯된 망상일 뿐이라고 보았다.

예를 들어 '있다'든가 '없다'든가라는 말은 우리가 모든 대상에 대해서 일반적으로 사용하는 말이다. 우리는 심지어 신이라든가 영혼과 같이 감각적으로 경험할 수 없는 것들에 대해서조차 '있다'거나 '없다'고 말하곤 한다. 이렇게 모든 사물에 보편적으로 사용되는 말을 칸트는 범주라고 부른다. 그러나 칸트는 이러한 범주는 감각적으로 경험될 수 있는 사물들에 사용될 경우에만 유의미하게 사용된다고 보았다. 이 경우 유의미하게 사용된다는 말은 그 범주의 사용이 객관적인 타당성을 갖는지 아닌지를 확인할 수 있다는 것을 의미한다. 그런데 그것이 객관적인 타당성을 갖는지 아닌지는 오직 감각적인 경험에 의해서만 확인될 수 있다. 따라서 범주가 유의미하게 사용된다는 것은 그것이 감각적으로 확인할 수 있는 방식으로 사용된다는 것을 의미한다.

예를 들어 '내 방에 소파가 있다'든가 '내 방에 소파가 없다'와 같은 명제들에서는 '있다'라는 범주나 '없다'라는 범주는 유의미하게 사용되고 있다. 이는 우리가 그 방에 가서 소파가 있는지 없는지를 확인해 볼 수 있기 때문이다. 이에 반해 '신이 존재한다'든가 '신이 존재하지 않는다'와 같은 명제에서는 '있다'라는 범주나 '없다'라는 범주는 무의미하게 사용되고 있다. 신은 감각적으로 경험될 수 있는 존재가 아니기 때문에 우리는 과연 신이 있는지 없는지를 객관적으로 타당하게 확인할 수 없는 것이다.

따라서 신은 '있다'고도 '없다'고도 할 수 없다. 신의 존재 유무에 대한 논쟁은 이론적으로는 도저히 해결될 수 없다. 신의 존재 유무에 대한 모든 이론적인 논증을 비롯하여 신의 본질적 성격에 대한 모든 교리는 사실은 망상에 불과하다. 그러나 인류의 역사는 서로 다른 종교적 망상을 갖는 자들이 자신들의 망상을 절대적인 진리로 주장하면서 서로를 무자비하게 살육해 온 잔혹사이기도 하다.

물론 칸트는 신이나 영혼과 같은 것들이 객관적인 인식의 대상이 될 수 없다고 해서 실제로 존재하지 않는다고 단정하지는 않는다. 이러한 단정 역시 하나의 독단이기 때문이다. 우리는 이론적으로는 신이 있는지 없는지를 알 수 없다. 칸트는 다만 우리는 신이 존재하기를 희망할 수밖에 없다고 보았다. 인간의 현실은 선한 자가 반드시 행복하지는 않기 때문에 우리는 신이 지배하는 내세에서라도 선한 자가 보상을 받기를 희망할 수밖에 없다는 것이다. 이는 그러한 희망이라도 없으면 도덕적인 행위가 불가능하기 때문이다.

칸트는 감각적인 경험에 입각해 있는 근대 자연과학만이 세계를 객관적으로 인식할 수 있다고 보았다. 그러나 근대 자연과학이 파악하는 영역은 인간의 감각적인 경험에 나타난 현상 세계일 뿐이다. 실재 자체는 이러한 현상 세계와는 다를 수 있기 때문이다. 근대 자연과학은 모든 것이 필연적인 인과법칙에 의해서 움직인다고 본다. 따라서 근대 자연과학이 실재 자체에 타당하다고 볼 경우에는 도덕적인 행위라는 것이 존재할 수 없다. 도덕적인 행위는 필연적인 자연법칙에 따라서 일어나는 것이 아니라 어떠한 고난이 닥쳐도 선한 행위를 하겠다는 의지의 자유로운 결단에서 비롯되기 때문이다.

칸트는 어떤 행위가 선인지 악인지를 판정하는 척도인 선의 개념을 제시해 주는 최고의 도덕법칙은 직접적으로 확실한 것으로서 이성에게 자명하게 주어져 있다고 본다. 이러한 도덕법칙은 "너의 의지의 준칙이 항상 동시에 보편적 법칙의 원리로서 타당하도록 행위하라."는 법칙이며, "다른 인간을 목적으로 대하고, 결코 한낱 수단으로 사용치 말라."는 실천 강령을 갖는다.

그러나 이러한 도덕법칙은 신이나 사회적 관습에 의해서 주어져 있는 것이 아니라 이성 스스로가 정립한 것이다. 자신이 따라야 할 도덕률을 스스로 정립하는 이성적 능력을 칸트는 '실천이성'이라고 부른다. 실천이성이 자신이 규정한 선의 이념에 따라 행동할 때, 그것은 자신이 제시한 규율에 스스로 복종한다는 의미에서 자율적이다. 이때 우리는 자신을 '필연적인 자연법칙에 의해서 지배되는 수동적인 상태에서 벗어나 도덕률의 명령에 따를 수 있는 자유로운 인격'으로서 확신하게 된다.

칸트가 도덕법칙을 신이 아니라 인간의 이성이 스스로 정립한 것으로 봄으로써 칸트는 신의 이름 아래 정당화되어 온 모든 비이성적인 도덕규범을 비판할 수 있는 토대를 세웠다고 할 수 있다. 아무리 신의 이름으로 신성시되어 온 도덕규범도 모든 인간을 고유한 존엄성을 갖는 존재로 보지 않는다면 이성의 이름으로 폐기되어야 하는 망상에 불과하다. 칸트가 이성이 스스로 정립한 것으로 보는 도덕법칙은 신이든 관습이든 정치적인 지도자든, 이른바 신성한 것들의 이름으로 사람들에게 강제되어 온 많은 도덕규범들을, 사람들을 고통에 빠뜨리는 망상으로서 제거할 수 있는 토대가 되는 것이다.

4) 근대 이데올로기와 번뇌 망상

루소에서 칸트, 피히테와 셸링을 거쳐 헤겔에 이르는 계몽주의의 흐름은 인간은 자신의 이성적인 능력을 완전히 실현하기 위해서는 끊임없이 자신을 도야해야 한다고 본다. 그러나 자신의 이성적인 능력을 온전히 도야한 인간은 드물다. 칸트만 해도 인간의 이론이성은 갖가지 형이상학적·종교적 망상을 지어내는 오류를 범하기 쉬운 것으로 간주하며, 윤리적인 면에서는 인간에게는 뿌리 뽑기 어려운 이기적인 성향이 존재한다고 본다. 그런데 20세기 역사에서 엄청난 영향력을 가졌던 마르크스주의나 나치즘과 같은 정치적 이데올로기들은 노동자 계급이나 독일민족과 같이 특정한 계급이나 민족 내지 인종을 이성이 추구하는 보편적인 선을 이미 구현하고 있는 존재로 간주한다.

이제 인간이 구현해야 할 참된 본질은 마르크스주의가 말하는 프롤레타리아 정신이나 나치즘이 말하는 독일민족의 정신 등이 되며, 이러한 프롤레타리아 정신이나 독일민족의 정신이 보편적인 이성을 대표하는 것으로 간주된다. 이러한 이데올로기들은 자신을 절대적인 진리로 간주하는 교만과 독선에 빠져 있다. 그 결과 이데올로기를 달리 하는 자들 사이에는 대화와 타협이 존재할 수 없었고, 상대방을 말살하려는 대결만이 존재할 수 있었다. 이 점에서 20세기의 역사는 대규모적인 살육과 유혈을 초래하는 집단 망상이 지배했던 역사라고도 할 수 있었다.

이는 서양의 중세가 아우구스티누스나 토마스 아퀴나스가 설파했던 그리스도교의 진리를 구현하지 못한 채 독선에 찌든 집단 망상으로 전락하면서 마녀사냥과 같은 목불인견의 잔혹한 유혈극을 연출했던 것과 유사하다. 오늘날에도 근본주의적으로 종교를 신봉하는 자들은 자신 이외의 종교들을 악마를 숭배하는 종교로 간주한다.

근대 이데올로기들은 자신들을 신봉하는 자들은 선이고 그렇지 않은 자들은 악이라는 지극히 교조적이고 단순한 흑백논리에 입각하여 복잡한 현실과 인간 존재의 성격을 극히 단순화했다. 그 결과 그것들은 자신이 표방했던 이상사회가 아니라 괴물 같은 사회를 낳았으며, 종국에는 사람들에게 실망과 환멸을 안겨 줄 수밖에 없었다. 계몽주의와 함께 시작된 근대는 한편으로는 이성과 인류애와 민주주의가 주창되면서도, 다른 한편으로는 교조적인 독단과 증오 그리고 전체주의적인 지배가 횡행했던 역사다. 이런 의미에서 근대는 이성과 희망의 시대이면서도 광기와 환멸의 시대이기도 했다.

5) 과학기술시대에서의 번뇌 망상

나치즘은 물론이고 마르크스주의처럼 수많은 지식인들과 대중을 매료시켰던 이데올로기마저도 20세기 말에 시효를 다하는 것과 함께 과학기술지상주의라는 사조가 득세하게 된다. 많은 현대인은 종교나 철학 대신에 과학과 기술의 힘을 믿는다. 인간이 부딪히는 모든 문제를 과학과 기술로 해결할 수 있다고 믿는 것이다. 이러한 믿음에 따르면 우리가 의지할 수 있는 것은 종교도 계몽주의적인 이성도 아니고 이데올로기도 아니다. 우리가 의지할 수 있는 것은 단지 자연법칙을 철저하게 파악함으로써 그것을 인간에게 무해하거나 유익한 방식으로 작용하도록 기술적으로 조작하는 것이다.

하이데거가 말하듯이 현대의 과학기술에서는 인간을 포함한 모든 존재자가 계산 가능한 에너지원으로 간주된다. 기술시대에 인간은 자신을 기술을 통해 자연을 지배하는 주체라고 생각하지만, 인간은 실은 다른 자연 사물들과 마찬가지로 하나의 에너지원으로 간주될 뿐이다. 이 경우 인간이 다른 존재자들에 대해서 갖는 차이는 인간의 에너지는 다른 존재자들의 에너지를 발굴할 수 있는 성격을 갖는다는 점이다.

인간은 다른 존재자들에게 에너지를 내놓도록 강요하지만, 이러한 인간들 자신도 익명의 사회체계에 의해서 자신의 에너지를 최대한 발휘하도록 강요된다. 현대인들은 자신을 더 효율적이고 유능한 에너지원으로 인정받기 위해서 자신의 심신을 혹사하며 그 대가로 갖가지 소비 물자를 제공받는다. 사람들은 노동하는 시간에 받은 스트레스를 이러한 소비 물자들을 향유함으로써 해소하려고 한다.

인간은 계몽주의에서는 물론이고 마르크스주의와 같은 이데올로기에서도 자유롭고 존엄한 인격의 소유자로 간주되었다. 그러나 이제 인간은 다른 존재자들과 근본적으로 다른 예외적인 존재로 인정받지 못한다. 과학기술지상주의가 지배하고 인간이 생산하고 소비하는 동물로 전락하면서, 이제는 인간의 정신마저도 자연적인 인과법칙에 의해서 규정되어 있는 것으로 간주되는 물리주의적인 사고방식이 득세하게 된다.

이에 반해 플라톤에서 아리스토텔레스, 아우구스티누스와 토마스 아퀴나스 그리고 칸트와 헤겔에 이르는 서양철학의 주요한 흐름을 지배했던 철학은 이상주의적 성격의 목적론이었다. 이러한 목적론은 인간은 자신에게 주어져 있는 이상적인 본질을 실현하는 것을 목표한다고 본다. 그것은 인간은 이러한 이상적인 본질을 실현할 경우에만 번뇌 망상에서 벗어난 행복한 삶을 살 수 있다고 보는 것이다.

본질 실현의 목적론이라고 부를 수 있는 이러한 철학적 입장은 행복을 찰나적인 즐거운 느낌이나 만족과 동일시하지 않는다. 이러한 입장에서는 우리가 즐거운 기분 상태가 아니더라도 행복할 수 있다고 본다. 예를 들어 공동체를 위해서 외적과 싸우다가 장렬하게 전사하는 사람은 죽는 순간 즐거움을 느끼지 않았더라도 자신의 삶에 긍지와 뿌듯함을 느낄 수 있다. 그는 자신의 이성적인 덕을 충분히 실현함으로써 성공적인 삶을 살았기 때문이다.

이러한 본질 실현의 목적론은 물리학이 학문의 모범으로 인정되고 인간에 대한 모든 학문도 물리학을 모방해야 한다고 간주되는 오늘날의 상황에서는 인간에 대한 시대착오적인 견해로 간주되고 있다. 근대과학은 인간을 비롯한 모든 것이 필연적인 것이든 통계적인 것이든 맹목적인 인과법칙에 의해서 규정되는 것으로 본다. 이러한 근대과학의 입장을 받아들여 오늘날 철학에서도 생물학이나 뇌과학의 성과를 통해서 인간을 해석하려는 사조가 득세하고 있다. 이러한 철학사조에서는 인간의 모든 생각과 행위는 유전자의 영향이나 뇌에서 일어나는 화학적인 작용으로 환원될 수 있는 것으로 간주된다.

현대인들은 과학기술이 제공하는 정교한 물자들을 소유하고 소비하는 것에서 행복을 느낀다. 그러나 인생에서 우리가 느끼는 고독감과 무력감 그리고 허무감은 과학기술시대의 인간들도 떨쳐버릴 수 없는 것이다. 최근에 과학기술이 고도로 발달하게 되면 인간은 신적인 존재처럼 한없이 충만한 생명력과 불사를 얻을 수 있을 것이라고 주장하는 트랜스휴머니즘이 유행하고 있다. 그러나 이러한 사상이 유행하고 있다는 것이야말로 과학기술시대에도 인간들이 여전히 고독감과 무력감 그리고 허무감에 시달리고 있으며, 갖가지 번뇌 망상에 시달리고 있다는 증거라고 볼 수 있다.

5. 번뇌 망상에 대한 존재론적 분석 – 키르케고르를 중심으로

1) 유한성과 무한성의 종합으로서의 인간

우리는 흔히 자신의 삶을 자신이 원하는 대로 만들어 간다고 생각한다. 그러나 살아 있는 모든 것과 마찬가지로 우리 인간은 자신이 원해서 세상에 태어난 것은 아니다. 우리는 아무런 근거도 이유도 없이 세상에 던져진 것이며, 이렇게 던져진 후 여러 우여곡절을 겪으면서 삶을 꾸려 나가다가, 어느 날 이 세상을 떠나게 된다. 이렇게 세상을 떠나는 것 역시 우리의 바람과는 상관없이 일어난다. 아울러 우리는 부모와 사회 그리고 자연에 의존하면서 산다. 이런 점들을 고려할 때 우리 인간은 유한하기 그지없는 존재다. 파스칼이 말하듯 우리 인간은 물 한 방울만 부족해도 사멸할 수 있는 보잘 것 없는 존재인 것이다.

그러나 우리 인간은 자신이 유한한 존재라는 사실을 알고 있다. 이렇게 우리 인간이 자신의 유한성과 불완전성을 알고 있는 것은 무한성과 완전성에 대한 관념을 갖고 있기 때문이다. 인간은 유한하고 불완전하지만 무한성과 완전성을 희구하는 존재인 것이다. 인간은 끊임없이 망상에 빠지지만 진리를 갈구하는 존재이며, 번뇌에 시달리지만 모든 번뇌에서 벗어난 완전한 지복을 갈구하는 존재다. 바로 이 점에서 인간은 동물과 근본적으로 다른 존재다.

이런 맥락에서 파스칼은 인간은 우주에 비하면 한 점에 불과하지만, 우주 전체를 사유할 수 있다는 점에서 우주보다 위대하다고 말한다. 또한 파스칼은 인간은 자신의 삶이 탄생에서 죽음에 이르는 짧은 시간을 둘러싸고 있는 허무라는 심연 위에 걸려 있는 위태롭고 비참한 존재라는 사실을 자각할 수 있다는 점에서 위대한 존재라고 본다. 인간이 자신의 존재의 허망함을 자각할 수 있는 것은 그런 무를 넘어선 충만한 존재 자체인 신을 예감할 수 있기 때문이다. 이 점에서 인간은 유한성과 무한성이라는 서로 조화되기 어려운 성격을 동시에 갖고 있다.

파스칼은 인간이 유한성과 무한성 양자를 갖춘 모순적인 존재라는 사실을 "진리의 수탁자, 애매와 오류의 쓰레기 더미, 우주의 영예이자 폐품"이라는 말로 표현했다.[11] 단적으로 인간은 하나의 괴물이라는 것이다. 그러나 파스칼은 인간이 무한성과 완전성을 예감한다는 것은 인간이 원래 신적인 무한성과 하나였고 자신 안에 무한성을 깃들게 하는 것을 과제로 갖고 있다는 것을 의미한다고 말한다. 파스칼의 사상을 원용하면서 미키 기요시는 이렇게 말한다.

> 인간은 무한을 위해 만들어졌다. 그의 비참함은 그의 위대함을 말한다. 그리고 그것으로부터 우리는 인간의 본성이 오늘날에는 타락해 부패한 것이 되고 있지만 예전에는 선량한 것이었음을 인지할 수 있다. 왜냐하면 지위를 박탈당한 왕이 아니라면 누가 왕이 아닌 것을 지금 불행이라고 생각하겠는가. 인간은 말하자면 폐위된 왕이다.[12]

파스칼과 마찬가지로 키르케고르도 인간은 유한성과 무한성을 종합하는 것을 과제로 갖고 있다고 보았다. 다시 말해 인간은 언젠가 사멸해야 할 육신을 갖는 자신의 유한성 안에 무한성을 깃들게 해야 한다는 것이다. 인간은 죽음을 향해서 나아가는 시간적인 존재이지만, 죽음 앞에서도 평정을 유지하는 영원성을 경험할 수 있다. 인간은 유한한 존재이지만 모든 사물을 감싸 안는 무한한 사랑을 실현할 수도 있다. 그리스도교에서는 이러한 상태를 신의 은총을 경험하는 것이라고 말하고, 불교에서는 깨달음이라고 말한다.

이러한 상태가 우리 마음에 자리잡지 않는 한, 우리의 마음은 항상 요동하고 불안할 수밖에 없다. 그러나 신의 은총을 경험하는 것도

---

11 『팡세』, 434번(미키 기요시, 위의 책, p.45에서 재인용).
12 미키 기요시, 위의 책, p.208.

어렵고 깨달음을 얻는 것도 쉬운 일이 아니기에, 우리는 보통 번뇌 망상에 시달린다. 여기서 우리는 이러한 번뇌 망상이 나타나는 양태들을 인간을 구성하는 두 가지 요소인 유한성과 무한성 그리고 그것들의 종합이라는 과제를 실마리로 하여 분류해 보았다.

번뇌 망상에 빠져 있는 우리의 삶을 키르케고르는 절망이라고 불렀다. 이 경우 키르케고르가 말하는 절망은 절망적인 좌절감에 빠져 있는 상태만을 가리키지는 않는다. 키르케고르에 따르면, 우리가 인생이 자신이 원하던 방향대로 가장 잘 진행되고 있다고 희희낙락할 때야말로 우리는 절망 속에 있다. 이는 우리 삶은 언제든 쉽게 타격을 입을 수 있는 취약한 것이기 때문이다. 유한성과 무한성을 성공적으로 종합하기 전에는 우리는 절망에 빠져 있으며 갖가지 번뇌 망상에 노출될 수밖에 없다.

번뇌 망상이 나타나는 양태들에 대한 우리의 분류와 분석은 무엇보다도 키르케고르가 『죽음에 이르는 병』에서 개진하고 있는 사상을 주요한 실마리로 삼겠지만, 파스칼, 쇼펜하우어, 하이데거, 프롬의 사상도 원용할 것이다.

2) 유한한 것들에 집착하는 번뇌 망상

우리의 삶은 보통 무한성을 망각하거나 무시하면서 유한성에 빠져 있다. 이렇게 유한성에 빠져 있는 삶은 돈이나 명예와 같은 세간적인 가치를 추구하는 속물적인 삶이다. 속물적인 삶은 우리가 일상적으로 살고 있는 삶이다. 속물적인 인간은 세간에서 성공을 거둘 수 있는 지능은 풍부하게 가지고 있을지 모른다. 그러나 그에게는 죽음으로 끝나는 자신의 삶 전체를 반성하는 정신의 능력은 아직 일깨워지지 않고 있다. 세간의 척도로 볼 때 성공적인 삶을 살고 있으면서 자신에게 만족하고 있는 속물적인 인간은 자신의 영원하고 무한한 가능성을 망각하는 무정신성無精神性에 빠져 있는 것이다.

이런 사람들의 경우에는 자아와 무한성에 대한 노력이 그를 방해하거나 괴로움을 가져다주지 않는다. 그는 자갈처럼 매끄럽게 마모되어 있어서 현재 유통되고 있는 화폐와 같이 잘 통한다.[13]

이렇게 세간적인 가치들에 빠져 살고 있기 때문에, 속물적인 삶에 빠져 있는 사람들 사이에는 세간적인 가치들을 기준으로 하여 서로를 끊임없이 비교하는 의식이 지배하고 있다. 이렇게 비교의식이 지배하는 인간관계에서는 사람들은 부지불식간에 서로 경쟁적이 되며, 사람들 사이에는 서로에 대한 노골적이거나 은밀한 시기심이 지배하게 된다. 이러한 삶에서 우리는 극히 자기중심적이며, 다른 사람들이 자신보다 우월하게 되는 것을 참을 수 없어 한다. 우리의 일상적인 삶은 자신보다 성공한 사람들에 대한 질투와 자신에 대한 불만이라는 번뇌에 시달리는 삶인 것이다. 따라서 사람들은 서로를 위하는 척할 뿐이지 진정으로 위하지는 않는다.

세상 사람이라는 존재양식을 가진 상호 존재는 서로 떨어져서 무관심하게 나란히 존재하는 것이 아니라, 호의라는 가면을 쓰고

---

13 키르케고르, 박병덕, 『죽음에 이르는 병』, 육문사, 1994, p.75.

서로 위하는 척하면서도 애매하게 긴장하면서 서로 살피면서 남몰래 서로 엿듣는 것이며, 사실은 반목을 연출하고 있는 것이다.[14]

여기에서 하이데거가 말하는 세상 사람은 세간적인 가치들에 따라 사는 사람들을 가리킨다. 비교의식에 사로잡혀 있는 사람들의 삶은 자기중심적인 삶이지만, 그렇다고 그들이 남에 대해서 아무런 관심이 없다는 것은 아니다. 오히려 그들은 타인들의 시선에 항상 신경을 쓰면서 세간의 인정을 받기 위해서 분투한다. 사람들은 타인들보다 우월한 지위를 확보하여 찬탄과 부러움의 대상이 되길 원한다. 세간의 가치에 영합하면서 세간의 인정을 받기 위해서 애쓰는 삶에 대해서 파스칼은 이렇게 말하고 있다.

우리는 우리 안에, 우리 고유의 존재 안에 지니고 있는 생에 만족하지 않는다. 우리는 타인의 관념 속에서 하나의 상상적인 생을 살기를 원하고 그것을 위해 그럴듯하게 보이려고 노력한다. 우리는 우리의 상상적 존재를 아름답게 꾸미고 보존하기 위해 늘 힘씀으로써 실제의 존재는 소홀히 한다.[15]

하이데거는 이렇게 비교의식에 사로잡혀 있는 삶은 잡담(Gerede)과 호기심에 의해서 규정되어 있다고 본다. 비교의식에 사로잡혀 있는 사람은 항상 타인들과 자신을 비교하면서 그들보다 앞서고 싶어 하기

---

14 M. Heidegger, Sein und Zeit(Tübingen: Max Niemeyer Verlag, 1972), p.175.
15 『팡세』, 147번(미키 기요시, 위의 책, p.31에서 재인용).

때문에 타인들에 대해서 애정을 가질 수 없다. 따라서 그가 다른 사람들에 대해서 하는 말은 대체로 무책임한 잡담이다. 그는 다른 사람들에 대해서 끊임없이 많은 말을 하지만, 이 말은 그들의 진정한 핵심에는 전혀 닿지 못하고 표면에서만 겉돌 뿐이다.[16] 따라서 잡담은 다른 사람들에게 상처가 된다.

비교의식에 사로잡혀 있는 사람에서는 타인에 대한 관심도 진정한 애정을 결여한 호기심에 불과하다. 그는 호기심에 차서 다른 사람들에 대한 새로운 이야기를 쫓아다닌다. 그가 이렇게 하는 것은 자신이 삶의 근저에서 경험하고 있는 공허함을 새로운 것들을 접하면서 맛보는 긴장과 흥분에 의해서 메우기 위해서다. 잡담과 호기심은 사람들에게 나름의 흥분과 긴장을 제공하기 때문에 사람들은 끊임없이 잡담을 하고 새로운 소식들에 귀를 기울이면서 자신이 활기 넘치는 인생을 살고 있다고 착각한다.

비교의식이 지배하는 삶에서 사람들의 생각과 행동은 사실은 사회가 주입한 가치들에 의해서 규정되어 있다. 이런 의미에서 사람들은 진정한 의미의 주체로 살지 못하고, 하이데거가 말하는 세상 사람으로 살고 있다. 세상 사람으로 살아가는 인간에 대해서 키르케고르는 이렇게 말한다.

그러한 인간은 … 자신을 망각하고, 자기가 어떠한 이름—이 말의 신적인 의미에서—이었던가도 완전히 잊어버리고, 감히 자기가 자기를 믿지도 못하고, 자기 자신이려고 하는 따위는 너무나 엄청난

---

16 M. Heidegger, 위의 책, p.169 참조.

일이며, 타인과 동일하게 지내는 쪽이 훨씬 편하고 훨씬 안전하다는 기분이 된다. 이렇게 하여 그는 군집群集 속에서의 하나의 단위, 하나의 숫자, 하나의 이미테이션으로 전락하는 것이다.[17]

속물적인 인간은 자신의 삶이 아무런 문제없이 잘 진행되면 희희낙 락하면서 산다. 그는 자신의 삶이 얼마나 위험한 지반 위에 서 있는지를 자각하지 못한다. 그러나 그가 집착하는 명예나 지위 혹은 부는 언제든 붕괴할 수 있다. 속물적인 인간은 자신의 자아를 부와 명예와 같은 외적인 것과 동일시하기 때문에, 이러한 외적인 것이 붕괴되면 자신의 자아도 붕괴된다고 생각하면서 절망적인 좌절감에 빠진다. 그는 자신의 삶이 끝났다고 생각하면서 경우에 따라서는 극단적인 선택을 하기도 한다.

이러한 인간은 절망하면서도 계속해서 자신의 자아를 외부에서 찾으면서 외적인 것에 의존하고 싶어 한다. 그는 자신이 겪고 있는 절망과 번뇌가 불리한 외부 상황에서 비롯되었다고 생각하면서 상황이 유리하게 변하기를 기대하는 것이다. 키르케고르는 이렇게 절망에 빠진 인간이 보이는 최악의 태도는 다른 사람을 부러워하면서 그 다른 사람이 되기를 바란다는 것이다. 그는 '내가 다른 인간이었다면…', '내가 다른 인간이 된다면…'이라고 간절히 소망한다.

속물적인 인간의 삶은 쇼펜하우어가 말하는 것처럼 욕망과 권태 사이에서 오락가락하는 삶이다. 이 경우 우리가 갖는 욕망이란 부나 명예 혹은 매력적인 이성에 대한 욕망이다. 이러한 욕망이 충족되었을

17 키르케고르, 위의 책, p.75.

때 우리는 쾌감을 느끼지만 이러한 쾌감은 오래가지 못한다. 이러한 쾌감이 충족되고 얼마 지나지 않아 곧 권태가 우리를 찾아온다. 권태는 새로운 욕망에 의해 우리가 사로잡히는 것과 동시에 사라질 수도 있지만, 만성적인 권태로 발전할 수도 있다. 이렇게 만성적인 권태에 사로잡힐 때 우리에게 삶은 무의미하고 공허한 회색으로 나타나게 된다.

이러한 만성적인 권태는 우리가 일상적으로 빠져 있는 속물적인 삶이 무의미하고 공허한 것이라는 사실을 드러내는 것이라고 할 수 있다. 우리가 만성적인 권태에 빠지면서 자신이 그동안 살아 왔던 삶의 실상이 드러나는 것이다. 이 경우 우리가 속물적인 삶을 넘어서는 새로운 삶으로 도약하지 않는 한, 만성적인 권태는 우울증이나 염세주의로 악화될 수 있다.

그러나 속물적인 삶을 넘어서는 새로운 삶을 구현한다는 것은 쉽지 않다. 따라서 우리는 가능한 한 권태에 빠지지 않기 위해서 흥분을 일으킬 수 있는 자극적인 오락거리들을 끊임없이 개발해 낸다. 사람들은 스포츠에 열광하고 도박이나 사냥에 빠진다. 게임중독이나 마약중독 등 갖가지 중독증세도 사실은 우리를 속물적인 삶의 실상에 직면하게 하는 만성적인 권태에 빠지지 않기 위해서 생긴 것이라고 할 수 있다. 우리는 만성적인 권태가 드러내는 일상적인 삶의 공허함과 허망함을 직면하기 두려워하는 것이다.

파스칼은 인간이 자신의 비참한 존재를 외면하기 위해서 만들어낸 갖가지 유흥과 오락 등을 기분전환(divertissement)이라고 부르고 있다. 그러나 이러한 기분전환에는 단순히 유흥과 오락과 같은 즐거운 것들뿐 아니라 학문이나 예술과 같이 고상하게 보이는 것들, 그리고 싸움과 전쟁과 같이 잔혹한 것들, 그리고 정치, 도박, 근면한 노동 같은 것들도 포함된다. 사람들은 이러한 활동을 통해서 자신의 존재 근저에서 입을 벌리고 있는 허무의 심연을 보는 것을 회피하는 것이다.

인간이 내기를 좋아하고 전쟁을 기뻐하는 것은 의심할 것 없이 내기의 위험과 전쟁의 고통을 추구하고 있기 때문이 아니라, 그것들의 떠들썩한 움직임에 의해 그의 마음을 자기로부터 돌아서게 하고, 자기 자신에 대해, 자기의 상태에 대해 생각하는 것을 방해하기 위한 것에 다름 아니다.[18]

프롬은 특히 많은 현대인이 만성적인 권태에 빠져 있다고 보았다. 그 결과 사람들은 그러한 만성적인 권태를 잠재울 다양한 자극들을 찾아다닌다. 오늘날 대중매체들이 자극적인 보도를 일삼는 것도 현대인들이 만성적인 권태에 빠져 있기 때문이다. 사람들은 이러한 보도들에 몰두하고 흥분하면서 권태를 해소한다. 더 나아가 사람들은 만성적인 권태에서 벗어나기 위해서 폭력이나 전쟁과 같은 파괴적인 출구를 택하기도 한다.[19] 1차 세계대전이 일어났을 때 많은 유럽인은 마침내 지긋지긋한 권태에서 벗어났다고 느꼈다고 한다.

---

18 미키 기요시, 위의 책, p.145.

19 에리히 프롬, 종로서적 편집부, 『희망이냐 절망이냐』, 종로서적, 1983, p.97.

3) 무한한 것에 대한 망상에 빠져 있는 삶

인간은 육신을 갖고 다른 인간들과 사물들에 의존하면서 살 수밖에 없는 유한한 존재다. 그러나 인간은 자주 이러한 사실을 무시하고 상상이 제공하는 기만적인 무한성에서 구원을 찾으려 한다. 이러한 무한성은 현실에 발을 딛고 있지 않는 공상적이고 추상적인 무한성이다.

감정이 공상적이 되면 그것은 일종의 추상적인 감상성感傷性에 빠져 버리게 된다. 이 경우 우리는 인류나 민중을 열렬하게 사랑한다고 생각하면서도, 자신이 직접 마주하고 있는 현실적인 개개의 인간에 대해서는 아무런 애정도 갖지 못하게 된다.

인식도 공상적이 되면, 그것이 외관상으로 보다 치밀하게 전개될수록 비인간적인 성격을 띠게 되며, 그러한 인식을 획득하기 위해서 자아가 낭비된다. 키르케고르는 절대정신의 입장에서 세계를 인식하려고 하면서 자연과 역사에 대해서 장대한 지적 체계를 수립한 헤겔의 철학이 공상적인 인식에 빠져서 자신을 상실하게 된 대표적인 예라고 본다. 키르케고르가 보기에 헤겔과 같은 사람은 머리로는 자연과 역사 전체에 대한 신적인 인식에 도달했다고 생각하지만, 구체적인 삶에서는 불안과 갖가지 번뇌 망상에 시달리는 사람이다.

이렇게 추상적이고 공상적인 무한성 속에서 사는 사람들은 상상 속에서만 자신이 무한한 존재가 되었다고 착각하면서 자기만족에 빠져 있다. 그러나 이런 사람은 인생에서 자그마한 곤경에라도 부딪히면 상상적인 자기만족의 상태는 사라지고 번민이 그 자리를 채우게 된다.

키르케고르는 신에 대한 믿음도 공상적인 형태를 띨 수 있다고 본다. 이때 사람들은 자신이 신을 경험했다고 생각하면서 자신이 무한하게 되었다는 도취에 빠지지만, 정작 실제적인 삶에서 신의 사랑을 실천하지는 않는다. 그는 공상 속에서 신과 사랑을 나누면서 도취에 빠져 있지만, 도취에서 깨어나면 자신의 이웃들을 사랑하지 않고 여전히 속물적이고 이기적인 삶을 산다. 이런 사람은 신과 하나가 되었다고 자랑하지만, 누가 조금이라도 자신을 모욕하면 즉시 화를 낸다.

키르케고르는 무한성과 유한성의 종합을 말하지만 무한한 신과 유한한 인간 사이에는 넘어설 수 없는 거리가 있다는 것을 인정한다. 인간은 이기적인 성향을 쉽게 버리지 못하는 죄인으로 존재한다. 따라서 신 앞에서 항상 죄인임을 고백하면서 용서를 청해야 한다. 이렇게 신의 무한성 앞에서 자신의 유한성과 죄성罪性을 항상 자각하고 고백하는 자만이 신의 은총을 경험할 수 있다.

신의 은총을 경험하면서 그는 자신의 유한성 안에 무한성을 깃드는 것을 경험하지만 자신이 신이 되었다고 생각하지는 않는다. 그는 신의 은총을 받았다고 생각할 뿐이다. 이와 함께 그는 이러한 은총이 언제든 떠나갈 수 있는 것임을 알고 있다. 그는 신의 은총이 자신 안에 깃들게 하기 위해서는 매 순간 자신의 유한성과 죄성을 자각하고 참회해야만 한다는 사실을 잘 알고 있다. 이렇게 끊임없이 참회하는 자만이 일상에서도 자기중심적인 성향을 넘어서 참된 사랑을 실현할 수 있다.

키르케고르가 언급하고 있지는 않지만, 필자가 생각하기에 무한한 것에 대한 망상에 사로잡혀 있는 대표적인 삶 중의 하나는 영육이원론에 입각한 삶이라고 생각한다. 이원론은 인간을 육체와 영혼으로 구성된 것으로 보면서 육체는 유한하고 무상한 것으로 보는 반면에 영혼은 무한하고 영원한 것으로 본다. 이러한 이원론에 따르면 육체와 영혼의 종합은 불가능하며, 육체와 영혼은 철저하게 분리되어야 한다. 그것은 육체는 가상이며 죄로 가득 찬 것이라고 보는 반면에 영혼은 진정한 실재이며 순수하고 선한 것이라고 보는 것이다.

이러한 이원론적인 입장을 우리는 플라톤주의와 그리스도교의 일부 흐름에서 찾아볼 수 있다. 이러한 이원론은 극단적인 금욕주의를 수반하게 된다. 이원론에 사로잡혀 있을 때 우리는 감각적인 욕망을 억압하고 금하게 될 수밖에 없다. 우리는 시간이 파괴할 수 없는 영혼을 순수하게 유지하기 위해 우리의 몸을 억압하며 불멸을 얻기 위해 쾌락을 희생한다. 그러나 우리는 육신을 가진 존재로서 감각적인 욕망에서 벗어나기 힘들다. 따라서 금욕주의는 영혼으로 하여금 육체와 지속적으로 전쟁을 벌이게 하면서, 감각적인 욕망의 유혹에서 벗어나지 못하는 영혼을 죄책감에 시달리게 하고 자학하게 만든다. 영혼은 육체만 감시하고 학대할 뿐 아니라 자기 자신도 감시하고 학대한다. 이와 함께 영혼과 육체가 분열될 뿐 아니라 영혼 자체가 감시하고 책망하는 자와 감시받고 책망 받는 자로 분열된다.

이원론적인 입장은 육체적인 욕망이나 이기적인 욕망을 극복하려고 한다는 점에서 인간의 유한성을 자각하지 못하고 세간적인 안락을 추구하는 속물성보다는 더 반성적이고 정신적인 성격을 갖는다. 이원론에 사로잡힌 사람들은 인간이 죽는다는 사실을 부나 명예와 같은 세간적인 가치들에 빠져 있는 속물적인 인간들보다 더 분명히 의식하고 있는 것이다. 따라서 그들은 자신의 본질을 영원불변의 영혼에서 찾음으로써 자신의 죽음과 유한성을 뛰어넘으려 한다.

이원론에 사로잡힌 사람들이 보이는 병적인 성격을 우리는 정신분열증이라고 볼 수 있다. 정신분열증은 인간의 유한성을 부정하려는 절망적인 시도다.

4) 허무주의적 염세주의라는 번뇌 망상

유한한 것들에 빠져 있는 속물적인 인간에게는 자신이 언젠가는 죽는다는 사실을 상기하면서 자신이 추구하는 세간적인 안락과 성공이 무상하다는 사실을 깨닫는 정신성이 결여되어 있다. 이 속물적인 인간도 어느 순간 갑자기 자신이 언젠가는 죽을 수밖에 없다는 사실을 깨닫고 무한성과 영원성을 찾아 나설 수 있다. 그러나 그는 그러한 무한성과 영원성을 발견하지 못한 채, 삶은 아무런 의미도 목표도 없이 죽음으로 끝나는 허망한 것일 뿐이라는 결론에 도달할 수 있다. 이때 그는 허무주의적인 염세주의에 빠지게 된다.

이러한 허무주의적인 절망상태에서 인간은 자신의 자아가 자신이 그동안 집착했던 유한한 외적인 것들 이상의 것이기를 희구하면서도 유한한 외적인 것 이상의 영원한 것이 존재한다는 사실을 믿지 못한다. 그는 아무런 의미도 없이 흘러가는 세계에 대해서 환멸과 염증을 느끼는 동시에 아무런 의미도 없는 것으로 시간을 보내고 있는 자기 자신에 대해서도 염증을 느낀다. 이와 함께 그는 자신을 이러한 염증에서 구해줄 죽음을 의식적으로 원한다. 그는 자살을 원하며 무無가

되고 싶어 한다. 이렇게 자살을 하지 않을 경우 그는 매사에서 허무와
슬픔만을 보는 우울증에 빠지게 된다.

이렇게 허무주의적인 염세주의에 빠져서 절망하는 자는 지상의
것들에서 구원을 찾으면서 그것들에 의존했던 자신의 속물적인 삶이
허망한 것이라는 사실을 인정한다. 그는 그러한 속물적인 삶을 넘어서
충만한 의미로 가득 찬 삶을 살고 싶어 한다. 그러나 그는 어떻게
하면 그런 삶을 살 수 있을지 몰라 절망에 빠져 있다. 그는 세상에
문을 닫고 허무감 속에 틀어박혀 있다. 이러한 상태를 키르케고르는
폐쇄성(Verschlossenheit)의 상태라고 부른다.

키르케고르는 이렇게 허무주의적인 염세주의에 빠지는 자들은 극히
드물다고 말한다. 이들은 속물적인 삶의 허망함을 철저하게 깨닫고
있기 때문에 깊은 정신성을 갖는 자들이다. 이들은 허무주의적인
염세주의에서 벗어나기 위해서 온갖 철학과 종교를 섭렵하지만 답을
찾지 못하고 더욱더 절망에 빠지든가, 아니면 다시 세상의 외적인
것들에 집착하는 속물적인 삶으로 돌아가게 된다.

5) 인간에 대한 교만에 빠져 있는 번뇌 망상

본래 인간의 자아는 일정한 능력과 소질밖에 갖지 못한 유한한 존재다.
그러나 자아는 자신의 무한한 가능성과 능력을 믿으면서 자신의 힘으
로 지상에 천국을 실현할 수 있다고 생각하는 교만에 사로잡힐 수
있다. 우리는 여기서 앞에서 살펴보았던 것처럼 근대이데올로기에
빠진 사람들을 떠올리게 된다.

키르케고르는 우리가 영원성과 무한성을 진정으로 발견하고 실현하

기 위해서는 자신의 유한성과 죄성罪性을 통절하게 자각해야 한다고
본다. 그러나 자신의 무한성을 믿는 자들은 자신의 유한하고 죄 많은
자아에 대해서 참회하려 하지 않고 오히려 자신에게 신적인 무한성이
이미 구현되어 있다고 생각한다. 그들은 자신이 아닌 외부의 신에게서
구원을 찾는 것을 허약함과 유아적인 의존심에서 비롯되는 것으로
비웃으면서, 자신의 힘으로 보편적인 선善을 지상에 실현할 수 있다고
생각한다.

　이들은 자신들이 이미 정의롭고 선한 자들이라고 생각하지만, 사실
은 자신의 유한성과 죄성에 눈을 감고 있는 독선적이고 교만한 인간들
일 뿐이다. 이들은 자신들을 정의와 선의 사도라고 자처하면서 사람들
에게 자신들이 선이라고 믿는 것을 강요한다. 그들은 자신들에게
반대하는 자들을 선의 실현에 반대하는 악마와 같은 존재로 보면서
이들을 아무런 양심의 가책도 없이 처단한다.

　자력 종교라고 불리는 불교 역시 인간이 진정으로 깨달은 자가
되기 위해서는 우리가 평소에 자신의 자아라고 부르면서 집착하는
자아가 얼마나 자기중심적이고 아만과 아집에 빠져 있는지를 먼저
깨달아야 하며, 자기중심성을 극복하기 위해서 끊임없이 수행해야
한다고 본다.

6) 번뇌 망상으로부터의 구원

세간적인 가치에 빠져 있는 속물성과 허무주의적인 염세주의 그리고
자기 자신의 힘으로 무한성을 실현할 수 있다는 교만은 현대인들이
빠져 있는 삶의 태도들이다. 속물적인 인간들은 대부분의 경우에

죽음을 망각하면서 세속적인 안락과 영광만을 추구하면서 산다. 이에 반해 허무주의적인 염세주의에 사로잡혀 있는 인간들은 속물적인 삶은 결국은 죽음으로 끝나는 허망한 삶이라는 사실을 온몸으로 절실하게 느끼면서도, 새로운 삶의 가능성을 발견하지 못한 채 허망한 삶의 무게에 짓눌려 활기를 잃고 창백한 얼굴로 살아간다. 자신의 유한성과 죄성에 대한 투철한 자각 없이 무한성을 실현할 수 있다고 생각하는 사람들은 마르크스주의자들이나 나치들에게서 보듯이 스스로를 선의 화신으로 생각하면서 전체주의적인 지배를 자행하게 된다.

키르케고르는 참된 삶은 무한성을 지향하되 유한성에 구속된 자기 자신을 직시하고 인정하면서, 그러한 유한성 속에 무한성을 실현하는 삶이라고 본다. 진정한 삶, 본래적인 삶은 신의 무한하고 무조건적인 사랑을 경험함으로써 무한성으로 고양되는 동시에 그러한 사랑을 유한한 삶 속에서 실현한다. 인간은 육체를 떠나서 존립하는 순수영혼이 아닌 바, 육체 속에 자신이 지향하는 무한성과 영원성을 구현해야 하는 존재다.

유한성 안에 무한성을 구현하기 위해서는 정신의 힘이 강해야만 한다. 그것은 유한성과 죽음마저도 긍정하고 껴안을 정도로 무한히 폭이 넓고 강한 정신이어야만 한다. 이러한 강한 정신은 유한한 것들에게 자신을 강제하는 정신이 아니라 그것들을 모두 감싸 안는 무한한 사랑의 정신이다.

키르케고르는 이렇게 유한성과 유한성의 극단인 죽음마저도 흔쾌하게 받아들이면서 포용할 정도의 폭넓고 강한 정신은 신에 의해서만 주어질 수 있다고 본다. 따라서 키르케고르는 인간이 자신의 유한성에도 불구하고 무한성과 영원성을 획득할 수 있는 길로서 신에 대한 신앙을 들고 있다. 이러한 신앙은 인간이 자신의 유한성과 이기적인 죄성에 절망적인 좌절감을 느끼면서 신에게 귀의하는 것이다.

키르케고르는 절망적인 좌절감이라는 기분이 우리가 진정한 자아를 찾는 데 결정적인 계기가 될 수 있다고 말하고 있다. 키르케고르가 보기에 우리가 흔히 진정한 자아라고 생각하는 자아는 진정한 자아가 아니다. 모든 재산을 잃고 파산하여 자포자기에 빠진 사람은 그렇게 재산을 잃기 훨씬 전에 자신의 삶의 의미를 재산을 증식시키는 데서 찾았었다. 그리고 그때 그는 이미 절망한 사람이었다. 이는 많은 재산을 소유한 자아가 그의 진정한 자아가 아니기 때문이다.

그는 진정한 의미에서 자기 자신으로 존재하기를 바라지 않았고 자신의 진정한 자아를 찾으려 하지 않았기 때문에, 아무리 돈을 많이 벌었다고 하더라도 사실은 이미 절망한 사람이다. 그가 결국에 모든 재산을 다 잃고 자포자기에 빠졌더라도 그것은 원래 잠복해 있었던 절망이 드러난 것에 불과하다. 이와 함께 절망적인 좌절감은 오히려 우리가 진정한 자아를 찾아 나서게 만드는 결정적인 계기가 될 수 있다.

키르케고르는 인간이 진정으로 선하고 무한한 자가 되기 위해서는 자신의 죄성과 유한성을 철저하게 자각하고 참회해야 한다고 본다. 이렇게 자신이 자기중심성적인 죄인이었다는 사실을 고백하고 참회하면서 신에게 자신을 열 경우에만 신의 진정한 무한성과 선성이 우리에게 깃들 수 있다. 파스칼 역시 우리가 신을 직관하기 위해서는 자신의 탐욕의 불길을 진압해야 한다고 말한다. 정념은 사람을 눈멀게 하고 신의 진리를 보는 것을 방해한다.

> 그들은 말한다. 내가 만약 신앙을 갖게 된다면 나는 곧 쾌락을
> 버릴 것이다. 그에 반해 나는 말한다. 당신이 만약 쾌락을 버린다면
> 당신은 곧 신앙을 갖게 될 것이다.[20]

> 이처럼 정화된 심정을 지닌 자에게만 순연한 신이 자기를 드러내는
> 것은 정당한 일이다.[21]

필자는 자신의 죄를 철저하게 참회함으로써 신의 용서와 사랑을
경험한다는 체험은 그리스도교인이 아니더라도 가질 수 있는 체험이
아닌가 생각한다. 참회를 통한 구원이라는 개념은 그리스도교뿐 아니
라 우리가 서두에서 언급했던 정토종에서도 보이는 것이다. 정토종에
따르면 인간의 죄는 너무나 깊고 번뇌는 우리 머릿속에서 항상 치성하
여 도저히 통제할 수 없을 정도다. 따라서 우리 인간은 스스로의
힘으로 자신을 구원할 생각을 접고, 서방정토 아미타불의 자비에
자신을 송두리째 내맡겨야 한다. 아미타불은 우리를 구원하기 위해서
우리 곁에 이미 와 있으니, 그 부처(신)에게 자신을 온전히 바치는
순간에 우리는 우리가 전혀 예상하지 못했던 구원의 희열을 맛보게
되리라는 것이다.

죄에 대한 참회를 통해 신의 구원을 경험한다는 것은 이렇게 그리스

---

20 『팡세』, 240번(미키 기요시, 위의 책, p.191에서 재인용).

21 『팡세』, 737번(미키 기요시, 위의 책, p.201에서 재인용).

도교뿐 아니라 불교의 정토종 같은 데서도 보이지만, 그렇다고 해서 나는 그것이 인간이 영원하고 무한한 것을 경험하는 유일한 길이라고 생각하지는 않는다. 불교 같으면 간화선이나 위파사나 식의 방법도 있을 것이다.

6. 번뇌 – 깨달음의 장애인가 발판인가?

우리는 앞에서 서양철학에서 번뇌 망상이란 문제를 어떻게 보았는지를 살펴보았다. 물론 서양철학사에는 우리가 살펴본 사상가들이나 사조들 외에도 번뇌 망상과 관련하여 중요한 통찰들을 제시한 사상가들이나 사조들이 존재한다. 디오게네스와 같은 견유학파, 퓌론을 중심으로 한 회의주의자들, 에피쿠로스학파, 스토아학파, 스피노자 등과 같은 사상가들과 사조들을 예로 들 수 있다. 그러나 여기서는 이 모든 사조와 사상가를 다루기에는 필자의 능력도 부족하고 지면도 제한되어 있어서, 서양철학의 주요한 흐름을 규정한 몇몇 사상가들과 사조들을 고찰하는 데 집중했다.

사람들의 성격은 다양하기 때문에 사람들을 괴롭히는 번뇌 망상의 종류와 번뇌 망상을 극복할 수 있는 방법도 다양할 수 있다고 여겨진다. 그리스도교처럼 자신의 유한성과 죄를 참회하면서 신에게 귀의한다거나, 불교처럼 자기중심적인 자아를 온전히 버리고 무아의 경지에 도달한다거나 하는 사상을 받아들이기 어려운 사람들도 있을 것이다. 이런 사람들에게는 플라톤이나 아리스토텔레스, 스토아학파의 견해가 도움이 될 수 있을 것이다. 이는 동양에서 불교나 노장사상을 받아들이기 어려운 사람들이 공자사상에 경도되는 것이나 마찬가지다. 이런 의미에서 필자는 동서양의 대철학자들이 제시한 통찰들은 서로 소통과 보완이 가능하며, 이러한 통찰들 모두는 오늘날에도 우리가 여전히 귀를 기울이고 발전시켜 나가야 할 소중한 것들이라고 생각한다.

불교가 추구하는 깨달음과 번뇌가 어떤 관련이 있는지에 대해서 간략하게 이야기하고 이 글을 마치고자 한다. 물론 불교에서 번뇌는 깨달음에 의해서 극복되어야 하는 것이다. 이는 앞에서 살펴본 키르케고르에서도 번뇌가 신앙에 의해서 극복되어야 하는 것과 마찬가지다. 그러나 인간이 깨달음을 추구할 수 있는 것은 번뇌가 있기 때문이다. 이는 키르케고르에서도 인간이 신앙을 추구할 수 있는 것은 번뇌가 있기 때문인 것과 마찬가지다. 동물은 인간처럼 번뇌에 시달리지도 않기 때문에 번뇌가 사라진 상태를 열망하지도 않는다.

인간은 동물과 달리 생각할 수 있는 능력을 갖고 있기에 갖가지 번뇌에 시달리지만, 또한 그러한 능력 때문에 번뇌가 사라진 상태를 상상할 수도 있다. 번뇌는 우리의 생각하는 능력이 미로에 빠져 헤매면서 생기는 것이지만, 선불교에서 말하는 것처럼 번뇌세상이 열반세상으로 바뀔 수도 있다. 이 점에서 번뇌는 깨달음을 막는 장애이기도 하지만, 다른 한편으로는 깨달음을 위한 동력과 발판이 될 수 있다.

번뇌는 그 자체가 괴로움이기 때문에 우리로 하여금 번뇌로부터 벗어나도록 추동한다. 그러나 우리는 대부분의 경우 번뇌의 원인을 잘못 생각하면서 번뇌의 쳇바퀴 속에서 계속 돌아간다. 우리는 갖가지 번뇌가 생기는 원인을 부라든가 명예와 같은 세간적인 가치들이 자신에게 결핍되어 있기에 생긴다고 생각하면서, 그러한 세간적인 가치들을 확보하기 위해 온갖 노력을 다한다. 그러나 이러한 노력이 다시 새로운 번뇌를 불러온다.

번뇌가 깨달음을 위한 '직접적인' 동력과 발판으로 작용할 때는, 무엇보다도 번뇌에 사로잡혀 있던 우리의 정신이 세간적인 가치들을 둘러싼 그동안의 온갖 번뇌가 허망한 것이었음을 느낄 때다. 이렇게 허망함을 느끼는 상태가 곧바로 깨달음으로 직결되는 것은 아닌 한 그것도 아직은 번뇌다. 그러나 이러한 번뇌는 번뇌와 고통에서 벗어나기 위한 출구를 더 이상 세간적인 것들에서 찾지 않는다는 점에서 깨달음을 위한 직접적인 동력과 발판으로 작용할 수 있다. 단적으로 말해서 번뇌가 세간적인 가치들을 좇으면서 방황하다가 지쳐서 자신의 허망함을 경험할 때, 번뇌는 깨달음을 위한 발판이 된다.

이런 맥락에서 키르케고르도 인간은 절망할 수 있다는 점에서 동물보다도 우월한 존재라고 말한다. 심지어 키르케고르는 그 점은 인간이 직립해서 걸을 수 있다는 점보다도 훨씬 더 본질적으로 인간의 우월함을 나타낸다고까지 말한다. 또한 키르케고르에 따르면 절망이라는 병에 걸릴 수 있다는 점이 그리스도교인이 일반인들보다도 우월한 점이며, 이 병으로부터 벗어날 수 있다는 점이 그리스도교인의 행복이다. 이 경우 키르케고르가 절망으로 이야기하는 것은 세간적인 것들의 허망함을 깨닫는 것을 말한다. 보통 사람들은 세간적인 것들의 허망함을 깨달으면 허무주의적인 염세주의에 빠지지만, 그리스도교인은 이를 신앙에 의해서 극복할 수 있다.

키르케고르가 말하는 것처럼 인간이 세간적인 것들의 허망함을 느끼는 것은 인간에게만 가능하다. 그러나 이러한 허무감을 극복하는 것은 키르케고르가 말하는 것처럼 그리스도교를 통해서만 가능한 것은 아니다. 불교는 이러한 허무감은 세간의 허망함을 깨닫고 있으면서도 아직 에고(ego)에 대한 집착이 남아 있기 때문에 생기는 것이라고 본다. 따라서 불교는 허무감은 무아를 깨칠 때에서야 비로소 극복될 수 있다고 말한다.

참고문헌

고형곤, 『선의 세계』, 동국대학교출판사, 2005.

길희성, 『일본의 정토사상』, 민음사, 2011.

박찬국, 『내재적 목적론』, 세창출판사, 2012.

_____, 『인간과 행복에 대한 철학적 성찰』, 집문당, 2010.

백종현, 『인간이란 무엇인가』, 아카넷, 2018.

소광희, 『시간의 철학적 성찰』, 문예출판사, 2016.

이명곤, 『토마스 아퀴나스 읽기』, 세창미디어, 2013.

표재명, 『키에르케고어 연구』, 지성의 샘, 1995.

미키 기요시, 『파스칼의 인간 연구』, 2017.

아리스토텔레스, 강상진 외 2명 옮김, 『니코마코스윤리학』, 2011.

아우구스티누스, 성염 옮김, 『고백록』, 분도출판사, 2004.

F.M. 왓킨스, 이홍구 옮김, 『이데올로기의 시대』, 을유문화사, 1990.

리하르트 다비트 프레히트, 박종대 옮김, 『너 자신을 알라-고대와 중세철학』,
    열린책들, 2018.

_____, 『세상을 알라-르네상스에서 독일관
    념론까지』, 열린책들, 2018.

에리히 프롬, 편집부 옮김, 『희망이냐 절망이냐』, 종로서적, 1983.

_____, 차경아 옮김, 『소유냐 존재냐』, 까치, 2002.

플라톤, 박종현 옮김, 『국가·정체』, 서광사, 2005.

키르케고르, 박병덕 옮김, 『죽음에 이르는 병』, 육문사, 1994.

Kierkegaard, Søren, *Die Krakheit zum Tode*, Lielotte Richter 역, Frankfurt a.
    M. 1984.

Beabout, Gregory R., *Freedom and Its Misuses-Kierkegaard on Anxiety and
    Despair*, Marquette University Press, 1996.

Heidegger, M., *Sein und Zeit*, Tübingen, 1972.

_____, 『강연과 논문 *Vorträge und Aufsätze*』, 이학사, 2008.

Fellmann, Ferdinand, *Lebensphilosophie*, Hamburg, 1993,

Macquarrie, John, *Existentialism*, Penguin Books, 1972.

'번뇌'의 분석심리학적 이해

– '번뇌'의 심리분석과 치유에 관하여

이유경 (분석심리학연구소장)

우리의 개별적 삶은 궁극적으로 인격의 실현을 목표로 하고 있다. 모든 심적 문제와 신경증적 증상들은 인격발달의 장애로서 간주될 수 있다. '번뇌'가 비록 정신수련 및 수행에서 생겨나는 탐욕, 혐오, 망상 등으로 알려져 있지만, 심리학적으로는 성인기 삶의 과제를 해내면서 발생하는 걱정, 공포, 불안, 공황 상태 등과 같은 심적 부담과 증상에 상응한다고 할 수 있다. 말하자면 종교적 태도에서 비롯된 '번뇌'가 특수의 다른 심리적 문제가 될 수 없다는 것을 의미한다. 다만 심리학적으로 볼 때 종교적 태도는 가능한 외부에 대한 관심을 거두어들이고 기도와 명상 등으로 내향화에 이르게 함으로써, 의식을 넘어 그 배후에 있는 정신 영역에 주목하는 것이다. 의식의 배후 영역은 심층심리학적으로 무의식적 정신이다. 의식이 외부에 리비도를 적용하지 않으면, 저절로 무의식적 정신의 활성화가 이루어져서 일종의 의식과의 불일치 상태에 이른다. 이는 의도적으로 만든 일종의 의식과 무의식적 정신 사이의 알력으로, 의식은 긴장과 갈등을 겪게 된다. 이런 상태의 보고가 '번뇌'이므로, '번뇌'의 상태는 증상적이다.

흔히 무의식적 정신이 의식을 방해하는 신경증적 증상의 주범으로 알려져 있다. 하지만 분석심리학적으로 무의식은 의식의 무질서한 부산물이 아니라, 의식의 기초가

되는 정신 영역이다. 정신의 구성요소들로서 무의식적 정신은 전체성을 고려하는
자가 조정을 하며, 궁극적으로는 인격의 실현을 이끄는 작용을 한다. 성인기 신경증적
증상들은 자아의식의 일방적 태도에 의해서 생겨난 것이다. 특별히 성인기에 이르면
자아와 의식은 사회적 역할과 동일시함으로써 자기 자신을 착각하게 된다. 이와
같은 자기 자신과의 불일치에 대해 무의식적 정신의 조정적 간섭이 생겨난다. 이를
의식의 입장에서는 어려움을 야기하는 증상으로 경험하는 것이다. 이로써 동양종교의
수련에서 '번뇌'의 원인이 자아라고 하는 점과 일치하게 된다.

성인기 신경증의 치료는 자아와 의식의 태도를 변화시키는 작업이다. 신경증적 증상은
소위 자기 자신을 돌아보도록 요구하는 내면의 요청이다. 분석심리학적 정신분석
작업은 활성화된 무의식적 정신을 가능한 의식과 연결하여 새로운 의식성을 형성하는
것이다. 무의식적 정신은 정신의 전체성을 고려한 보상적 기능을 발휘함으로써 분열된
인격을 통합하도록 이끌어 준다. 이는 종교적 태도에서 내향화에 의하여 주도적인
의식의 태도를 희생하면서 신성(Numen)을 경험하고 궁극적으로 신성과 통합하려는
작업과도 같다. 성인기 신경증은 신성을 상실한 현대인의 종교 문제를 나타내며,
정신분석 및 치료는 그에 대한 현대인들의 종교적 태도에 상응하는 것이다.

1. 심층심리학적 접근의 의미

심리학은 개별 인간의 정신 활동을 해명하는 학문이다. 심리학에서
정신(Psyche)은 인지 및 추론과 같은 지성 능력이라기보다, 심적 반응
과 행동 및 행위의 동기가 되는 소위 정신요소의 작용에 관한 것이다.
심리학적 탐구의 대상들에는 의식심리학이 될 수 없는 정동(Affekt)
및 정서(Emotion)까지 포함되어 있다. 하지만 정신의 경험과학적 탐구
는 저절로 의식심리학적으로 해명되고 만다. 정신 활동의 과정들이
밝혀짐으로써 의식적 정신이 되는 것으로 여기기 때문이다. 대부분의
현대 심리학은 정신＝의식이라는 자연과학적 관점을 공유하고 있다.

　20세기 초 정신의학자들은 알려지지 않았던 정신 영역을 발견하였

다. 정신 병리적 증상을 이해하기 위해서는 의식 너머의 정신 영역을 인정해야만 했던 것이다. 이로써 무의식적 정신 영역을 탐구하는 심층심리학이 생겨났다. 오늘날 심층심리학자들은 정신에는 의식뿐 아니라 무의식도 포함된다는 사실을 인정하고 있다. 모든 정신의 현상은 무의식적 정신과 함께하고 있다는 것이다. 초기 심층심리학자들은 무의식을 의식에서 용납하지 않음으로써 억압된 정신 영역으로 간주하였다. 무의식을 저급한 내용의 충동이 되거나 의식을 방해하는 증상의 주범으로 해명해 왔다.

한 세기가 넘는 심층심리학적 탐구에 의하여 무의식에 관한 새로운 사실들이 드러나게 되었다. 오늘날 심층심리학자들, 특히 분석심리학자들은 무의식을 인간 정신의 기초가 되는 선험적 정신 영역(집단무의식)으로 이해하고 있다. 오히려 의식이 전체 정신의 일부로서 후천적으로 형성되는 정신 영역이다. 개별 인간의 행동과 정신 활동은 이미 내재적으로 준비되어 있는 기본 양식에 따르고 있다는 사실이 확인된 것이다. 이로써 의식의 억압에 의하여 형성된 무의식(개인무의식)과는 구분이 이루어졌다. 심지어 집단무의식에는 모든 인간이 개별적으로 실현하게 될 소위 인간 정신의 궁극 목적이 내재되어 있다는 사실도 제시되었다. 개별 인간의 인격적 실현은 관습적으로 주입된 교육 이념에 의한 것이 아니라, 원래 인간 본성의 법칙에서 비롯된 이념 및 이상의 구체화인 것이다. 무의식적 정신은 인격의 변화 및 성장 과정에 언제나 중요한 역할을 하고 있지만, 자아와 의식의 주도에 의해 그러한 무의식적 정신의 작용은 고려되지 못하였다.

심층심리학자의 주된 작업은 신경증의 이해와 해결이다. 신경증은 무의식적 정신으로부터 분리하여 자신의 영역을 확보해 온 자아의식이 저절로 도달하게 되는 자기 분열적 증상이기 때문이다. 모든 심리 문제와 증상들은 정도의 차이가 있겠지만, 자아의 궤도 이탈적 태도에 의하여 자기 자신과의 불일치를 나타낸다. 이러한 신경증적 증상들은 인격발달의 장애로 간주될 수 있다. 정신분석 및 치료는 의식의 일방적 태도를 개선하고 무의식적 정신과의 관계를 회복시키는 작업이다. 즉 무의식적 정신을 실제로 작용하는 정신 영역으로 다루어서 분열된 정신의 통합을 시도하는 것이다.

동양종교의 명상과 같은 정신수련 및 수행은 자아의식의 활동성을 최소화하여 내향적 태도를 갖추게 함으로써 의식 너머에 있는 무의식적 정신을 주목한다. '번뇌'는 자아의식이 저절로 활성화된 무의식적 정신을 직면하면서 경험하는 심리 내적 현상에 관한 보고이다. 이는 성인기에 정신분석 및 치료 현장을 찾아온 피분석자들의 삶의 문제 및 증상들의 보고에 상응하는 것들이다. 여기서 '번뇌'를 일종의 신경증적 증상으로 다룸으로써 심리분석뿐 아니라, 무의식적 정신과의 관계로서 '번뇌'를 해결하는 심층심리학적 작업을 제시할 수 있을 것이다.

오늘날 심리학자들의 작업은 크게 둘로 나누어진다. 한편으로는 정신의 과정을 해명하는 순수학문으로서, 또 다른 한편으로는 심리 문제 및 증상을 해결하는 치유적 방법론을 제시하는 응용학문으로서의 역할을 한다. 이제 정신분석 및 치료들은 심리 문제의 해결을 넘어서 인격의 성장과 발전을 촉진하는 방법론으로 주목을 받고 있다. 분석심리학'은 일찍부터 신경증의 정신분석 및 치료를 통하여 도달하고자 하는 최종 목표가 인격의 실현임을 강조하였다. 분석심리학에서 다루고 있는 대극의 합일, 개인의 전全인격화(Individuation), 자기실현 등이 전통적 정신수련 및 수행의 목표와 동일한 것이라 할 수 있다. '번뇌' 증상을 정신분석 및 치료를 통하여 해결하려는 시도를 함으로써, 현대의 심리학적 방법론이 종교적 기능을 대신하고 있음을 밝히게 될 것이다.

2. 증상으로서의 번뇌

1) '번뇌'의 주관적 기술에 관하여

'번뇌(煩惱, Kleśa)'는 일상적으로 쓰는 용어는 아니다. '번뇌'는 대략 정신수련 및 수행에서 집중을 할 수 없을 정도로 산만하고 혼란스러운 상태를 의미하는 듯하다. 보다 학술적으로, 불교학 등에서는 '번뇌'를 삼독三毒이라고 하며, 탐욕貪慾, 진에瞋恚, 우치愚癡로 설명하고 있다. 구체적으로 풀어서 무지, 자만, 욕망, 혐오, 소유욕을 특징적으로 제시하고 있다. 또한 '108 번뇌'라고 하듯이 한 개인이 일생을 살아가면서 겪게 되는 온갖 고통과 문제들로 일반화하기도 한다.

이상의 '번뇌'에 관한 내용들은 개인적 경험에 관한 묘사이기보다는 보편적 특성의 심적 상태나 태도를 나타내고 있다. '번뇌'의 원인으로 아집我執과 아욕我慾을 언급하고 있는데, 이때의 집착과 욕망의 주체를

---

1 분석심리학(analytische Psychologie)은 C.G. 융(1875~1961)이 창시한 심층심리학이다. 심층심리학은 무의식적 정신 과정을 해명하고, 심상과 증상을 그의 형상화로서 이해하는 작업을 한다. S. 프로이트(1856~1959)의 정신분석학으로 시작되었으며, C.G. 융의 분석심리학 외에 A. 아들러(1870~1939)의 개인심리학이 있다.

'나(我)'로 설명하지만, 이는 전혀 실제적 개인에 관한 것이 아니다. 삶을 살아가면서 '내(我)'가 아무런 입장을 취하지 않는다는 것은 있을 수 없다. 정도의 차이가 있을 뿐 모든 사람들은 각자 어떤 의식의 태도를 가지게 된다. 심리학적으로 그러한 의식의 태도는 집착과 욕망에 관한 것이라기보다는 오히려 개인적 특성이 되는 요소로서 간주된다. 어떤 가치관이나 태도 없이 개별적 인격의 특성이 나타날 수 없기 때문이다. 만약 개별적 특성 자체를 번뇌의 원인으로 제시하려는 것이라면, 그것을 극복하여 보편적 인간성을 회복하라고 하는 가르침을 위한 것이어야 할 것이다. 뒤에서 논의되겠지만, 심리학적 작업은 개인 인격의 고유함을 희생하지 않고 보편적 인간의 이념을 실현하도록 작업한다. 심리학적 탐구는 언제나 개별 인간의 정신 활동을 이해하기 위한 것이기 때문이다.

'번뇌'에 관한 보고는 누군가 개인적으로 종교적 태도의 실천에서 실제적으로 생겨나는 여러 어려움에 관한 것이므로, 개별 경험의 기술이어야 할 것이다. 적어도 '번뇌'라고 부르는 경우 실제로 감당하기 어려운 혼란과 괴로움이거나, 해결하고 싶어 하는 의문이나 문제에 관한 것이다. 그럼에도 그것들은 모두 인격발달에 관한 것이거나, 삶의 과제에 관한 것으로 간주될 수 있다. 한 개인이 개별적으로 기술하는 '번뇌'는 정신치료 현장을 찾는 피분석자 및 내담자의 호소들과 다르지 않다. 그들도 삶을 살면서 겪게 되는 각종의 어려움, 그것도 특별히 심리 문제로 간주되는 것들을 보고한다. 이런 의미에서 '번뇌'와 같은 내용이 될 것이다.

심리학적 접근은 언제나 개인적인 경험의 보고에서 시작하므로 경험심리학적이고 주관적이다. 경험의 주체는 '나(Ego, das Ich)'이다. 자아(나)는 객체에 대한 경험을 기술할 수도 있고 자기 자신에 대해서도 기술할 수 있다. 하지만 그 내용은 언제나 주체의 주관성에 기초한다. 더구나 외부의 사실들이 아니라, 심리 내적인 사실이라면 더욱더 객관적 사실로 보고되기 어렵다. 가시적으로 드러낼 수 없는 심리적 요소들의 작용에 관한 묘사는 기본적으로 주관성에서 벗어나지 못한다. 심리적 문제가 주관적으로 기술되는 것이긴 하지만 문제 자체가 주관성에 기인한다고 할 수는 없다. 자아가 스스로 생산한 것들에 의하여 괴로움을 호소하지는 않기 때문이다. '망상'의 경우에 오히려 자신이 '망상'을 생산하고 있다고 믿고 있음으로써 심리 문제가 시작된다. 정신치료 현장에서 '망상'은 자아가 생산하지 않은, 독자적으로 기능하고 있는 또 다른 사고의 주체에 의한 산물이라고 할 것이다. '망상'은 그 자체로 객관적으로 보여줄 수는 없지만 분명히 자아에 속하지 않는 객관적 사실들이다. 정신치료 현장에서 심리 문제를 보고하고 있는 경우나, 정신수련 및 수행에서 혼란스러움과 괴로움에 관한 보고는 모두 한 개인의 주관적 기술이긴 하지만, 그 내용은 자아(나)가 생산하지 않은, 소위 실제적인 심리적 사실들에 관한 것이다.

오히려 자아가 자신이 겪고 있는 실제적 사실들을 알아차리지 못하는 것이 더 문제가 될 수 있다. 경험을 보고하는 자아(나)가 자기 자신에 대해서 무의식적일 수 있다. 때로는 어떤 보고들은 자아의식의 입장에서 기술하는 것이 아닐 수 있다. 자아를 언제나 자아의식(Ich-Bewuβtsein)이라고 하는데, 그것은 자아가 스스로 '나'라는 주체적

의식이 있어서 자신이 무엇을 의도하고, 무엇을 경험하는지 어느 정도의 인식이 가능함을 나타낸다. 정신치료 현장에서 피분석자 및 내담자의 의식 수준이 제각기 다르므로 주관적 진술들은 구분이 필요한 복합적 사실이 되고 만다. 실제로 자신이 겪고 있는 사실을 제대로 보고하지 못하거나, 전혀 심리학적으로 다룰 필요가 없는 문제들을 거론하는 경우도 드물지 않다. 그래서 정신치료 현장에서 치료자들은 내담자들이 병식(病識, insight)이 있느냐를 확인한다. 흔히 병식이 있음은 자신의 문제를 인식하는 경우를 의미하며, 증상이 심각하더라도 치료의 예후가 좋을 수 있다. 자신이 얼마나 왜곡되어져 있는지 전혀 인식 못하고 있는 경우, 자신이 처한 어려움을 호소하지 않아도 훨씬 문제가 심각할 수 있다. 심리학적 보고들의 편파적인 주관성 때문에 사실 확인 및 '심리검사'를 실시하여 객관적 평가를 해야 하는 경우가 대부분이다.

'번뇌'를 심리학적 논의로 옮기게 되면, 자연스럽게 자아의식이 경험하는 사실로서 기술하게 될 것이다. 그것이 비록 주관적 기술이긴 하지만, 자아가 문제 삼고 있는 심리적 사실을 주목하게 될 것이다. 이로써 그것은 자아가 해결하기 어려운 어떤 객관적인 정신현상으로서 부각될 수 있다. 이런 맥락에서 정신수련 및 수행과정에서 발생하는 어려움, 고통 및 고뇌 등은 소위 정신분석 및 치료 현장에서 피분석자 및 내담자들이 호소하는 어려움 및 증상과 같은 것으로 간주될 수 있다. 말하자면 '번뇌'의 현상을 증상으로 표현하는 데에는, 그것이 주관적 산물이 아니라는 점을 강조하기 위해서이다.

2) 심리 문제로서의 '번뇌'

정신수련 및 수행과 같은 종교적 태도를 통하여 도달하고자 하는 목표는 인위적인 것이 될 수 없다. 각자가 무엇을 하고 있든 인생의 궁극 목표는 공통적으로 '인격의 실현'이라고 할 수 있다. 인격의 실현은 특정의 이념이나 이상에 상응하는 것이 아니다. 종교적 가르침, 교육의 이념, 심지어 정신치료의 목표도 인격의 실현이어야 할 것이다. 그것은 한 개인의 고유한 인생의 노정에서 실현되는 것이며, 세상의 누구도 대신할 수 없는 그 자신만의 개별적 인격의 특성으로 구체화될 것이다. 이런 의미에서 '번뇌'를 정신치료 현장에서 다루고 있는 심리 문제와 비교 가능해진다. 어떤 특정의 종교 수행 방식에서 오는 차이를 배제할 수 있으며, 오히려 인간 본성의 내재적 법칙에 따라 인격이 실현되는 공통적인 것들을 제시할 수 있다.

앞서 정신치료 현장에서든 정신수련 및 수행의 과정에서든 심적인 혼란과 괴로움 등의 보고가 주관적이라는 점을 문제 삼았지만, 또 다른 문제는 순수한 심리 문제가 되기보다는 외적인 요인들이 구분 없이 다루어질 수 있음을 지적하였다. 정신치료 현장에서는 피분석자 및 내담자가 보고하는 사실이나 다루고 싶어 하는 것들을 모두 심리 문제로 삼지 않는다. 본격적인 정신분석 작업을 시작하기 전에 보고된 심리 문제 자체의 구분을 위해 검토할 필요가 있겠다.

우선적으로 피분석자 및 내담자의 심리 문제 기술을 자아의식 중심의 경험적 보고가 되도록 정리하여야 한다. 이러한 정리는 피분석자 및 내담자가 순수한 심리 내적 문제를 구체화하기 위해서이다. 만약 피분석자가 경제적 어려움을 호소하고 있다면, 심리 문제보다 실제적으로 당면한 삶의 과제에 더 주력하도록 해주어야 할 것이다. 마찬가지로 정신수련 및 수행을 위해 외부의 모든 영향력으로부터 벗어나 소위 은둔자의 생활을 선택하는 것도 가능한 심리 내적 과제에만 집중하도록 하려는 것과 같다.

정신치료 현장에서 가장 많이 다루게 되는 주제는 인간관계와 자아의 능력 발휘에 관한 내용들이다. 이 두 주제의 경우도 모두 외부의 요인들과 관련되어 있으므로 '번뇌'와는 상당히 동떨어진 심리 문제처럼 보인다. 정신치료의 일차적인 목표가 한 개인이 집단사회에서의 적응 및 직업적 역할을 완수할 수 있게 하는 것이다. 이는 뒤에서 더 살펴보겠지만, 집단사회에 적응이 제대로 안 된 채 정신수련 및 수행을 시도하는 경우 또 다른 문제들을 야기한다. 흔히 이것을 현실도 피라고 할 것이며, 심리학적으로 청년기 신경증적 증상으로 다루게 될 것이다. 이는 본격적인 심리 내적 문제를 다루기 전에 해결해야 하는 삶의 과제에 관한 것이기 때문이다.

본격적으로 심리학적 접근을 하기 위하여 피분석자 및 내담자의 심리 문제를 외상성과 심인성으로 나눈다. 심적 문제의 원인이 외부에서 일어난 고통스러운 사건 사고에 의한 것과, 순수하게 심리 내적 요인에 의한 혼란과 괴로움을 구분하는 것이다. 예를 들어 어떤 사람이 앓고 있는 우울증이 실제적인 가슴 아픈 상실에 의한 것이라고 한다면 외상성 증상인 것이다. 하지만 우울을 호소하지만 실제로 외부에 그 원인이 될 만한 사건 사고가 없는 경우도 드물지 않다. 실제로 정신치료 현장에서 다루는 우울은 전자보다 후자의 경우가 더 많다. 전자의 경우, 사람들은 증상의 원인을 알고 있기 때문에 정신치료를 고려하지 않는다. 오히려 후자의 경우, 외적인 원인 없이 무감동, 무기력, 무관심 등을 겪고 있기 때문에 자신의 증상에 대해서 이해하고 싶어 한다. 그렇지만 할 수만 있다면 뇌의 문제로 다루고 싶어 한다. 합리적으로 설명할 수 없는 증상들이 부담스러운 심리 문제가 되는 것이다.

증상이 심인성 논의가 시작될 수 있었던 것은 원래 심층심리학자들에 의해서이다. 심층심리학자들은 증상의 주범을 무의식적 정신이라고 보았기 때문이다. 의식심리학적 입장에서 심리치료를 하는 경우에는 여전히 심리 문제의 원인을 외부에서 찾는다. 정신치료 현장에서 피분석자 및 내담자들은 자신들의 증상의 원인을 이미 알고 있는 것처럼 기술할 때가 많다.(주로 아동·청소년기의 외상에 기인한 것으로 다루고 싶어 한다) 심층심리학자들의 입장에서는 오히려 외적인 원인으로 제시하는 증상의 경우일수록 심리 내적인 요인에 의한 것임을 발견하게 된다. 제대로 된 원인의 이해는 그 자체 증상을 해소하는 결정적인 것이 되기 때문이다. 외적 요인을 증상의 원인으로 삼게 됨으로써 실제적인 심리 문제에 대한 직면을 피할 수 있다. 원인으로 제시하는 외상성 사건들은 자기 자신에게 책임이 없다는 사실의 증거가 되는 것이다.

다시 '번뇌'의 주제로 돌아와 보면, '번뇌'도 일종의 심인성 증상으로 다룰 수 있다. '번뇌'는 가능한 외적 요인을 제거하고 자기 자신에게 집중하면서 생겨난 혼란스러움과 괴로움이기 때문이다. 이는 소위 심리학적으로 종교적 태도에서 보이는 전형적인 내향화에 관한 내용이다. 내향화는 자아의식이 외부로 향하던 리비도(정신 에너지)를 거두어들임으로써 내면세계, 즉 무의식을 활성화시킬 기회를 제공한다. 모든 명상의 목적은 바로 기도, 금식, 금언 등으로 외부로 향하는 자아의 관심을 중단하고, 의식의 배후가 되는 정신 영역에 집중하는 것이다. 무의식적 정신의 활성화에 의해 기도와 명상에서 특정의 목소리(신성)를 듣게 되거나 강렬한 인상의 꿈이나 환영을 경험하게 된다. 정신의 수련 및 수행의 목적은 바로 이러한 무의식적 정신의 활성화이다. 종교심리학에서 무의식적 정신의 활성화는 신성으로 간주될 수 있는 누미노제(Numinose)를 야기한다고 해명할 것이다.

'번뇌'는 어느 정도 의도적으로 종교적 태도로서 내향화를 함으로써 자아의식이 활성화된 무의식적 정신의 활동을 경험하는 현상을 의미한다. 이는 개인마다 차이가 있겠지만 이때의 경험적 사실은 일종의 신경증적 증상에 상응하는 현상이다. 자아의식은 자신이 생산하지 않은, 자발적 정신의 활동을 실제적으로 경험함으로써 느끼는 불안과 공포, 심지어 인격이 붕괴될 위기에 처할 수 있는 불안정한 상태에 이르는 것이다.

3) '번뇌'는 신경증적 증상이다

'번뇌'를 특별히 정신수련 및 수행의 과정에서 내향화로 인한 무의식의 활성화가 만들어낸 증상으로 설명하였다. 무의식적 정신이 활성화되면 자아의식은 영향을 받아 집중할 수 없는 혼란스러운 상태에 이른다. '번뇌'는 내향적 태도를 취함으로써 자발적으로 자아의 주도권을 내주지만, 심리내적 상황은 신경증적이다. 신경증은 자아와 무의식 간의 알력에 의한 갈등을 의미하며, 자아를 방해하는 무의식적 간섭을 증상이라고 부른다. 그래서 흔히 신경증적 증상을 무의식이 생산한 것이라고 하는 것이다. 의식에 간섭적인 신경증적 증상으로 인하여 저절로 무의식적 정신 영역을 인정하게 된다.[2]

고전적 의미(S. 프로이트)에서 신경증을 야기하는 무의식적 정신은 주로 억압해야 하는 본능적 충동으로 알려져 있다. 의식에서 용납하지 않는 저급한 본능적 충동, 성애적 욕망에 상응하는 것으로 이해되었다. 만약 이런 내용을 '번뇌'에 적용해 보면, '번뇌'를 겪게 하는 실제 상황들은 조정되지 않는 저급한 욕망 및 성적 충동들과 갈등을 일으키고 있는 신경증적 상태에 해당할 것이다. 어쩌면 이러한 지적이 부분적으로는 맞을 수 있다. 정신수련 및 수행을 하고 있는 당사자가 지나치게 고귀한 정신의 가치와 고양된 이상주의를 꾀한다면, 상대적으로 무의식적 정신은 보상적으로 저급한 하위의 정신적 내용을 제시할 수 있을 것이다. 하지만 대부분 '번뇌'의 순간은 무의식적 정신 그 자체의 활성화에 의한 자아의식의 경험 자체가 두려움과 고통을 호소하기에

---

2 C.G. Jung(1945), *Vom Wesen der Träume*, G.W. 8, Par. 546.

"무의식은 꿈의 모체일 뿐 아니라, 심인성 증상의 모체이기도 하기 때문에 무의식의 태도를 물어보는 것은 실제로 특별하게 중요하다. 남이 나와 같은 입장으로 보든 보지 않든 상관없이, 무의식은 나와는 다른 의견일 수 있다. 그것은—특히 신경증의 경우에—무의식이 무관심함 때문이 아니라 무의식은 흔히 심각한 결과를 빚는 실수로서 갖게 되는, 바라지 않는 장애를 일으키거나, 의도적으로 신경증적 증상을 만들어내는 능력을 가지고 있다. 이러한 여러 가지 장애는 '의식'과 '무의식'의 불일치에서 기인한다. 정상적으로는 그런 일치가 있어야 할 것이다. 그러나 사실은 그렇지 못한 경우가 많고, 이것이 대수롭지 않은 말실수에서 심한 재해와 질병에 이르기까지 무한히 많은 심인성 불건강의 이유 이다."

충분한 것들이다.

무의식적 정신은 어느 불특정의 순간에 작용하거나 활성화되는 것이 아니다. 언제나 자아의식의 배후에서 기능하고 있으며, 다만 그 활성화의 정도는 자아의식과의 관계에서 상대적으로 나타난다.(이는 뒤에서 '보상적 기능'으로 다룰 것이다) 우리가 조금만 주의를 기울이면 자아의식에 관여하고 있는 무의식적 정신의 작용을 확인할 수 있다. 예를 들어 의식이 의식적 의도를 가지고 있었으나 어느 순간에 자신이 무엇을 하고 있는지 목적을 잃거나, 어떤 물음에 답을 하려고 준비했으나 어느새 그 대답이 머릿속에서 사라진 것을 확인할 때가 있다. 분명히 매 순간 우리는 의식 활동을 방해하고 있는 무의식적 정신의 작용을 경험하면서도 항상 의식의 입장에서 실수를 했다고 여기는 것이다. 이처럼 대부분은 무의식적 정신의 간섭에 대해 불편함을 느끼지 않는 상태로 지내지만, 정도가 심해져서 자아의식을 방해하는 알력이 되면 그것은 '증상'이 된다.

다시 정리하면, 정신치료 현장에서 피분석자 및 내담자들이 보고하는 신경증적 증상은 자아의식이 이해하지 못하는 심리 내적 원인에 의한 것들이다. 피분석자 및 내담자들은 전혀 내향화가 되어 있지 않은 상태에서 의식을 방해하는, 그래서 뜻대로 조절할 수 없는 증상들에 대한 괴로움을 호소한다. 경험의 주체로서는 가능한 증상의 원인을 제거하여 증상으로부터 자유로워지려고 애쓰는 것이다. 이에 반하여 '번뇌'로서 드러나는 신경증적 증상은 오히려 의도되어진 증상에 해당한다. 자의적으로 유도된 무의식의 활성화이지만, 그럼에도 불편함을 호소하는 상태이므로 신경증적이다. 근본적으로 무의식의 활성화

그 자체는 의식적으로 조절 가능한 것이 아니기 때문이다. 내향화가 이루어지면 활성화된 무의식은 의식의 상태를 위태롭게 할 만큼 힘을 가지게 된다. 이런 의미에서 정신수련 및 수행에서 이루어진 내향화에서 자아가 마주치게 되는 무의식의 활동성 자체는 실제 정신치료를 받으려는 피분석자들의 보고 내용과 크게 차이가 없다고 할 수 있다.

이미 언급하였듯이 내향화를 지향하는 종교적 태도는 그 자체로 무의식의 활성화를 목표로 하고 있다. 이는 모든 종교가 누미노제의 경험을 유도하는 방식이다. 심리학적으로 계시와 같은 누미노제의 체험도 무의식적 정신의 활성화에 의한 것이다.[3] '번뇌'는 내향화를 통하여 활성화된 무의식적 정신이 활동을 경험하고 있으나, 그것을 경이로운 신비체험으로 간주하지는 않는 상태이다. 이로써 전형적인 신경증적 증상으로 보고될 수 있다.

심층심리학적으로 신경증을 앓고 있는 사람들에게는 종교의 문제가 있다고 할 수 있다. 신경증을 앓고 있는 사람들 대부분 무의식적 정신의 실제성을 인정하지 않음으로써 증상에 시달리고 있기 때문이다. 가능한 모든 합리적 사실들을 동원하여 증상의 원인을 밝히려고 한다. 뇌의 병변이나 스트레스 등으로 소급함으로써 심리 내적인

---

3 C.G. Jung(1940), *Psychologie und Religion*, G.W. 11, Par. 8.
　"종교는 인간 정신의 특수한 태도라고 생각된다. 그것은 렐리기오(religio)라는 개념의 원래 용법에 걸맞게 어떤 동적 요소들에 관한 주의 깊은 고려와 관찰이라고 설명될 수 있을 것이다. 이 동적인 요소들은 여러 힘들(Mächte)이라고 볼 수 있다. 귀신들(Geister), 악령들(Dämonen), 신들(Götter), 법칙, 이념, 이상 등 그것을 뭐라 부르든 인간이 위험을 느끼거나 혹은 위대하고 아름답고 깊은 의미를 가지고 있어서 경건하게 숭배하거나 흠모하게 되는 그런 요소들이다."

문제로서 다루지 않기를 원한다. 하지만 신경증적 증상 자체가 무의식적 정신의 존재를 인정하게 만들고 주목하게 만든다. 무의식적 정신이 만들어내는 증상들은 현대인들이 경험하는 소위 '밑으로부터 오는 신성(누멘)'에 해당하는 것이다.[4] 말하자면 도저히 누멘으로 여길 수 없는 저급한 증상에 직면하게 된 것이다.

'번뇌'를 분석심리학적으로 신경증적 증상으로 간주하는 데에는, '번뇌'가 자아의식과 무의식의 관계에서 서로의 알력이 느껴지는 불일치 상태이기 때문이다. 종교적 태도에 의하여 무의식적 정신과의 접촉을 시도하고 있지만, 자아의식은 활성화된 무의식에 의하여 영향을 받고 있고, 그에 대한 혼란스러움과 괴로움을 호소하고 있는 것이다. 결과적으로 무의식적 정신을 끌어들이고 있는 정신수련 및 수행의 과정은 심층심리학적 정신치료 현장에서 신경증적 증상을 고려하는 것과 같은 것이다.

3. '번뇌'의 심리분석

1) '번뇌'의 주체로서의 자아

'번뇌'의 심층적 심리분석에서는 자아의식은 증상을 겪는 주체이고, 무의식은 증상을 생산하는 주체이다. 증상은 언제나 인격의 주체가 되는 자아의식 중심으로 기술되므로, '번뇌'의 주체는 자아의식이 될 것이다. 하지만 '번뇌'를 보고하는 주체가 되려면 자아의식은 어느

---

4 이유경(2013), 「영성과 무아의 분석심리학적 이해」, 『불교와 심리』 제6호, pp. 171~235 참고.

정도의 의식 수준을 갖추어야 한다.

인격의 실현은 일생에 걸친 정신발달 과정의 결과이다. 인격의 실현은 일관성 있게 여러 발달단계를 거쳐 도달하게 되는 성인의 이상이다. 이런 의미에서 인격에 관한 논의는 아동기에 하기 어려우며, 어느 정도 자아의식이 분화된 성인기에 이르러야 한다. 아동·청소년기는 물론이고 청년기를 넘어 성인기에 이르러서도 자기 자신에 대해 무의식적일 수 있다. 스스로 자신의 인격 실현에 관한 의식적 관심을 표명하기까지는 상당한 시간이 소요된다.

분석심리학적 정신분석 및 정신치료는 피분석자 및 내담자의 자아의식 수준을 고려하여 이루어진다. 아동·청소년기 자아의식의 관심 및 활동과 생의 과제는 성인기의 것들과 다를 수밖에 없다. 마찬가지로 발달단계마다 신경증적 증상도 서로 다른 전형적인 특징을 갖고 있다. 이런 의미에서 자아의식의 분화에 따른 신경증적 증상의 이해가 필수적이다.

초기 아동기는 주로 자아 없는 의식(das Bewußtsein ohne Ichbewußtheit) 상태이다. 거의 사춘기까지 자아의 의식 수준이 일관성 있게 유지되지 않으며, 때로는 전혀 인격의 주체가 될 수 없는 의식 수준에 머물 수 있다. 각자 아동기를 되돌아보라. 자신이 무엇을 했는지 거의 기억나지 않는다. 자아의식은 후천적으로 형성되고 분화되어 점차 독립적인 정신 기관이 된다. 자아가 분화되기 전까지 주로 집단무의식이 정신 활동을 주도하고 있다. 아동·청소년기까지 대부분 의식적인 의도 없이 의욕하고 행동한다. 청년기에 이르러야 비로소 전적으로는 아니지만 자신이 의식되고 반성적 인식이 가능해진다.

　자아의식이 주도적이지 않은 아동·청소년기에는 사실상 신경증적 증상은 발생하지 않는다. 그럼에도 심적 문제들이 발생하여 정신치료 현장에서 다루어진다. 아동·청소년기에는 주로 자아의 취약성을 보완하기 위하여 소위 부모의 훈육적 요구가 오히려 아동·청소년의 본능적 활동과 갈등을 일으켜서 심적 문제로 드러난다. 이처럼 집단사회적 요구가 복잡해지면 저절로 본능과의 불일치가 생겨난다. 이 시기의 심리 문제들은 주로 본능적 충동에 대한 지나친 외부의 통제와 억압에 의하여 생겨난다.

　아동·청소년기의 시기는 아직 자아가 주체적이지 않을 뿐 아니라, 정신의 활동을 자신의 것으로 경험할 수 있는 통합적 인격 상태가 아니다. 일반적으로 원시인들과 아동들에게 보이는 자아의식의 수준을 '신비적 참여(participation mystique)' 상태로 표현하고 있다.[5] 무의식적 정신의 요소들이 자아 대신 기능하므로 매우 활성화되어 있으며, 또한 대부분 외부에 투사되어 객체(대상)들과 동일시된다. 그것은 주로 자신을 돌보아주는 부모에게 투사되고, 저절로 부모와 구분할 수 없게 된다. 아동·청소년기 자아는 자주 부모와 혼돈되고, 부모는 물론이고 주변의 여러 객체들에 영향을 받는다. 그래서 '신비적 참여'를

---

5 C.G. Jung(1934), *Vom Werden der Persönlichkeit*, G.W. 17, Par. 286.
　"아이는 우선 무제한의 신비적 참여, 즉 어머니와의 무의식적 동일시 속에서 살기 때문이다. 어머니는 아이의 신체적인 선행조건일 뿐만 아니라, 또한 정신적인 선행조건이기도 하다. 자아의식이 깨어남에 따라 그 참여 상태는 점차 해소되고, 의식은 무의식과 대립하면서 자신이 가진 고유한 선행조건을 나타내기 시작한다. 거기서 자아는 어머니와 분리되고, 점차 어머니의 개인적인 특수성이 분명해진다."

흔히 주객의 구분이 없는 상태, 혹은 주체가 없는 다중 인격적 상태라고 할 수 있다.

자아의식이 어느 정도 분화가 되어야 자아 중심적이 될 수 있으며, 자아 중심적이 되어야 개별적 인격의 특성이 드러날 수 있다. '신비적 참여' 상태는 자아가 주도적이지 않기 때문에 아직 의식과 무의식의 갈등을 야기하지는 않는다. 오히려 자아가 무의식의 영향력에서 벗어나지 못하게 됨으로써 문제가 되는 것이다. 자아가 어느 정도 분화되어 독립적인 정신 기관이 되면, 스스로 목표감을 갖게 되고 의지력을 발휘하며 자신의 고유한 과제를 완수할 수 있다.

청년기는 본격적으로 자아 주도적인 활동을 펼치면서 주로 주변 환경에 적응하고, 사회적인 역할을 수행하게 된다. 청년기의 과제는 적극적으로 현실에 참여하여 자아의식의 개별적 능력을 능동적으로 발휘하는 것이다. 자아의식이 주도적이 되면, 자아를 이끌어가던 무의식은 체제를 바꾸어 뒤로 물러나서 자아의 본능적 저력 및 배후세력이 된다. 가능한 자아의식이 주체적으로 기능할 수 있게 이면에서 지지적으로 작용한다.

만약 청년기 자아가 자기 주도적 역할을 하지 못하면, 청년기 신경증에 이른다. 청년기의 신경증적 증상은 주도하지 못하는 자아의식을 방해하는 충동에 의하여 생겨난다. 흔히 본능적 충동, 성애적 충동을 문제 삼는 신경증은 주로 청년기 신경증에 해당한다. 청년기 신경증은 자아의식이 확고하게 자리 잡지 않아서 여전히 아동·청소년기를 지배하던 무의식적인 힘에 의해 영향을 받고 있는 것이다. 이는 청년기 '신비적 참여' 상태로서, 자아는 부모의 참견과 사회적 요구가 지나치게 간섭적이라고 보고할 것이다. 유약한 청년기 자아는 스스로를 지키기 위해 방어적이 되며, 인간관계에서도 끊임없이 불편함을 호소한다.

청년기 신경증의 자아의식은 아직 자신을 충분히 의식하거나 반성할 만큼의 수준에 이르지 않았다. 자아는 끊임없이 본능적 충동에 의하여 좌우된다. 이때의 충동성은 주로 정동이나 정서의 활성화로 나타난다. 지나친 자신감과 고양감, 아무것도 할 수 없다는 두려움과 무력감이 나란히 작용하는 등 자아의식이 조절할 수 없는 심리상태에 이르게 한다. 이런 내용들이 앞서 언급하였듯이 정신치료 현장에서 청년기 신경증으로 거론되는 자아의식 기능 발휘의 어려움에 관한 것이다.

자아의식이 분화되면 될수록 자아는 합리적이고 이성적이 되며, 정동과 정서로부터 벗어나게 된다. 이로써 자아의식은 소위 충동조절 및 감정조절이 가능해진다. 마침내 자아의식은 분화되어 외부세계와 내면세계와 관계할 수 있는 독립적인 정신 기관이 된다. 의식의 분화와 더불어 외부에 투사하였던 무의식적 정신의 요소들을 거두어들여 실제적인 내면의 정신요소로서 기능하게 된다. 이로써 성인기 자아는 내면세계를 경험할 수 있게 된다. 투사를 거두어들이지 못하면 내면세계의 논의는 불가능하다. 자아의식의 분화에 의하여 비로소 외부의 대상세계에 대해 실제성을 제대로 경험할 수 있으며, 또한 내면세계에 대한 이해가 가능해진다. 자아의식이 독자적인 정신 기관으로서 활동을 할 수 있게 되면, 무의식은 진정한 내면세계로서 기능한다. 의식에 영감을 불어넣고 정신의 이념에 도달할 수 있게 작용한다.

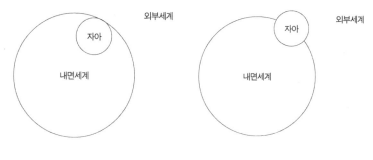

〈자아의식의 분화 전前−신비적 참여〉   〈자아의식의 분화 후後〉

　분석심리학적으로 종교적 태도에서 비롯된 '번뇌'는 청년기를 넘어 성인기에 이르러야 비로소 다룰 수 있다. 청년기까지는 자아의식은 독립적인 정신 기관으로서 제대로 기능하지 못하고 있어, 정신치료에서도 자아가 주도적일 수 있게 지지적 작업을 한다. 이 시기에는 자아의식의 지나친 반성적 태도나 종교적 태도 및 내향적 태도는 오히려 자아의식의 분화를 역행하게 만든다. 이는 현실 적응을 외면하는 전형적인 청년기 신경증적 태도가 될 수 있다. 가능한 자아의식이 외향적으로 자신의 기량을 마음껏 시험해 볼 수 있게 해야 한다. 청년기에도 무의식이 충동적으로 증상화되어 의식을 방해하지만, 그 의도와 목적은 성인기와 다르다. 청년기의 충동은 의식의 삶에 적극적으로 참여하려는 생의 의지로서 이해해야 한다.

　이상의 논의를 정리해 보면, 자아의식은 '번뇌'를 겪는 주체이다. 자아의식이 번뇌를 실제적인 괴로움으로서 인식하기 위해서는 어느 정도의 의식 수준을 갖추어야 한다. 자아가 종교적 태도를 선택하였을 때 자아의식이 내면세계를 경험할 수 있는 수준에 있어야 하는 것이다. 이처럼 내향화되는 내용들은 성인기의 신경증에서 다룰 수 있다.

성인기 자아의식은 자신이 겪고 있는 고통과 고뇌를 보고할 수 있을 뿐 아니라, 문제를 해결하기 위해 적극적 참여를 할 수 있는 주체가 된다.

2) '번뇌' 증상의 형성 및 경과

성인기 자아의식은 자신이 원하는 대로 실행 가능하게 됨으로써 모든 것을 자아 중심적으로 진행하게 된다. 성인기 자아가 관심을 두고 주력하게 되는 내용은 집단사회의 요구와 기대에 부응하는 역할이다. 물론 청년기의 과제를 완수하지 못한 경우, 성인기에도 계속 자아의식은 여전히 사회적 적응을 위하여 자신의 능력을 발휘하려고 노력을 할 것이다. 성인기 자아는 어느새 사회적으로 요구하고 있는 역할을 자신의 인격으로 착각하게 된다. 이러한 역할 인격을 페르조나(Persona)라고 부른다. 그것은 소위 사회생활을 하면서 다른 사람의 기대에 부응하여 발휘하고 있는 가면의 인격인 것이다.

우리 모두가 성인이 되면 어느 정도 자신이 이중적이라는 사실을 알고 있다. 다른 사람들에게 어떻게 보여야 하는지 끊임없이 고려하면서 자신의 유능함을 강조한다. 다른 사람이 인정을 해주는 모습이 전적으로 자기 자신일 수 없다는 사실을 의식하고 있다. 그럼에도 다른 사람들에게 최상의 모습을 보여주려 애쓰는 것이다. 사회적으로 존경받는 직책이 마치 인격이 되어버린 것처럼, 부·권위·명예 등도 삶의 목표가 되어버린다. 교수·의사·변호사·목사(신부) 등 중요한 역할을 맡을수록 역할 인격과 구분하지 않으려 한다.

분석심리학적으로 자아의식이 페르조나와 동일시하게 되면 성인기 신경증이 시작된다. 페르조나와의 동일시가 자기 자신과의 불일치를 가져오기 때문이다. 앞서 청년기에는 어느 정도 원래의 자기 자신에서 벗어나 자아의식 중심으로 옮겨갈 수 있게 분화 발전해야만 했다. 청년기에는 자아 중심적으로 될 수 없게 되는 것이 신경증의 원인이었다. 이에 반하여 성인기는 자아가 페르조나와 동일시되어 있어서, 자아 주도적이 되면 될수록 인격발달의 정상적 궤도에서 벗어나게 된다. 성인기는 자아와 무의식의 갈등이 자기 자신과의 불일치로 드러난다. 이때의 자기 자신은 의식의 중심인 자아가 아니라, 전체 인격의 중심인 자기(Selbst)이다. 성인기 신경증은 저절로 자아 중심에서 자기로 옮겨가도록 요구하는 증상이 된다.

오늘날 가장 널리 알려진 성인기 신경증적 증상 중 하나가 우울이다. 우울증은 과도한 각성 상태의 페르조나를 방해하는 무의식의 간섭적 개입에 의하여 생긴 증상이다. 청년기에는 무의식이 자아 중심적으로 기능하지 않는 자아를 지지하고 이끌어주는 역할을 한다면, 성인기에는 무의식은 지나치게 주도적인 자아의식의 활동을 제한하고 방해하는 역할을 한다.

사람이 생의 중반기에 가까워질수록, 그리고 그의 개인적 태도나 사회적 상황에서 확고해질수록 더욱더 삶에서의 올바른 진로와 행동의 올바른 이상과 원리를 발견했다고 생각하게 될 것이다. 그러므로 그것이 끝까지 타당하다고 가정하고, 영원히 이에 매달려 있는 것을 미덕으로 본다. 우리는 여기서 사회적 목표의 달성이 인격의 전체성을 희생해서 생긴 것이라는 근본적인 사실을 간과하

고 있다.[6]

통계적으로 남자들의 우울증은 40대를 전후로 빈도가 증가한다. 여성에서는 신경증적 장애가 보통 이보다 좀 더 일찍 시작된다. 35세에서 40세 사이의 기간에는 인간 정신에 의미 있는 변화가 생긴다. 처음에는 물론 의식적이거나 눈에 띄는 변화가 아니고 오히려 무의식에서 시작하는 듯이 보이는 간접적인 변화의 징후가 있다. 때로 그것은 서서히 오는 성격 변화와 같은 것이며, 어린 나이 이후로 사라졌다가 다시 나타나는 특성이기도 하며, 지금까지 의 경향이나 흥미가 퇴색하기 시작하기도 하며, 혹은—매우 흔한 것으로—지금까지의 확신이나 원칙(특히 도덕적인)이 더 강해지고 견고해지기도 한다. 이것은 50세경에 서서히 편협함이나 맹신주의 로까지 발전해 갈 수 있다.[7]

만약 성인기 자아가 여전히 대외적으로 인정받으려는 계획을 세우면 서 계속적으로 청년기 과제를 하고 있거나 젊은 시절의 자신을 그리워 한다면, 이것 또한 전형적인 성인기 신경증적 상태에 해당한다. 인생의 후반부는 외부세계에 대한 관심을 거두어들이고 자기 자신을 의식하면 서 인격을 실현하도록 준비하는 시기이다. 이를 위하여 성인기는 저절로 내향화하게 만드는 각종의 사건들을 겪게 된다.

다시 강조하면 성인기의 삶의 과제는 사회적인 역할의 성공적 실현

6 C.G. Jung(1931), *Die Lebenswende*, G.W. 8, Par. 772.

7 C.G. Jung(1931), *Die Lebenswende*, G.W. 8, Par. 773.

이 아니다. 자아의식이 중심이 되도록 지지적이던 청년기의 무의식적 정신의 활동이 변화한다. 성인기에는 자아로 하여금 내향적이게 만들어 저절로 종교적 태도를 갖게 한다. 외부 대상으로 향하던 리비도를 회수하여 자기 자신에 대한 인식과 삶의 의미를 찾도록 한다. 성인기의 삶의 과제는 생生의 찬미가 아니라, 사死의 찬미로 바뀌게 된다. 모든 종교가 죽음을 다루는 것은 결코 우연이 아닐 것이다.

C.G. 융은 성인기의 삶의 과제가 죽음의 탄생에 있다고 하였다. 성인기에 이르면 각자가 자신의 죽음을 준비해야 하는 것이다. 여기에서 죽음은 우선 상징적으로 자기 자신으로 착각하고 있는 페르조나와의 결별이며, 동시에 자아의식의 주도권을 자기(Selbst)에게 넘기는 실질적 이행에 해당한다. 성인기의 특징으로서 죽음의 탄생을 강조한 것은 인격의 실현이 결코 페르조나로서 완성되지 않음을 의미하는 것이다.

인생의 중반기부터는 오직 인생과 더불어 죽고자 하는 사람만이 활기를 보존한다. 왜냐하면 인생의 정오의 은밀한 시간에 일어나는 것은 포물선의 역전, 즉 죽음의 탄생이기 때문이다. 인생의 후반기는 상승, 발전, 증대, 생의 충일이 아니고 죽음이라고 할 수 있다. 그 목표는 종말인 것이다. 인생의 높이를 원치 않는 것은 그것의 종말을 원치 않는 것과 다름없다. 살지 않으려 한다는 것은 죽지 않으려 한다는 것과 같은 뜻이다. 생성도 소멸도 같은 곡선이다.[8]

8 C.G. Jung(1934), *Seele und Tod*, G.W. 8, Par. 800.

나는 사람들에게 물론 죽음이 제2의 탄생이며 무덤 너머 영속으로 다리를 놓는 것임을 믿어야 한다고 주장하지 않을 것이다. 그러나 나는 모든 민족들에게 표명된 죽음에 관해 일치된 견해가 있다는 사실, 그것들은 모든 위대한 종교들에서 오해의 여지없이 표현되고 있다는 사실은 최소한 언급해도 좋으리라 생각한다. 심지어 나는 다음과 같이 주장할 수도 있을 것이다. 이들 종교의 대다수는 죽음을 준비하는 복잡한 체계라는 것, 그것도 인생이 실제로 내가 위에서 말한 역설적 공식의 의미로 궁극적인 목표인 죽음을 준비하는 것 이외의 아무것도 아니라고 말할 정도이다. 두 개의 가장 위대한 현존하는 종교, 기독교와 불교에게 존재의 의미는 그 종말에 완성되는 것이다.[9]

분석심리학적으로 성인기의 상황에 대해 좀 더 보충 설명을 해보자. 실제적으로 성인기 신경증적 증상의 주범은 아니마(anima)와 아니무스(animus)이다. 페르조나와 동일시하게 되면, 남성은 남성 속의 여성성 즉 아니마가, 여성은 여성 속의 남성성 즉 아니무스가 활성화된다. 아니마와 아니무스는 무의식적 정신의 형상화를 인격적 특성으로 표현한 것이다.(실제로 그것들은 인격적으로 기능한다) 아니마와 아니무스는 제각기 페르조나를 방해하는 실제적인 작용을 한다. 남성의 경우 페르조나를 강조한 역할이나 지위를 유지하려 하면 어김없이 아니마가 작동하여 기분을 상하게 하고, 결국은 주변과의 마찰을 만들면서 권위를 유지할 수 없는 상태에 이르게 한다. 마찬가지로

---

9 C.G. Jung(1934), *Seele und Tod*, G.W. 8, Par. 804.

여성의 경우도 아니무스가 활성화되면 논쟁적이 되어 상대를 평가하고 폄하하며, 자신도 모르게 인간미와 정서적 측면을 상실하게 된다. 성인기 자아는 대부분 아니마와 아니무스를 객관적으로 구분하지 못하기 때문에, '예민하다(아니마)' 혹은 '논리적이다(아니무스)' 등을 성격적 특성으로 여기게 된다. 이 때문에 성인기의 자아는 페르조나이면서 동시에 아니마 혹은 아니무스에 사로잡힌 상태로 반응하고 기능하게 된다. 이러한 특성이 자기 자신과의 불일치를 나타내는 것임에도 성격의 문제 정도로 치부하고 말 것이다. 이는 단순히 불편하게 여겨지는 성격의 특성이 아니다. 말하자면 성인기의 신경증적 증상은 페르조나와 아니마 혹은 아니무스와의 갈등적 알력으로 생겨난다. 페르조나가 자아의 원래의 모습이 아니듯, 아니마 혹은 아니무스도 원래의 자기 모습이 아니다. 성인기의 신경증에서 의식을 방해하는 힘은 페르조나를 저지하는 목적을 가지고 있다. 아니마와 아니무스의 간섭은 페르조나를 작동하지 못하게 만드는 것이다. 자아로 하여금 외부세계와의 밀착된 관계를 느슨하게 하도록 요구하는 증상이 된다. 어떤 경우든 신경증적 증상은 의식(페르조나)의 일방적 주도권을 회수하려는 목적이 있다. 이처럼 성인기는 스스로 자기 자신에 대해 착각하게 되어서 어느 누구도 예외 없이 신경증적이다.

3) 증상 없는 신경증

'번뇌'의 신경증적 증상은 성인기에 발생하는 것이어야 할 것이다. 자아의식이 자신의 문제를 객관적으로 인식할 수 있는 수준에 이르러야 하기 때문이다. 어쩌면 일부의 사람들은 정신수련 및 수행을 통하여 페르조나와 동일시하지 않는 정도의 수준에 이르렀다고 주장할 수도 있을 것이다. 일반적으로 페르조나의 동일시가 문제가 되는 것은 아니다. 오히려 페르조나를 제대로 형성하지 않음으로써, 그래서 성인기의 신경증을 제대로 겪지 않는 것이 문제가 된다. 어떤 의미에서든 '번뇌'는 청년기 신경증적 증상이 될 수 없다.

앞서 우리 모두는 성인기에 저절로 신경증에 이르게 된다고 하였다. 그럼에도 대다수가 신경증을 호소하지 않는다. 다르게 표현하면 실제로 성인기 신경증을 앓고 있는 사람은 소수이며, 성인기 신경증으로 정신치료를 의뢰하는 경우도 많지 않다. 이제 정신의학은 물론이고 상담심리치료 현장에서 신경증이라는 진단명은 사라지고 말았다. 대부분의 신경증적 증상들은 각각의 원인적 해명에 의하여 제각기 다른 분류기준에 속하는 정신 병리적 증상이 되었다. 신경증의 논의는 오직 일부의 심층심리학자들에 의해서 이루어지고 있다. 대부분의 성인들은 신경증이라는 진단 대신 우울증과 같은 대표 증상들로 진단을 받고, 약물로 증상을 해결하려 함으로써 신경증을 심리 내적 문제로 다루고 있지 않다. 더구나 정신치료 현장은 정상적인 사회생활을 할 수 있으면 문제가 없다고 여기고 있으므로, 주관적인 증상의 보고는 무시되고 만다. 교육 현장에서도 각 개인의 인격적 성장에 대해 개인적인 접근보다는 집단사회의 이념에 부합하는 '집단인'을 요구하고 있다. 이미 언급하였듯이 본격적으로 성인기에 인격의 실현을 위하여 자기 자신에 대한 의식화를 시도하는 것은 어떤 의미에서 개인의 용기 있는 운명적 선택이 될 것이다.

인격이란 의식하며, 도덕적 결단으로 자기 자신의 길을 선택하지
않고는 결코 발달할 수 없다는 것이다. 동기, 즉 필요뿐만 아니라
의식적 도덕적 결단이 인격발달 과정에 힘을 실어주어야 한다.
… 인습들은 언제나 어떤 식으로든 작용하고 있다. 절대 다수의
사람들이 자기 자신의 길이 아니라 인습을 선택한다. 따라서 자신을
발달시키는 것이 아니라, 하나의 방법을 따르게 된다. 그럼으로써
집단성을 발달시키고 자기 자신의 전체성을 희생시킨다.[10]

실제로 자신의 개인적 인격의 가치를 집단사회적 기준에 두지 않고
순전히 개인적으로 접근하게 되면, 그것은 전적으로 속세를 떠나
홀로 은둔생활을 시작한 것과 같은 것이다. 이처럼 개인적 존재의
의미를 인식하는 것은 다른 사람들과 구분을 하게 되는 '고립화'에
해당한다. 대부분의 사람들은 인습적으로 늘 그렇게 해왔던 것처럼
집단의 최고 이념에 의존하여 안주한다. 실제로 다른 사람이 하는
것처럼 하지 않으면 저절로 두려움을 느낄 정도의 반응이 일어난다.
집단과의 구분은 큰 용기와 결단이 요구된다. 대부분은 집단사회의
일원으로서 머물며, 모든 사람이 그러했듯이 신경증적 증상 없이
지내고 만다. 그래서 '많은 사람이 부름을 받았으나 소수만이 선택되었
다.'라고 하는 것이다. 성인기 신경증에 걸린 사람들은 실제로는 정확
히 자신의 상황을 이해할 수 없다. 심지어 자신의 신경증적 증상이
있더라도 관습적인 태도로 이해하게 될 것이다. 모두들 조금씩 그렇게
비슷비슷한 어려움을 안고 살고 있다고 일반화할 것이다. 그래서

---

10 C.G. Jung(1934), *Vom Werden der Persönlichkeit*, G.W. 17, Par. 276.

신경증이 종종 자아의식이 보고 싶어 하는 것, 듣고 싶어 하는 것, 알고 싶어 하는 것만을 허용하는 의식의 편협함과 일방성 때문에 생겨난다고 하는 것이다.

성인기의 신경증은 대부분 직업적으로 문제없고 충분히 주변 사람들이 부러워할 여러 가지를 성취하였으나, 개인적으로는 모든 것이 공허하고 무의미하며 심각한 우울과 무기력감에 시달리게 되는 사람의 어려움이다. 말하자면 삶의 현장에 생생하게 살아 있는 느낌, 자신의 생활이나 자신의 활동에 전혀 보람을 느끼지 못하며, 자기 자신에게 갖는 낯선 느낌 때문에 고통을 받는다. 이때의 자신에 대한 이질감은 자기 자신으로부터 멀어진, 심혼적 진정성을 상실한, 자신의 뿌리나 고향을 잃어버린 느낌이다. 분석심리학적으로는 자신의 본능 및 본성과 멀어진 심적 상태이며, 결과적으로는 자기 자신의 상실에 관한 증상적 보고이다.

성인기의 대다수가 큰 문제없이 사회의 일원으로서 기능하다가, 모든 사람들이 그렇듯이 때가 되면 죽음을 맞이하는 것을 당연하게 여기고 있으므로 결코 신경증적이지 않다. 아주 소수의 사람들이 신경증적 증상에 시달리며 정신치료 현장을 찾고 있다. 성인기 신경증적 증상은 자신의 본연의 가치를 일깨우는 심혼적 부름과 같다. 성인기 신경증은 누구와도 나눌 수 없는 개인적 부름, 각자의 소명(Bestimmung)에 상응한다. 소명으로서 부름을 받은 사람만이 인격 실현의 작업을 시작할 수 있다. 심층심리학적으로 진정한 '번뇌'의 순간은 바로 이 지점이라고 할 수 있다. '번뇌'의 순간은 인위적으로, 의도적으로, 선택적으로 이루어지는 것이 아니라, 바로 자기 자신의 개인적 소명을 알아차리는 것이다. 증상에 의하여 저절로 다른 사람과 구분되며, 내면의 소리에 귀를 기울일 수밖에 없기 때문이다.

많은 사람이 부름을 받았으나 소수만이 선택되었다는 말이 여기에 들어맞는다. 인격이 씨앗 상태로부터 완전한 의식성으로 발달하는 것은 카리스마이자 저주이기 때문이다. 그것의 첫째 결과는 구별되지 않고 의식하지 않는 무리로부터 개별적 존재를 의식하는, 피할 수 없는 분리이다. 그것은 고립화이며, 거기에는 더 위로할 말이 없다. 아무리 성공적으로 적응해도, 기존 환경에 마찰 없이 순응해도, 가족도 사회도 지위도 그것을 면해주지 못한다. 인격의 발달은 너무 큰 성은이므로 비싼 값을 치를 수밖에 없다.[11]

소명(Bestimmung)이라고 부르는 것, 그것은 운명적으로 무리와 그 습관적인 길들로부터 해방되도록 밀고 가는 비합리적 요인이다. 참된 인격은 언제나 소명이 있으며, 신을 신뢰하듯이 그것에 피스티스(pistis)를 가지고 있다. 평범한 사람은 그것이 단지 개인적인 사명감이라고 말하겠지만, 이 소명은 피할 수 없는 신의 법칙처럼 작용한다. 매우 많은 이들이 자신들의 길을 가다 파멸한다는 사실이 소명을 가진 자에게는 아무 의미가 없다. 마귀가 새로운, 기이한 길들을 귓속말로 속삭여주는 것처럼 그는 자기 자신의 법에 순종하지 않을 수 없다. 소명을 가진 이는 내면의 소리를 들으며, 특별히 정해져 있다. 그래서 전설에서는 그에게 사적인 귀령(Dämon)이

---

11 C.G. Jung(1934), *Vom Werden der Persönlichkeit*, G.W. 17, Par. 294.

있어서 조언을 하고, 그가 그 귀령의 명령을 실행한다고 믿는다.[12]

다시 강조하면 성인기 신경증은 매우 복합적인 의미를 지니고 있다. 신경증은 인격발달의 장애 증상이면서, 동시에 개인적으로 인격의 실현을 요구하는 부름 및 소명에 해당하는 것이다. 대다수가 외부 집단사회의 이념에 따르고 있기 때문에 개별적 부름에 대해 알지 못한다. 오히려 신경증적 증상은 그러한 집단성에서 벗어나게 하고, 개별적으로 자기 자신에게 집중하도록 만든다. 인격의 실현은 바로 자기 자신의 내재적 법칙에 따르는 것이다. 신경증적 증상들은 본성을 회복하도록 요구하는 것이다. 이러한 신경증적 증상은 현대인들에게 제시된 신으로부터의 부름, 즉 누미노제의 경험이다. 진정한 '번뇌'는 그 증상을 주목하는 태도를 취하는 것이다. 또한 증상이 이끄는 방식으로 나아가기 위한 자아의식의 적극적 참여에 해당하는 것이다.

신경증은 심혼의 객관적인 내적 활동을 막는 보호이거나 내면의 소리, 즉 소명을 피하는 값비싼 시도이다. … 심혼은 그 사람을 자신의 전체성으로 데려가기 위하여 내면의 소리로 의식에게 말하고 싶은 것이기 때문이다. 신경증의 왜곡 뒤에는 개성적 주체의 소명, 운명의 형성이, 그 개체가 타고난 삶의 의지의 완전한 실현이 들어 있다. 운명에 대한 사랑(amor fati)이 없는 인간은 신경증 환자이다.[13]

---

12 C.G. Jung(1934), *Vom Werden der Persönlichkeit*, G.W. 17, Par. 300.

13 C.G. Jung(1934), *Vom Werden der Persönlichkeit*, G.W. 17, Par. 315.

4. '번뇌' 증상의 해결

분석심리학은 신경증을 정신 병리적 관점으로 보기보다는 인격발달의 장애로서 간주하고, 이를 해결할 수 있는 방법을 정신분석 및 치료로서 제시하고 있다. 따라서 분석심리학적 정신분석 및 치료의 과정과 결과는 인격의 변화 성숙 및 실현의 내용을 담고 있다. 이제 '번뇌'의 증상을 현대 심리학적 방법으로 어떻게 해결하는지를 살펴보도록 하자.

'번뇌'를 다루고 있는 정신수련 및 수행은 혼자 해야 하는 작업이라는 점과 달리, 정신분석 및 치료의 작업은 정신분석가 및 치료자와 피분석자 및 내담자 간의 대화를 통하여 한 개인이 인식할 수 있는 것 이상으로 나아갈 수 있다는 강점이 있다. 물론 '번뇌'를 다루고 있는 정신수련 및 수행에서도 스승 및 선행자들의 행적과 조언도 마찬가지의 효과를 가질 것이다. 정신분석 작업은 반드시 신경증적 증상에서 시작하여 무의식적 정신의 작용을 고려하고 반영하는 것이기 때문에 의식적으로 의도된 프로그램식 수련일 수 없고, 철저하게 개인적으로 무의식적 정신의 반응을 읽어가면서 시도하게 된다. 이것이 성인기 신경증적 증상으로 작업하는 이유에 해당한다.

1) 자아와 무의식의 관계

번뇌의 증상을 심리분석 하였을 때 번뇌의 주체에 관하여 언급하였다. 자아의식이 '번뇌'의 증상을 앓고 있지만, 실제적으로 증상을 만드는 주체는 자아가 아니라 무의식적 정신임을 알 수 있었다. 그럼에도

자아 중심적으로 증상을 기술하는 것은 매우 중요하다. 인격의 실현을
하는 쪽은 언제나 자아의식이기 때문이다. 이미 살펴보았듯이 성인기
에 이르렀어도 자아의식의 수준이 여전히 청년기에 머물러 있을 수
있다. 따라서 정신분석을 의뢰해 온 피분석자 및 내담자가 어느 정도의
의식분화가 이루어졌는지 평가를 해야 하며, 페르조나와의 동일시
정도도 확인해야 한다. 이는 정신수련 및 수행에서도 마찬가지 상황이
다. 자아의식이 내향화를 통하여 활성화된 무의식과의 대면에서 안정
적으로 흔들림 없이 의식성을 유지하면서, 무의식과 실제적 관계를
할 수 있는 의식 수준이 되어야 하는 것이다. 자아의식의 태도 전반에
관한 확인은 정신분석자 및 치료자가 피분석자 및 내담자에게 여러
가지 사항들을 물어보면서 필요한 사항을 알아낼 수 있겠지만, 그렇게
얻어진 정보들은 한계가 있다. 피분석자 및 내담자가 제공하는 정보들
은 경험의 주체도 분명하지 않는 경우가 드물지 않다.[14]

---

14 분석가: ○○○ 씨는 어떤 사람이라고 생각합니까?
　피분석자: 글쎄요…. 남편은 저보고 까다로운 사람이라고 하더군요. 제가 이것
　저것 가리는 것이 많다구요. 못 먹는 것도 많고 낯도 가리고 한다고.
　분: 그것은 남편의 생각일 수 있겠군요. ○○○ 씨가 이런저런 사건을 겪으면서
　'아, 나는 이런 사람이었나…'라는 생각을 하게 된 순간이 있을 겁니다. 그런
　것들을 떠올려서 자신에 대해 이야기해 보세요.
　피: (당황하며) … 글쎄요. 전 거의 저에 대해서는 생각해 본 적이 없어서…
　다른 사람들만 신경을 쓰고 있어서… 다른 사람이 저에 대해서 어떻게 생각할까
　에 주목하고 있거든요….

　(정신분석 현장에서 노골적으로 '당신은 자신을 어떤 사람이라고 생각하느냐'는
　질문을 할 경우는 드물 것이다. 하지만 자기 자신을 기술하는 경우에도 타자를

　분석심리학적으로 자아의식의 수준 및 태도를 확인하기 위해서 정신분석가는 피분석자의 꿈을 활용한다. 꿈은 무의식의 자발적 산물로서, 정신의 전체 상황이 드러나는 일종의 마인드맵이다. 꿈의 심상들에서 정신의 구성요소들이 어떤 역할과 기능을 하고 있는지 잘 드러나 있다. 분석심리학적으로 심리 내적 구성요소들을 '콤플렉스(Komplex)'라고 부른다.[15] 자아도 여러 콤플렉스 중의 하나이다. 꿈에서 실제로 '나'(꿈 자아) 외에도 다른 인물들이 등장한다. 그들 각각이 콤플렉스들로서 제각기 고유한 활동을 함으로써 자아 콤플렉스에 영향력을 발휘하고 있다. 꿈을 적용함으로써 자아의식의 일반적인 특성을 객관적으로 확인할 수 있고, 또한 주변 콤플렉스들의 영향력을 살펴볼 수 있다.

　정신의 구성요소들인 콤플렉스들이 서로 관계하면서 결국 한 개인의 정신 활동 및 내용을 좌우한다. 각 콤플렉스들은 부분 인격들로 기능하므로 우리는 모두 다중 인격적이다. 다만 자아 콤플렉스는 의식성을 가지고 있어(자아의식) 전체 인격의 표면에 드러나므로 대표인 것처럼 착각한다. 하지만 자아의식은 끊임없이 주변 콤플렉스에 영향을 받고

동원하고 있는 사례들이 너무도 많아서 예를 제시한 것이다. 자기 자신이 스스로 어떤 사람이라고 하면서도, 거기에는 어떤 사람이어야 한다는 내용이 끼어들기도 한다. 이처럼 스스로 자아가 자신의 입장을 의식적으로 묘사하는 것이 가장 어려운 과제가 된다.)

15 '콤플렉스'는 정신의 기본단위라고 할 수 있으며, 심상과 증상을 생산한다. 또한 인격적 특성으로 드러나므로 부분 인격이라고 한다. 여기서 집단무의식의 원형(Archetypus)의 내용을 자세히 다루지 않겠다. 원형은 '콤플렉스'를 형성하는 뿌리이다.

326

있으며, 자신도 모르게 그것들과 동화된다. 거듭 강조하였듯이 자아의
식의 일관성 있는 주체감은 주변의 콤플렉스 및 외부의 영향력으로부
터 거리를 둘 수 있어야 확보될 수 있다. 자아의식의 항상성이 확립이
되어야 개별 인격의 실현이 가능해진다. 예를 들어 40대 여성의 꿈에
돌아가신 아버지가 젊은 40대의 모습으로 등장한다.

아버지는 나와 함께 식당에 들어갔다. 자리에 앉으며 아버지가
주문을 하신다. '칼국수 한 그릇 부탁합니다. 끓이실 때 파를 빼주
세요!'라고 한다. 나는 아버지가 왜 한 그릇만 주문하시는지 의아해
한다.

위의 꿈에서 보면 부성상이 자아보다 주도하고 있음을 알 수 있다.
심지어 부성 콤플렉스가 자아의식을 대신하고 있다는 사실을 확인할
수 있다.(꿈에 등장하는 부성상은 실제의 아버지가 아니라 부성적 특성을
발휘하고 있는 콤플렉스이다) 꿈꾼 여성은 칼국수를 좋아하며 자주
사먹는데, 반드시 파를 빼달라고 하면서 주문한다고 보고했다. 그녀의
아버지는 파를 좋아하여 어머니가 언제나 파김치를 담그셨고, 자신은
파를 좋아하지 않아 파김치를 먹지 않았다고 한다. 꿈속의 아버지는
자아를 대신하고 있다. 심지어 꿈속의 아버지가 한 그릇만 주문함으로
써 꿈 자아는 전적으로 배제되어 있다. 이상의 사실에서 꿈꾼 이의
자아의식은 부성 콤플렉스에 의하여 주도하지 못하고 배경으로 물러나
있음을 알 수 있다. 위의 경우를 분석심리학적으로 '부성 콤플렉스의
여성'이라고 부른다.[16] 꿈의 예에서 보듯이, 자아의식은 자기 자신에

대해 착각하거나 다른 인격적 특성에 매료되거나 동일시되어 자아의식
의 주체적 입장을 갖추지 못하고 있다. 이런 자아의 입장을 객관적으로
알아차리지 못하면 정신분석 및 치료 작업, 혹은 정신의 수련 및
수행이 무엇을 위한 것인지, 누구를 위한 것인지 알 수 없게 된다.
자신이 설정해 놓은, 심지어 이상적으로 그려놓은 자아상에서 정신분
석 및 치료, 혹은 정신수련 및 수행을 시작하여 발달 과정을 진행할
수 있다.

꿈을 꾼 여성은 자기 자신(자아)과 부성상을 혼돈하고 있으므로
구분이 필요하다. 실제로 자신이 어떤 태도를 취하고 있는지 의식하여
확인해야 한다. 꿈의 장면에서 드러난 사실들을 참고하여 자기 자신을
의식해 보면, 자신도 모르게 다른 인격의 모습으로 행위 한다는 것을
알게 된다. 또한 실제로 자신의 아버지가 평소에 강조하던 가치관을
그대로 사용하고 있다는 사실을 쉽게 발견하게 될 것이다. 꿈을 적용함
으로써 자아의식이 자신도 모르게 동일시하고 있었던 내용을 확인하게
될 뿐 아니라, 동시에 자신을 오랫동안 사로잡고 있었던 무의식적
정신의 영향력을 객관화할 수 있다. 이는 자아와 무의식의 관계를
시작하는 첫걸음이다. 자아의식이 자신의 주관적 입장을 인식하게

---

16 부성적 특성이 여성 인격을 지배하여 원래의 자아의식의 개별적 특성을 발휘하지
  못하게 만든다. 부성상의 영향으로 여성 자아는 사회적으로 보다 유능한 능력을
  발휘할 수 있게 경쟁적이고 적극적인 의식의 태도를 취하게 된다. 매우 적극적으
  로 되어버린 여성 자아의 태도는 어느새 개인의 인격의 특성이 된다. 부성
  콤플렉스의 여성은 부성적 특성에 상응하는 내용을 성취하면서 인격을 발전시
  킨다고 착각한다. 시간이 지나면 자신의 여성적 측면이 희생되었다는 사실과
  더불어 자기 자신과의 불일치에 해당하는 신경증에 이른다.

되면 객관 정신으로서 무의식적 정신의 실체가 드러나는 것이다. 이로써 자아와 무의식의 관계를 위한 의식의 태도가 의식화되어야 하는 것이다. 자아와 무의식의 관계가 되기 위해서는 우선은 둘의 구분이 필수적이다.

위의 여성은 정신분석 작업을 꽤 진행한 후에 또 다른 꿈을 가져왔다. 꿈에서 불친절한 식당의 종업원에게 아버지는 자신의 위신을 손상시키는 일이라고 심하게 화를 내고 있었고, 꿈 자아는 아버지의 화가 좀 지나치다고 생각했다. 그 여성은 전날 실제로 사무실 직원에게 화를 냈으며, 그 화는 정당하다고 생각했다. 하지만 꿈은 화를 낸 주체가 여전히 아버지임을 보여주고 있다. 꿈 자아는 아버지가 지나치다고 생각했으므로 적극적으로 말렸어야 했다. 꿈 자아는 그냥 생각으로 그치고 만 것이다. 꿈의 장면을 반영해 보면 피분석자는 낮에 사무실 직원에게 화를 내면서 그 화가 지나치다는 것을 양심의 가책처럼 스치듯 느꼈을 수 있다. 그래서 그것을 적극적으로 반영하였다면 그때의 상황을 다르게 이해할 수 있었을 것이다. 이와 같이 사소한 심정적 상태를 감지하고 반영하는 것도 무의식적 정신의 활동을 인정하는 것에 해당한다. 위 여성의 경우 꿈에서 직접 아버지를 만류하는 태도를 취하여 자신이 주체가 되도록 했어야만 했다. 자아의식이 주체가 되어야 객관 정신과의 관계가 제대로 이루어질 수 있다.

정리해 보면, 꿈의 분석 작업으로 한편으로는 자아의식의 태도를 객관적으로 알아차릴 수 있게 됨으로써 평소에 자아가 제대로 자신의 입장을 취하고 있는지 확인할 수 있다. 또 다른 한편으로는 자아의식에 실제적인 영향력을 발휘하고 있는 무의식적 정신의 활동을 알아차릴 수 있다. 객관 정신의 활동은 '번뇌'를 다루는 정신수련 및 수행에서 자신도 모르게 이끌리게 되는 잡념이나 환상들의 내용에 해당한다. 이는 무시되거나 제거될 수 있는 것이 아니며, 제거되어서도 안 된다. 무의식적 정신이 주도하고 있는 영향력은 오히려 자아의식이 제대로 알아차리지 못함으로써 생긴 것이다. 자아와 무의식의 관계는 자아의식이 주관정신으로서 객관 정신의 활동을 객관적인 것으로 알아차려야 가능해진다. 이를 위해서는 정신의 활동에 대한 심상들, 생각들(잡념 등)이 자아의식의 산물이 아니라는 사실을 인정해야 한다. 오히려 자아는 경험하고 있는 주체라는 인식을 해야 한다. 특히 내향화 태도를 취한 자아의 입장은 배경으로 있었던 정신의 활력을 경험하는 것이므로 자아에게 소급하지 않도록 해야 한다. 이런 점에서 정신수련 및 수행에서는 대부분 '일어나게 두라'고 하는 것이다.

2) '번뇌' 증상의 목적의미(Zwecksinn)

대부분의 정신치료는(심지어 일부 심층심리학적 정신치료를 포함하여) 신경증을 전문적으로 다루지 않지만, 무의식적 정신을 의식에서 용납하지 못하는 저급한 본능적 충동이나 성애적 욕망을 억압하여 후천적으로 형성된 정신 영역으로 이해함으로써 신경증적 증상을 가능한 제거하는 작업에 주력한다. 이것이 전형적인 의식심리학적 정신치료이다. 무의식적 정신은 억압으로도, 그리고 의식화로도 사라지는 것이 아니다. 의식화를 통하여 무의식적 정신의 일부를 의식에 포함시킬 수 있다. 대부분의 무의식적 정신은 의식화할 필요가 없는 정신의 요소들이다. 오히려 자아의식은 정신의 요소이자 기능으로서 작용하는 무의식적 정신의 실제적 영향력을 인정하고 수용해야 한다. 말하자면 의식과 무의식의 관계를 실제적으로 맺을 수 있게 해야 한다.

무의식이 증상을 만들어내는 주범이라는 점에서 무의식을 지리멸렬하고 맹목적이고 저급한 정신 영역으로 간주하고 있지만, 이는 모두 의식적 정신의 일방적인 입장에서 경험하고 있기 때문이다. 무의식적 정신의 활동성은 자아의식의 태도에 대하여 반응적으로 작용한다. 이러한 반응적 내용이 종종 의식을 간섭적으로 방해하는 것처럼 보이게 한다. 왜냐하면 그것은 자아와 의식이 의도하고 있는 방향성에 일치하지 않기 때문이다.

무의식의 정신 활동이 의식에 반응적이라는 특성은 의식의 활동에 방해하기 위한 것이라기보다는 일종의 균형 잡기의 성향에 의한 것이다. 무의식적 정신은 의식보다 더 오래된 정신이고, 오히려 의식적 정신을 이끌거나 지지하며 전체를 관장하는 정신 영역이다. 그래서 한편으로 자아의 의식화를 지지하고 있지만, 또 다른 한편으로 의식적 정신의 상황이나 태도를 조정하고 보완하는 기능을 하고 있다. 이를 분석심리학적으로 무의식의 '보상적 기능(die kompensatorische Funktion)'이라고 한다. 매일 밤 꿈은 무의식의 전형적인 표현방식을 동원하여 의식의 태도에서 비롯된 낮의 여러 상황들에 대한 무의식적 생각, 판단, 견해, 경향들을 제시한다. 이로써 자아가 전혀 인식하지 못하는 심적 상황을 알리고 또한 보충하려고 한다. 이러한 보상성은 좁은 의미의 기계적 보완이 아니라, 전체성을 고려하면서 매번 자아의식의 수준 및 태도를 반영하여 총체적으로 조정하고 있다.

(보상성에) 관련하여 세 가지 가능성이 있다. 생활 상황에 대한 의식의 태도가 지나칠 정도로 한쪽에 치우쳐 있으면 꿈의 관점은 반대편을 취한다. 의식이 비교적 '중도'에 근접한 자제를 취하고 있으면 꿈은 의식과 비슷한 변이로 만족한다. 그러나 의식의 자세가 '적절하면' 꿈은 이와 일치되고 의식의 경향을 재강조한다. 하지만 그렇다고 무의식 특유의 자율성을 잃어버리지 않는다.[17]

자아의식의 태도가 일방적이고, 본성에서 벗어나 있으면 무의식은 이를 수정하기 위하여 보다 적극적으로 간섭적인 작용을 한다. 이는 흔히 신경증적 증상이 되고, 심하게는 인격의 해리 및 붕괴를 가져온다. 자아의식이 비교적 자신의 입장을 제대로 지키면서 무의식의 내재적 요구에 따르고 있으면 방해나 간섭 없이 오히려 확신감을 갖도록 지지적 영향력을 발휘하게 된다. 우리는 종종 엄청난 불행과 좌절에서 헤어 나오지 못한 사람들이 뜻밖에 용기를 북돋게 만드는 꿈을 꾸었다고 하거나, 엉뚱한 선택으로 주장을 펼칠 때 일종의 경고에 상응하는 꿈의 장면을 보았다는 보고를 듣게 된다. 이러한 경우에 오히려 자아의식의 맹목적이고 근시안적 태도를 보완하며, 무의식적 정신은 다양한 정보를 활용하여 전망하고, 인류가 그런 처지에서 늘 어떻게 대처해 왔는지 대안을 제시한다.[18] 이런 것들이 자아의식에게 인상 깊은 꿈의

---

17 C.G. Jung(1945), *Vom Wesen der Träume*, G.W. 8, Par. 546.

18 그런 점에서 '집단무의식'이라고 한다. '집단무의식'은 인류가 살아온 삶의 기억이 축적되어 있는 지혜의 보고寶庫로서, 언제나 필요에 의하여 작용할 수 있는 준비체제이다.

장면, 갑자기 떠오르는 창의적 아이디어, 누미노제 등으로 주어진다.

무의식적 정신의 보상성에 의해 생겨난 증상들은 신경증적이어도 그 자체로 정당성이 있다. 자아의식의 일방적인 태도와 각종의 유리한 의식적 처치들에 의해 무의식적 정신과의 단절이 생겼었다. 의식의 편파적 태도를 수정하려는 무의식의 표명, 즉 증상들은 전체적으로 볼 때 언제나 합목적적(zweckmäßig)이다. 따라서 신경증적 증상들은 제거해야 할 것이 아니라, 오히려 의식이 그것들을 주목하고 반드시 수용할 수 있어야 하는 것이다.

결국 증상의 원인은 무의식적 정신이지만 실제적 원인 제공자는 자아의식이다. 자아의식의 일방적이고 궤도이탈적 태도가 문제가 되었던 것이다. 이러한 분석심리학적 이해는 전통적인 정신 수행에서 자아의 태도를 문제 삼고 있는 것과 같은 맥락에 있다고 하겠다. 의식의 태도는 증상들이 자신의 의도에 부합하지 않거나 방해한다고 여겨지는 것들을 거부하거나 억압하는데, 이제 오히려 그것은 치유적 인 처방에 해당한다. 분석심리학적 정신분석은 바로 무의식의 이와 같은 보상적 기능을 파악하여 치료에 적용한다. 그러기 위해서 무의식 적 정신의 반응과 영향력을 실제적인 것으로 파악하려 하고, 그것이 무엇을 의도하는지 이해하는 것에 주력한다. 다만 그 보상성을 확인하 는 것이 그리 용이하지 않다는 점이 실제적 작업의 어려움이다. 그것이 우호적이고 조력적 특성이 아닐 때가 많기 때문이다. 심지어 그 영향력 은 인격의 붕괴(정신병), 자살과 같은 파괴적 성향의 내용도 포함하고 있다. 자아의식이 일방적이면 일방적일수록, 그래서 자아와 무의식의 불일치가 크면 클수록 치료의 예후가 좋지 않은 것이다.

무의식의 보상성을 이해하기 위하여 가능한 심상이나 증상에 대한 목적론적 질문을 시도한다. 일반적으로 나쁜 꿈을 꾸게 되면 저절로 인과론적인 질문을 하게 된다. '내가 왜 이런 꿈을 꾸게 되었지?' '아, 어쩌면 어젯밤에 TV의 뉴스 장면에서 비슷한 장면을 보았기 때문이야' 등 가능한 주변의 상황이나 과거의 기억으로 환기하고 소급하는 식으로 이해한다. 이런 인과론적 이해는 무의식적 정신의 부정적 영향력을 가능한 제거하려는 이해 방식이 될 것이다. 만약 좋은 꿈을 꾸게 되면 스스로 '좋은 일이 있으려나?', '복권을 사야 하나?' 등등 무의식적으로 그 영향력을 끌어들인다. 저절로 그것의 의미를 실현 가능한 사실로 적용한다. 하지만 불편한 장면이나 상황은 가능한 자신에게 적용하지 않으려고 이미 지나간 과거의 장면으로 환원하고 만다. 정신치료 현장에서 증상을 치료하기 위하여 정신분석 작업을 시작했지만, 언제나 증상의 원인을 과거 아동기의 외상으로 지목하는 것도 결코 우연이 아니다. 증상의 해소를 원한다고 하면서도 증상의 실제성을 인정하지 않는 것이다. 증상은 과거로부터 넘겨진 것이 아니며, 원인이 되는 무의식적 정신의 영향력은 실제적이고 현재적이다. 모든 증상들은 자아의식의 태도에 대한 살아 있는 무의식의 반응에 의한 것이다.

예를 들어 우울증상의 목적의미를 고려하여 살펴본다면, 자아로 하여금 더 이상 외향화하지 못하게 만드는 것이다. 증상을 통하여 자아가 무의미하게 소진하고 있는 정신 에너지를 회수한다. 무의식의 이러한 에너지 회수는 자아의식으로 하여금 자신을 돌아보고 재충전을 하여 다시 도약할 수 있는 일종의 휴식기를 제공하고 있다. 그동안

과도하게 각성되어 있었던 자아의 일방적 방향성을 수정하여 새로운 의식의 태도를 취할 수 있게 만드는 것이다. 일반적으로 이런 목적의미를 고려하지 않으면 증상을 통하여 우울을 불편한 증상으로 간주하여 항우울제를 복용하고 기분전환을 위하여 각종의 다른 처치를 시도할 수 있다. 이미 여러 번 강조되었듯이, 신경증적 증상은 내면의 요청과 같다. 무의식은 증상으로써 의식적 정신과 관계를 맺으려 하는 것이다. 소위 모든 증상들은 개인이 반드시 주목해야 할 운명 혹은 소명과 같은 것이다. 증상들에 주목하고 그 증상의 목적의미를 이해하는 것은 필수적이다.

그 밖에 성인기 신경증에서 보상적 특성이 가장 두드러진 무의식의 형상은 아니마와 아니무스이다. 아니마와 아니무스는 페르조나와 동일시하고 있는 자아의식을 환기시키기 위한 전형적인 증상 콤플렉스이다. 아니마와 아니무스는 페르조나와 동일시되어 있는 자아를 오히려 증상으로 끌어들여 페르조나가 기능하지 못하게 만드는 것이다. 궁극적으로는 자아로 하여금 페르조나와의 구분을 하도록 하려는 목적을 갖고 있다. 자아가 페르조나와의 동일시에서 벗어나면, 말하자면 자신의 직업적 역할 등과 구분하여 진정한 개인 인격의 측면을 고려할 수 있으면 아니마와 아니무스의 간섭적 영향력은 사라지고, 오히려 내면의 정신 기능으로서 작용하게 된다. 이로써 자아의식은 자신의 내면의 객관 정신과의 관계를 맺을 수 있는 기회를 갖게 된다. 마침내 아니마와 아니무스가 내면세계를 안내하는 매개자 역할을 하는 것이다.

3) 대극의 합일에 의한 증상의 치유

'번뇌'의 순간들은 가능한 의식의 배경이 되는 영역에 주목함으로써 사실상 무의식적 정신과의 관계를 맺으려는 시도이다. 동양종교의 수행 방식은 자아의식의 활동성을 최대한 억제하여 무의식적 정신이 간섭적 반응을 하지 않도록 만드는 것이다. 자아의식을 전적으로 희생함으로써 저절로 무의식이 주도권을 갖도록 허용한다. 기독교적인 가르침에서도 인간은 죄인이므로 신성에게 모든 것을 맡기는 신의 은총을 강조한다. 이런 처방들은 궁극적으로 인간과 신성의 만남을 위한 것이며, 심리학적으로는 자아와 무의식의 소통적 관계를 형성하는 것을 목표로 하고 있기 때문이다.

'번뇌'를 신경증적 증상으로서 간주하여 정신분석 및 정신치료를 하는 경우는 자아의식을 희생하지 않고 하는 작업이다.(피분석자 및 내담자는 상대적으로 자아의식이 완전히 주도적이고 무장되어 있지 않다) 그 대신 자아와 무의식의 실제적 관계를 맺도록 주력한다. 자아의식은 무의식적 정신의 보상적 기능을 인정하고 무의식에 주도권을 넘기는 능동적인 태도를 취한다. 자아와 무의식의 실제적 관계를 맺는 작업은 간단한 일이 아니다. 오랜 시간 동안 두 정신 영역의 알력이 조성되고 조율되는 과정이 있어야 한다. 마침내 자아와 무의식의 소통적 관계가 형성되면 자아의식은 저절로 자기 주도적 위치에서 벗어나고, 무의식은 전체성을 목적으로 자아의식을 끌어들인다. 이때의 무의식은 더 이상 자아의식을 간섭하는 정신도 아니고, 오히려 정신의 내재적 고유한 법칙에 따르는 인격 실현의 방향을 제시한다.

보상이라는 개념을 가지고 꿈의 기능의 매우 일반적인 특징을
제시하였다. 장기간의 어려운 치료에서 볼 수 있듯이 만약 우리가
수백 개가 넘는 일련의 꿈을 관찰한다면 관찰자에게는 차츰 하나의
현상이 다가오게 된다. 그 현상은 개별적인 꿈에서 그때그때 보상된
것 뒤에 숨어 있어 보이지 않았던 것이다. 그것은 일종의 인격발달
과정이다. 보상은 처음에는 관찰자에게 빗나간 평형상태를 조화시
키거나 일방성을 조정하는 양식으로 나타난다. 이에 비해서 좀
더 깊이 통찰하고 경험하면, 이와 같은 겉보기에 일회적인 보상행위
는 일종의 큰 기획 속에 배열되어 있음을 알 수 있다. 보상행위를
서로 연관되고 더 심층적인 의미에서는 공동의 목표 아래 있어,
긴 꿈의 배열이 지리멸렬한 일회적인 사건의 의미 없는 산만한
나열에 불과한 것이 아니라, 마치 계획된 단계를 거쳐 지나가는
발전 또는 질서의 과정(Ordnungsprozeβ)이라고 규정하였다.[19]

정신분석 및 정신치료 현장에서는 자아와 무의식의 관계를 촉진시키
기 위해, 어느 정도의 분석 작업 후에는 꿈의 적용보다 '적극적 명상(die
aktive Imagination)'을 시도한다.[20] 적극적 명상은 무의식의 영향력을
적극적으로 수용하는 작업이다. 가능한 무의식이 자유롭게 표현할
수 있게 의식적으로 돕는다. '적극적 명상', 즉 '능동적 상상하기'를
통하여 자아의식은 무의식의 심상화에 적극 참여하여, 심상의 인물들
과 대화를 시도할 수 있다. 자아의식은 무의식적 정신이 펼치는 장면들

---

19 C.G. Jung(1945), *Vom Wesen der Träume*, G.W. 8, Par. 550.

20 이유경(2012), 「적극적 명상」, 『불교와 심리』 제5호, pp.169~210 참고.

을 실제로서 경험하며 무의식의 의도를 알아가게 된다. 무의식적 정신과의 접촉은 꿈에 등장하는 인물과의 관계로서, 혹은 저절로 떠오르는 인물상과의 대화로 가능하게 된다. 예를 들어 무서운 남성에게 쫓기는 꿈을 꾸고 있었던 30대 여성의 경우, 더 이상 도망가지 않고 뒤를 돌아서 남성과 대면하여 '적극적 명상'을 시도한다.

여(피분석자): (뒤를 돌아보며) 누구세요? 왜 나를 따라오나요? (어두운 분위기의 거리에서 조금 멀리서 달려오는 남성을 향하여) 누구세요?

쫓아오는 남자: …

여: (자세히 살펴본다. 남자의 모습은 하얀 와이셔츠를 입은 갸름하고 말끔한 청년이다. 안심하며) 누구세요? 무슨 일로 저를 쫓고 있나요?

남: 그냥 알려주고 싶어서요.…

여: 네? 무엇을 알려주려구요? (의외로 청년은 수줍어하면서 소극적인 모습이다.)

(더 적극적으로) 무엇 때문이라구요?

남: 그리로 가시면 길이 없어서… 위험하다고…

여: 네? (분명하지 않은 말투로 청년의 입에서 위험이라는 단어가 나온다.) 다시 말씀해 주세요! 위험하다고 하셨나요?

남: (머뭇거리듯) … 그곳은 길이 아니에요. 들어가지 말라는 표시가 있는데도…

여: (비로소 주변을 살펴보는데, 약간의 어두움이 걷히고 보니

주변은 공사를 위해 여기저기 무너진 작은 상점들이 눈에 들어온
다. 출입금지의 표시도 보인다. 자신도 모르게 왜 내가 이곳에
왔지?라고 생각한다.)

'적극적 명상'은 자아의식과 무의식의 접촉에 의한 실질적인 대화를
시도하는 것이다. 위의 장면에서 뒤를 쫓아온 남성은 자아를 해치기
위하여 접근한 것이 아님을 알 수 있다. 오히려 맹목적으로 위험한
장소 혹은 폐허가 된 장소에 접근하고 있는 자아에게 주의를 주려는
목적이 있었다. '적극적 명상'의 목표는 무의식의 의도를 이해할 수
있게 됨으로써 무의식이 이끄는 것에 자아의식이 적극적으로 동참할
수 있게 되는 것이다.

자아의식과 무의식의 소통적 관계는 '대극의 합일(coniunctio opposi-
torum, Vereinigung der Gegensätze)', '신성혼(Hierosgamos, heilige
Hochzeit)'이라고 부르는 인격의 통합을 목표로 한다. 자아의식과 무의
식의 관계를 대극적으로 표현하는 이유는, 반드시 하나로 합쳐져야
하는 것이지만, 자아의식의 태도에 의하여 언제나 서로 양립할 수
없는 낯설고 심지어 적대적인 것으로 경험되기 때문이다. 부분 인격으
로 떨어져 나왔던 자아의식이 다시 전체성에 속할 수 있게 된 것이다.
마침내 자아는 인격의 주인이 아니라, 오히려 태양과 지구의 관계처럼
전체 인격의 주체인 자기(Selbst)의 객체라는 사실을 확인하고 받아들
이게 된다.

'대극의 합일'이 이루어지면 자아의식을 방해하던 모든 콤플렉스의
영향력들이 완화된다. 이로써 신경증적인 증상들이 해소된다. 일부의

콤플렉스들(개인무의식)은 의식에 통합되어 의식의 영역을 확대시킨다. 증상을 야기하던 콤플렉스의 통합적 해소는 '번뇌'의 해결에 상응하는 것이다. '번뇌'의 해결이 정신수련 및 수행의 궁극 목적, 즉 해탈에 이르게 하듯이, 대극의 합일에 의하여 자아의식을 넘어서 새로운 의식성의 탄생 등 실제적인 인격의 변화가 생겨난다. 자아와 무의식의 실제적 소통적 관계에 의한 인격 변화의 결과는 인격 실현의 일부가 된다.

독자들은 아마도 '인격의 중심점'이라는 개념이 무엇을 말하는지 바로 이해하지 못할지도 모른다. 그래서 몇 마디 말로 이 문제의 윤곽을 그려보도록 하겠다. 우리가 의식의 중심인 자아와 함께 무의식에 대면하고 무의식에 동화하고 있음을 상상한다면, 이 동화 과정은 의식과 무의식이 서로 가까워지는 것이라고 생각할 수 있을 것이다. 이때 전체 인격의 중심은 더 이상 자아와 일치하지 않으며 의식과 무의식 사이의 중앙의 점이 될 것이다. 이것은 새로운 평행선일 것이며 전체 인격의 새로운 중심잡기(Zentrierung)이고, 아마도 의식과 무의식 사이의 중심적 위치 때문에 인격에 새롭고도 더 확고한 기반을 보장하는 어떤 잠재적 중심이다.[21]

여기서 대극의 통합은 자아와 무의식의 무차별적 동일시와는 다르다. 자아는 전체성에 포함되며, 자기와의 관계에서 일치감을 경험한

---

21 C.G. Jung(1928), *Die Beziehungen zwischen dem Ich und dem Unbewußten*, G.W. 7, Par. 365.

다. 하지만 자아와 무의식의 관계가 실제적으로 이루어지면 인격의 합성에서 비롯된 위험한 위기의 순간들이 동반한다. 인격의 통합 과정에서 취약한 자아의 경우 해체와 붕괴를 경험할 수도 있다. 무차별적 통합으로 정신수련 및 수행에서 모호한 초인, 어설픈 선지자, 혹은 마술사가 생겨나는 경우가 드물지 않다. 자아와 무의식의 관계에서 자아는 자신의 개인 인격적 특성과 가치를 상실해서는 안 된다. 자아가 수행의 과정을 주도적으로 이끌어 가면 자신도 모르게 자아팽창(Ego - Inflation)에 이를 수 있다. 자아가 모든 것을 차지한 것처럼 보이지만, 어느새 자아의 개인성은 완전히 상실되고 무의식이 주도하게 된다. 동양의 정신수련 및 수행에서 언제나 자아를 '번뇌'의 원인으로 간주하여 자아를 희생하도록 요구하는 것이나, 서양의 기독교적 가르침에서 개별 인간의 위치를 겸허하게 정하는 것은 모두 자아의식의 자만(Hybris)에 대한 주의를 주고 있는 것이다. 심층심리학적으로는 무차별적 인격의 통합은 언제나 해결하지 못한 신경증을 의미한다.

자아는 비록 자신의 구조를 보존할 수는 있지만 중심적이며 지배적인 위치에서 옆으로 밀려나게 되고, 결국 자신의 위치를 어떠한 상황에서도 관철시킬 수 있는 필수적인 수단을 갖고 있지 않은, 고통을 감수할 수밖에 없는 관객이 되어버린다. 오히려 특정한 생각들이 의지를 방해하기 때문이다. 즉 자아는 무의식적 내용이 흘러들어 감으로써 인격이 생기를 얻고 풍부해지며, 범위와 강도 면에서 자아를 넘어서는 형상을 만들어내게 됨을 발견하지 않을 수 없기 때문이다. 이와 같은 경험은 지나치게 자기중심적인 의지를 마비시키고, 또한 비록 어렵기는 하지만 자아가 두 번째의 위치로 물러나는 것이 어차피 질 것이 분명한 가망 없는 싸움보다는 더 낫다고 자아를 설득한다. 이러한 방법으로 자유롭게 사용될 수 있는 에너지로서의 의지는 차츰 더 강한 요소, 즉 내가 자기(Selbst)라고 표현한 새로운 전체적 형상에 속하게 된다. 이 상태에서는 물론 덮어놓고 권력 본능을 좇아가서 우세한 자아의 환상을 유지하기 위해 자아를 즉각적으로 자기와 동일시하려는 최대의 유혹이 생긴다. 다른 경우에서는 자아가 무의식적 내용의 유입에 저항하기에 너무 약하다. 그리하여 자아가 무의식에 동화됨으로써 자아의식이 말소되거나 은폐되고 자아의식과 전前의식적 전체성과의 동일시가 생겨난다. 이 두 가지 방향으로의 진전은 한편으로는 자기실현을 불가능하게 하고, 다른 한편으로는 자아의식의 존재에 해를 입혀서 병리적인 영향을 준다. … 자기는 자아의식의 보상으로 작용할 수 있을 때에만 기능적인 의미를 갖기 때문이다. 만약 자아가 자기와의 동일시를 통해 해체되면 교만한 자아와 불명료한 자기를 표방하는 일종의 모호한 초인이 생겨난다.[22]

다시 정리하면, 무의식적 정신과의 무차별적 통합이 되지 않기 위해서는 자아의식의 입장을 일관성 있게 유지하는 것이 필수적이다. 정신분석 및 치료 작업의 궁극 목적은 이상화한 인물이 아니라 자기 자신이 되는 것이다. 인격 변화의 결과로서 혹은 인격 실현의 목표로서

---

22 C.G. Jung(1947), *Theoretische Überlegungen zum Wesen des Psychischen*, G.W. 8, Par. 430.

특정의 신성을 강조하는 것은 언제나 증상을 끌어들이는 의식의 태도
가 된다. 모든 통합적 조정은 의식의 수준과 태도에 따라 무의식이
제시하게 될 것이다. 기독교적으로 신의 은총이 그렇게 이끄는 것이다.
이상과 같은 자아와 무의식과의 실제적 관계이자 대극의 합일에 의한
인격의 실현 과정을 분석심리학적으로 자기화(Selbstwerdung) 혹은
개인의 전全인격화(Individuation)이라고 부른다. 이제 자기는 자아의
객체로서, 상위의 객체로서 작용하게 된다. 이를 자기 자신과의 일치라
고 하는 것이다.

자기(Selbst)는 내부와 외부 사이의 갈등에 대한 일종의 보상이라고
규정할 수 있을 것이다. 이러한 설명은 자기가 하나의 결과, 하나의
도달된 목표라는 특성을 가지고 있으며, 그저 서서히 이루어지며,
많은 노력에 의해 경험 가능한 것이 되는 것이라는 특성을 갖고
있는 한, 그것은 틀린 말이 아니다. 그리하여 자기는 또한 삶의
목표이다. 왜냐하면 그것은 우리가 개체라고 부르는 운명 연합의
완벽한 표현이기 때문이다. 또한 그것은 개별적 인간뿐 아니라,
한 사람 속에 모든 다른 사람을 완벽한 상으로 보충하는 전체
집단의 표현이기도 하다.[23]

정신수련 및 수행에서 생겨난 '번뇌'의 해결은 분석심리학적 정신분
석 및 치료에 의한 증상의 해결과 같은 목적에 이를 수 있음을 살펴보았

---

23 C.G. Jung(1928), *Die Beziehungen zwischen dem Ich und dem Unbewußten*,
   G.W. 7, Par. 404.

다. 다만 정신치료 및 정신분석 작업은 피분석자 혼자의 작업이 아니라 정신분석가의 소위 감독과 지도가 함께 동반하고 있다는 점에서 차이가 있을 것이다. 하지만 언제나 그 과정은 개별적으로 각자의 의식수준에서 이루어져야 한다는 점에서 피분석자의 증상은 언제나 그 자신의 개별 과제이다.

5. 현대인의 '번뇌'

'번뇌'는 인격의 실현을 위한 정신수련 및 수행과정에서 겪는 혼란스러움과 괴로움이다. 그것은 종교적 태도로서 외적 요인들을 차단하고 전적으로 내향화함으로써, 심리 내적 요소들이 활성화된 상태를 경험함으로써 생긴 심리상태이다. 이러한 심리상태를 일종의 신경증적 증상으로 간주하였다. 신경증적 증상은 자아와 활성화된 무의식적 정신과의 갈등을 나타내는 것이기 때문이다. '번뇌'는 심층심리학적 정신분석 작업에서 피분석자 및 내담자들이 보고하고 있는 심적 문제 및 증상과 다르지 않은 것이다. '번뇌'는 현대인의 신경증적 증상이다.

심층심리학적으로, 특히 분석심리학적으로 신경증은 자아와 무의식의 갈등이자, 나아가서는 자기 자신과의 불일치로 나타난 증상이다. 증상의 주범은 활성화된 무의식이지만, 갈등과 불일치의 주범은 무의식이 아니라 자아의식이다. 정신수련 및 수행 등 종교적 태도에서는 의식 너머의 정신을 주목하고, 그 영역에서 자아를 이끌어줄 신성의 출현을 기대한다면, 현대의 심리학은 성인기의 무의식적 정신에 의한 증상에 주목한다. 증상은 오히려 일방적으로 주도하고 있는 자아의식을 조정할 수 있는 무의식적 정신의 실제적 관여이기 때문이다. 종교적 관점에서 신성의 안내를 고려하듯이, 활성화된 무의식적 정신의 보상적 반응들을 반영하는 것이다.

인격의 실현을 위한 각종의 정신수련 및 수행은 인위적인 프로그램으로 이루어질 수 없다. 오히려 신경증적 증상을 다루게 됨으로써 무의식을 실제적인 정신 영역으로 대면할 수 있는 작업이 된다. 심적 문제와 증상들은 인격의 실현이라는 소명에 귀를 기울이라는 내면의 요구이기 때문이다. '증상'은 무의식적 정신의 실제성을 인정하고, 그것과 소통함으로써 해결될 수 있으며, 결과적으로는 자아의식의 태도 변화를 경험할 수 있게 된다. 이와 같은 정신분석 및 치료 작업은 종교적 가르침에서 주도적이 되어버린 자아의식의 태도를 희생하며, 소위 붓다 혹은 신성을 회복하는 것과 같은 목적에 이른다.

현대인들은 예외 없이 모두 신경증적이라고 할 수 있다. 증상 외에는 무의식적 정신을 경험할 기회가 없다. 매일 밤의 꿈도 의미 없는 개꿈이며, 종교에서의 신성(누멘)은 직접적인 영향력을 상실한 추상적 사고의 관념일 뿐이다. 의식과 단절될수록 무의식적 정신은 더욱더 활성화된다. 이는 개인적으로는 신경증으로, 집단적으로는 집단의 이념으로 인한 갈등과 분쟁을 야기한다. 겉으로 보기에는 온갖 자연재해와 여러 집단적 재앙이 외부의 원인들에 의해 창궐하는 것 같지만, 실제로는 의식이 외면하고 있는 무의식적 정신의 활성화에 의한 것일 수 있다. 의식과 동떨어져 있을수록 무의식적 정신의 보상성은 낯설게 의외의 모습으로 등장할 수 있다. 그것은 오늘날의 코로나와 같은 변종 바이러스의 유행이 될 수도 있다. 무의식적 정신의 활성화는 언제나 의식의 삶을 혼란스럽게 만들어서 의식의 반성과 참여를 유도하며, 궁극적으로는 새로운 인간 문화를 창조하도록 요구한다. 이러한 긍정적 변화를 기대하려면 관습적 방법이나 집단적 계몽에 의한 것이 아니라, 각자가 반드시 개별적으로 자신의 내면에 귀를 기울이듯이 신경증에 주목하여 잃어버린 신성을 회복해야만 하는 것이다. 마찬가지로 '번뇌'는 인간성을 회복하고, 인격을 실현하기 위하여 필요한 증상이라 할 수 있다.

참고문헌

C.G. Jung(1916/1958), *Die transzendente Funktion*, G.W. Bd. 8, Walter-Verlag.

C.G. Jung(1928/1971), *Allgemeine Gesichtspunkte zur Psychologie des Traumes*, G.W.Bd. 8, Walter-Verlag.

C.G. Jung(1928/1966), *Die Beziehungen zwischen dem Ich und dem Unbewußten*, G.W.Bd. 7, Walter-Verlag.

C.G. Jung(1929/1965), Kommentar zu, *Das Gebeimnis der goldenen Blüte*, G.W. Bd. 13, Walter-Verlag.

C.G. Jung(1931/1969), *Die Lebenswende*, G.W. Bd. 8 Walter-Verlag

C.G. Jung(1934/1969), *Die praktische Verwendbarkeit der Traumanalyse*, G.W. Bd. 16, Walter-Verlag.

C.G. Jung(1934/1971), *Allgemeines zur Komnplextheorie*, G.W. Bd. 8, Walter-Verlag.

C.G. Jung(1934/1969), *Vom Werden der Persönlichkeit*, G.W. Bd. 17, Walter-Verlag.

C.G. Jung(1934/1969), *Seele und Tod*, G.W. Bd. 8, Walter-Verlag.

C.G. Jung(1935/1954), *Über die Archetypen des kollektiven Unbewußten*, G.W. Bd. 9, Walter-Verlag.

C.G. Jung(1939), *Bewußtsein, Unbewußtes und Individuation*, G.W. Bd. 9, Walter-Verlag.

C.G. Jung(1940/1962), *Psychologie und Religion*, G.W. Bd. 11, Walter-Verlag.

C.G. Jung(1943/1966), *Über die Psychologie des Unbewußten*, G.W. Bd. 7, Walter-Verlag.

C.G. Jung(1945/1971), *Vom Wesen der Träume*, G.W. Bd. 8, Walter-Verlag.

C.G. Jung(1947/1954), *Theoretische Überlegungen zum Wesen des Psychischen*, G.W. Bd. 8, Walter-Verlag.

C.G. Jung(1958), *Das Gewissen in psychischen Sicht*, G.W. Bd. 10, Walter-Verlag.

空海唯眞, 『煩惱障·所知障 研究』, 경서원, 2002.

이유경(2012), 「적극적 명상」, 『불교와 심리』 제5호, 불교와심리연구원.

_____(2013), 「영성과 무아의 분석심리학적 이해」, 『불교와 심리』 제6호, 불교와 심리연구원.

찾아보기

352

[a-z]

■ 책을 만든 사람들

박찬욱 (밝은사람들연구소장)

윤희조 (서울불교대학원대학교 불교와심리연구원장)

한자경 (이화여자대학교 철학과 교수)

이필원 (동국대학교 경주캠퍼스 파라미타칼리지 교수)

김재권 (능인대학원대학교 불교학과 교수)

오용석 (원광대학교 마음인문학연구소 연구교수)

박찬국 (서울대학교 철학과 교수)

이유경 (분석심리학연구소장)

'밝은사람들연구소'에서 진행하는 학술연찬회에 관심이 있으신 분은
전화(02-720-3629)나 메일(happybosal@hanmail.net)로 연락하시면
관련 소식을 받아보실 수 있습니다.

번뇌, 끊어야 하나 보듬어야 하나

초판 1쇄 인쇄 2020년 11월 10일 | 초판 1쇄 발행 2020년 11월 17일
집필 이필원 외 | 펴낸이 김시열
펴낸곳 도서출판 운주사
　　　(02832) 서울시 성북구 동소문로 67-1 성심빌딩 3층
　　　전화 (02) 926-8361 | 팩스 0505-115-8361
ISBN 978-89-5746-625-4 94000   값 22,000원
ISBN 978-89-5746-411-3 (세트)
http://cafe.daum.net/unjubooks 〈다음카페: 도서출판 운주사〉